Helmut Seidel
Scholastik, Mystik
und Renaissancephilosophie
Vorlesungen zur Geschichte
der Philosophie

HELMUT SEIDEL

Scholastik, Mystik und Renaissancephilosophie

Vorlesungen zur Geschichte der Philosophie

DIETZ VERLAG BERLIN

Bildnachweis:
Staatliche Museen zu Berlin/Islamisches Museum (Abb. 9)
Deutsche Staatsbibliothek Berlin (Abb. 2)
Sächsische Landesbibliothek Dresden/Abt. Deutsche Fotothek
(Abb. 1, 3, 6, 7, 8, 10, 13, 15, 16)
Staatliche Lutherhalle Wittenberg/Wilfried Kirsch (Ab. 14)
Sammlung Karger-Decker (Abb. 4)
ADN-ZB/Archiv (Abb. 12)
Dietz Verlag Berlin/Bildarchiv (Abb. 5, 11)

Die beiden Porträts auf der ersten Umschlagseite
zeigen Bildnisse von Pierre Abélard und Giordano Bruno.

Personen- und Sachregister erarbeitete Gudrun Lohse.
Die Zeittafel stellte Frieder Garten zusammen.

Seidel, Helmut: Scholastik, Mystik und Renaissance-
philosophie: Vorlesungen zur Geschichte d. Philosophie /
Helmut Seidel. – Berlin:
Dietz Verl., 1990. – 300 S.: 17 Abb.

ISBN 3-320-01361-0

Mit 17 Abbildungen
© Dietz Verlag Berlin 1990
Lizenznummer 1 · LSV 0119
Umschlag: Sepp Zeisz
Printed in the German Democratic Republic
Fotosatz: DRUCKZENTRUM BERLIN · Grafischer Großbetrieb
Druck und Bindearbeit:
Druckerei »Hermann Duncker«, Leipzig
Best.-Nr. 738 635 0

VORBEMERKUNGEN

Die folgenden Vorlesungen haben die Philosophieentwicklung im Mittelalter und in der Renaissance zum Gegenstand. Ein ganzes Jahrtausend Philosophiegeschichte steht damit zur Verhandlung. Daß es sich angesichts dieses großen Zeitraumes und der erstaunlichen Vielfalt, die mittelalterliches Philosophieren und philosophisches Denken in der Renaissance auszeichnet, nur um eine Skizzierung von Grundlinien handeln kann, ist wohl verständlich.

Es entspricht dies ja auch genau den Intentionen meiner Vorlesungen. Denn trotz bedeutender Ergebnisse, die die marxistische Mediävistik in der Deutschen Demokratischen Republik erzielen konnte, trotz mancher einschlägiger Arbeiten von Philosophiehistorikern unseres Landes klafft doch im Geschichtsbewußtsein vieler Studenten –

wovon ich mich in meiner Tätigkeit als Hochschullehrer überzeugen konnte – zwischen Antike und Neuzeit eine bedenkliche Lücke. Diese schließen zu helfen, ist ein Ziel, das die hier publizierten Vorlesungen verfolgen.

Bedenklich ist diese Lücke nicht nur im Hinblick auf historische Bildung, sondern vor allem deshalb, weil sie die Aufhebung des reichen philosophischen und humanistischen Erbes, das aus der genannten Zeit vorliegt, blockiert. Damit wird aber eine wichtige Voraussetzung für einen fruchtbaren Dialog zwischen Christen und Marxisten in der Gegenwart preisgegeben; handelt es sich doch hier um ein weitgehend gemeinsames Erbe.

Daß ich dieses Erbe keineswegs vollständig erschließe, daß meine Darstellung lückenhaft bleibt und auch noch manche Einseitigkeit aufweist, dessen bin ich mir vollauf bewußt. Mittelalterliche Philosophie war für mich nie Gegenstand spezieller Forschung.

Ernst Werner und Hans-Ulrich Wöhler habe ich zu danken. Ihre kritischen Bemerkungen und helfenden Hinweise konnte ich – im Rahmen meiner Möglichkeiten – bei der Endfassung dieses Bandes berücksichtigen.

Ich kann nur hoffen, daß meine Vorlesungen zur Philosophie des Mittelalters und der Renaissance eine ähnliche Aufnahme finden wie die zur antiken Philosophie.

Helmut Seidel

SIEBZEHNTE VORLESUNG
Zwischen Heiligkeit und Narretei – Besonderheiten des Philosophierens im Mittelalter

Daß Erfahrung aller Wissenschaften Anfang sei, war die These, mit der unsere Vorlesungen eröffnet wurden. Unser Gewährsmann war hierbei Heraklit. Zu Beginn der zehnten Vorlesung sind wir auf diese Feststellung zurückgekommen, wobei wir uns auf Aristoteles berufen konnten. Bei der nunmehr zu betrachtenden Periode der Philosophieentwicklung ist es gänzlich ausgeschlossen, von obiger These auszugehen. Zu stark tritt im mittelalterlichen Philosophieren das empiristische Prinzip zurück. Erst im 13. Jahrhundert finden wir Denker, die wir als Zeugen für unsere Ausgangsthese aufrufen könnten. Albertus Magnus wäre hier zu nennen, der unter dem Einfluß des Aristoteles eine gewisse Wendung zu den Dingen selbst vollzieht. Vor allem aber ist es Roger Bacon, der methodisch bewußt auf Erfahrung, auf Experiment und Mathematik setzt. Im Ganzen aber ist das philosophische

Denken im europäischen Mittelalter keineswegs empiristisch; es ist *scholastisch* und *mystisch*.

Scholastik? Mystik? Sauve qui peut! Muß sich der Wanderer durch die philosophiehistorische Landschaft hier nicht mit Grauen abwenden? Ist Scholastik nicht zum Inbegriff eines inhalts- und resultatlosen, rein formalen Wortstreits geworden, in dem jegliche Erfahrung überstiegen wird? Hatte Francis Bacon nicht recht, als er sagte, daß die Scholastik unfruchtbar sei wie eine gottgeweihte Nonne? Und nun gar erst Mystik!

Ist diese nicht durch dunkles Gären des Gemüts charakterisiert, das es weder zum nützlichen Wissen noch zum klaren Begriff bringt? War es nicht vollauf berechtigt, daß jene, die Philosophie und Wissenschaften der Neuzeit begründeten, die maximale Klarheit bei den Worten und übrigen Zeichen der Sprache und optimalen Nutzen bei den Dingen forderten, nur ein mattes Lächeln für die Scholastiker und Mystiker übrig hatten?

Die Verachtung, welche die Ideologen des sich emanzipierenden Bürgertums dem mittelalterlichen Philosophieren entgegenbrachten, war nur ein Moment in der allgemeinen negativen Bewertung, die der feudalen Lebens- und Denkweise zuteil wurde. Selbst das Wort »Mittelalter« sollte wohl nur das traurige Zwischenspiel bezeichnen, das zwischen der Antike und der Neuzeit aufgeführt worden war. Und noch heute ruft die Bezeichnung »mittelalterlich« vielfach nur rein negative Assoziationen hervor.

Im Unterschied zu derartigen gegenwärtigen Assoziationen waren die Urteile, die die Denker der Renaissance, des Rationalismus des 17. Jahrhunderts und der Aufklärung über die Feudalordnung, über ihre Philosophie und Wissenschaft fällten, immerhin historisch gerechtfertigt. Denn diese zielten vornehmlich auf die Krise der Feudalordnung, auf die Erstarrung des scholastischen Denkens, auf Verhältnisse also, die zu überwinden waren. Insofern sprach sich in ihren Urteilen in großartiger Weise der Menschheitsfortschritt aus. Was aber historisch gerechtfertigt ist, muß noch nicht die volle historische Wahrheit sein.

Marxistische Geschichtswissenschaft und Philosophiegeschichtsschreibung haben – sieht man von oberflächlichen und dogmatischen Urteilen ab – die Diskreditierung des Mittelalters und seines geistigen Lebens aus prinzipiellen Gründen nicht nachvollzogen. Historischer Materialismus ist unverträglich mit einem abstrakten Ahistorismus, der glaubt, einen tausendjährigen Entwicklungsprozeß mit einer Handbewegung abtun zu können, und darüber vergißt, daß dieser nicht nur ein notwendiges Glied in der Entwicklungskette der Menschheit ist, sondern auch tiefe Spuren hinterlassen hat, die bis in unsere Gegenwart führen. Historischer Materialismus verbietet eine abstraktmoralisierende Geschichtsbetrachtung. Wie er die Sklavenhalterordnung in ihrer historischen Notwendigkeit und Widersprüchlichkeit betrachtet, so auch die Feudalordnung. Wo auf Erkenntnis historischer Gesetzmäßigkeit gezielt wird, dort ist jegliche Diskreditierung auszuschließen – aber auch jegliche Glorifizierung.

Daher ist auch allen Versuchen entgegenzutreten, die die Feudalgesellschaft als Realisierung des Ideals von gesellschaftlicher Ordnung schlechthin darstellen wollen. Angesichts der krisenhaften Erscheinung der modernen Gesellschaft verspüren manche Ideologen »eine tiefe Sehnsucht nach jenem Lebenszustande ..., der durch die Selbstverständlichkeit seiner Lebensordnung alles selbstgefällige Besserwissen niederhielt«.[1]

In der Philosophiegeschichtsschreibung drückt sich diese glorifizierende Tendenz darin aus, daß den Lehren großer Scholastiker ein Wahrheitsgehalt zugeschrieben wird, der Ewigkeitscharakter tragen soll. Damit aber erscheint mittelalterliches Philosophieren als absoluter Höhepunkt der Philosophieentwicklung. Von einer »Größe, der heute noch so vielen verborgenen, der *nie wieder erreichten,* in der vom X. Jahrhundert bis zum XIV. die abendländische Welt erglänzte«,[2] ist da die Rede, bei der es nicht sosehr um

1 Theodor Litt: Wie versteht unser Zeitalter sich selbst? In: Schicksalsfragen der Gegenwart, Bd. I, Tübingen 1957, S. 12.
2 Rudolf Allers: Einleitung. In: Anselm von Canterbury: Leben, Lehre, Werke. Übersetzt, eingeleitet und erläutert von Rudolf Allers, Wien 1936, S. 57. (Hervorhebung – *H. S.*)

eine notwendige Korrektur ahistorischer Urteile der Aufklärung geht, sondern vielmehr um die Zurücknahme von Aufklärung überhaupt.

Um die gekennzeichneten subjektivistischen Wertungen auszuschließen, um einen möglichst objektiven Zugang zu den Denkern des Mittelalters zu gewinnen, müssen wir zunächst die charakteristischen Merkmale mittelalterlichen Philosophierens aufhellen. Dies setzt immer schon einen Vergleich mit der antiken und der neuzeitlichen Philosophie voraus. Allein ein solcher Vergleich wird erst sinnvoll, wenn mittelalterliches Philosophieren aus seiner Zeit heraus erklärt ist. Werden die Bedingungen ignoriert, welche die Entfaltung und Begrenzung mittelalterlicher Philosophie bewirken, wird nur an der Größe antiker und neuzeitlicher Philosophie gemessen, dann erscheint jene von vornherein in einem falschen Licht. Deshalb muß materialistische Philosophiegeschichtsschreibung die Gründe aufzuspüren versuchen, als deren Folgen die Besonderheiten mittelalterlicher Philosophie erscheinen.[3] Jedem, der an Texte mittelalterlicher Denker herantritt, springt es so-

---

[3] Wenn hier wie im weiteren von *Mittelalter* und *mittelalterlicher* Philosophie die Rede ist, so ist zu beachten, daß der Inhalt dieser Begriffe insofern einseitig entwickelt wird, als er sich fast ausschließlich auf das vom Christentum geprägte Europa, genauer: auf das vom Katholizismus geprägte West- und Mitteleuropa bezieht. (Siehe hierzu die einleitenden Gedanken zur Zwanzigsten Vorlesung.) Der These, wonach das Mittelalter die erste internationale Epoche in der Weltgeschichte der Philosophie war, in der viele Völker erstmals Zugang zur Philosophie fanden, stimme ich zu, auch wenn ich nicht in der Lage bin, sie durchgängig zu belegen. Die »eurozentrische« und »christozentrische« Betrachtungsweise der Philosophie des Mittelalters wird erst dann wirklich überwunden sein, wenn eine vergleichende Weltgeschichte mittelalterlicher Philosophie vorliegt.
Was *Mittelalter* und *Feudalismus* betrifft, so sind dies selbstverständlich keine deckungsgleichen Begriffe. Ich folge den Historikern, die Mittelalter als die Zeit des Früh- und Hochfeudalismus charakterisieren. (Siehe: Allgemeine Geschichte des Mittelalters. Von einem Autorenkollektiv unter Leitung von Bernhard Töpfer, Berlin 1985, S. 15.)

fort in die Augen, daß es hier nicht um die Konstituierung *philosophischer Weltanschauungen* geht. Die Allmacht der christlichen Religion drückt dem geistigen Leben ihren unverwechselbaren Stempel auf. Mittelalterliches Philosophieren unterscheidet sich von der Philosophie der Antike und der Neuzeit in erster Linie dadurch, *daß es sich innerhalb einer vorausgesetzten und angenommenen religiösen Weltanschauung vollzieht.* Wer im Mittelalter ein von religiösen Dogmen, ein von der Theologie absolut *freies* systematisches Philosophieren sucht, wird sich vergeblich mühen.

Aus dieser fundamentalen Besonderheit mittelalterlichen Philosophierens ist nicht selten geschlossen worden, daß hier von einer Philosophie im strengen Sinne des Wortes keine Rede sein könne. Wo sich Philosophie letztlich doch unter das Kommando der Theologie stellt, dort gibt sie ihren Geist auf: der Geist der Philosophie ist durch Freiheit charakterisiert. Diese Position der Aufklärung wirkte selbst auf den mit »enormem historischem Sinn« ausgestatteten Hegel; dort nämlich, wo dieser mittelalterliche Philosophie auf Theologie und schulgerechtes syllogistisches Räsonieren reduziert.[4]

Daß derartige Urteile einer ahistorischen Betrachtungsweise geschuldet sind, darauf haben wir bereits bei der Betrachtung der christlichen Denker der Spätantike aufmerksam gemacht. Was dort über das Philosophieren innerhalb einer religiösen Weltanschauung gesagt wurde, trifft ganz und gar auf die mittelalterliche Philosophieentwicklung zu.[5]

Der gravierende Unterschied zwischen philosophischer und religiöser Weltanschauung besteht darin, daß jene die Wahrheit im Prozeß rationaler Erkenntnis erstrebt, während diese die Wahrheit in Gott und seinen Offenbarungen voraussetzt. Sokrates und Christus personifizieren diesen Gegensatz. Das Pathos des Religionsstifters drückt sich

4 Siehe Georg Wilhelm Friedrich Hegel: Vorlesungen über die Geschichte der Philosophie. Dritter Band, Leipzig 1982, S. 52.
5 Siehe Helmut Seidel: Aristoteles und der Ausgang der antiken Philosophie, Berlin 1984, S. 187 ff.

in der ständigen Redewendung aus: »Wahrlich, ich sage euch!« Die folgenden Urteile oder Gebote kommen aus der Transzendenz, tragen göttliche Weihe, sind also fest zu glauben bzw. gehorsam zu befolgen. »Erkenne dich selbst!« ist dagegen das Pathos des Philosophen.

Philosophisch-weltanschauliches Denken ist immer unterwegs auf der Suche nach der Wahrheit. In rationalen Begründungen wird das Gefundene festgemacht. Philosophieren innerhalb einer angenommenen Glaubenslehre dagegen ist nicht durch ständiges Suchen der letzten Wahrheiten charakterisiert; denn, so könnte mit Sokrates gesagt werden, man sucht doch nicht, was man schon hat. Philosophieren innerhalb der Religion strebt nur danach, die im Besitz geglaubte Wahrheit rational zu begründen.

Werden nun aber göttliche Wahrheiten rational zu begründen versucht, dann entsteht die Frage nach dem Verhältnis von Glaube und Wissen, von göttlicher und menschlicher Wahrheit; gehört doch die rationale Begründung göttlicher Wahrheiten der menschlichen, nicht aber der göttlichen Vernunft an. Kein Wunder, daß um die Frage, welche Gewichtung dem Erkennen, der logisch tätigen menschlichen Vernunft, der Wissenschaft zuzugestehen ist, ein heftiger Kampf entbrannte, der das geistige Leben des Mittelalters durchzog. Orthodoxie, Autoritätsgläubigkeit, kirchliche Institutionen sahen nicht zu Unrecht im Erstarken rationalistischer Denkweisen eine Bedrohung des Glaubens. Die Auseinandersetzung zwischen Pierre Abélard, dessen Streben dem Erkennen, der Vernunft, der Wissenschaft galt, und Bernhard von Clairvaux, der demgegenüber auf Glaube, Autorität und Kirche pocht, ist hierfür nicht nur charakteristisch, sie steht für eine ganze historische Tendenz.

Das Verhältnis von Glaube und Wissen ist eines der grundlegenden Probleme der Philosophie des Mittelalters, ja vielleicht das grundlegende überhaupt. Wir sagen es noch einmal: Wo dieses Problem keine Rolle spielt, dort ist entweder kein Glaube oder keine Philosophie.

Zwischen zwei Polen sind die Antworten angesiedelt, die mittelalterliche Philosophen auf die gestellte Frage geben. Das eine Extrem setzt den Glauben derart absolut, daß profanes Wissen als nichtig, als bloße menschliche Eitelkeit, als den Glauben gefährdend erscheint. Die Realitäten des menschlichen Lebens, einschließlich der des kirchlichen Lebens, verhindern natürlich, daß dieses Extrem in reiner Form vertreten werden konnte. Immerhin kamen der radikale Tertullian (um 160 bis 220) und seine Nachfolger diesem Extrem nahe.

Das andere Extrem setzt das Wissen derart absolut, daß es den Glauben negiert. Auch dieser Standpunkt ist unter den Bedingungen des Mittelalters unmöglich und daher auch nicht auffindbar. Wohl aber sind Fragestellungen, Momente anzutreffen, die dahin tendieren. Die Auseinandersetzungen in der mittelalterlichen Philosophie gehen nicht so sehr um die Alternative: Glaube oder Wissen; sie gehen vielmehr um die Frage, wie die Einheit von Glaube und Wissen konkret zu fassen ist.

Das Spektrum, das zwischen den bezeichneten Polen liegt, ist außerordentlich bunt. Alle logisch möglichen Kombinationen sind historisch durchgespielt worden. Das Spektrum reicht vom extremen Supranaturalismus eines Petrus Damiani, der das berüchtigte Wort von der Philosophie als Magd *(ancilla)* der Theologie ausgesprochen hat, über Anselms von Canterbury im Anschluß an Aurelius Augustinus verkündete Losung »*Credo ut intelligam*« – Ich glaube, um zu wissen – bis zu Thomas von Aquino, der im Glauben die Vollendung des Wissens sah; es reicht von der »aufklärerischen Position« eines Abélard, derzufolge man wissen müsse, um glauben zu können, über die berühmte Lehre von den zwei Wahrheiten, die die Selbständigkeit des Wissens neben dem Glauben postulierte, bis zu Roger Bacon und Wilhelm von Ockham, deren naturphilosophisches Wirken das Feld der Theologie de facto beträchtlich einengte. In den nachfolgenden Vorlesungen wollen wir den Versuch unternehmen, die Stellung der einzelnen Denker aufzuhellen, die diese zum Glaube-Wissen-Problem eingenommen haben.

Es ist leicht einzusehen, daß das Verhältnis von Glaube und Wissen immer auch das Verhältnis von Philosophie und Theologie tangiert. Es bleibt aber die Schwierigkeit, dieses Verhältnis im einzelnen klar zu bestimmen. Der Grund hierfür wurde schon genannt: Es gibt im geistigen Leben des Mittelalters zwar einzelne, von Theologie freie philosophische Werke, aber kein von Theologie freies philosophisches System. Die großen Denker des Mittelalters haben sowohl philosophiert als auch theologisiert.

Rationale, auf menschliche Vernunftserkenntnis zielende Denkweise mag als Merkmal zur Unterscheidung von Glaube und Wissen ausreichen, für die Unterscheidung von Theologie und Philosophie ist es keineswegs hinreichend. Theologie ist ja nicht die Lehre, die ein angenommenes göttliches Wesen den Menschen erteilt, sondern Theologie macht auf menschliche Weise Gott, seine Offenbarungen und Gebote zum Gegenstand des Nachdenkens und Deutens. Theologie will die geglaubte göttliche Lehre auf systematische, möglichst widerspruchsfreie Weise darstellen. Sie bedarf daher der Logik, die seit Aristoteles als eine der philosophischen Kerndisziplinen gilt.

Auch durch ihre Gegenstände ist Philosophie von Theologie noch nicht zu unterscheiden. Kann schon über das Sein Gottes sowohl philosophiert als auch theologisiert werden, um so mehr über die Gegenstände der Ethik.

Was Philosophie und Theologie voneinander unterscheidet, ist die Verschiedenheit der Beziehung des Verstandes zu den Gegenständen. Theologie geht von den Artikeln des Glaubens aus, betrachtet die Gegenstände im Licht der göttlichen Offenbarung, stellt immer den Bezug zu Gott in den Vordergrund; Philosophie dagegen stützt sich allein auf die menschliche Vernunft, geht von Sätzen aus, die ihr als denknotwendig erscheinen. Philosophie wurde von den mittelalterlichen Denkern als profane Wissenschaft, Theologie aber als »heilige Lehre« gedacht.

Daß Philosophie eine Wissenschaft sei, wurde nicht bestritten; galt doch Philosophie weitgehend als Synonym für die Gesamtheit des profanen Wissens. Die Frage war vielmehr, ob denn die Theologie eine Wissenschaft sei. Höchst bemerkenswert, daß sich der einflußreiche Thomas von

Aquino gleich zu Beginn seines theologischen und philosophischen Hauptwerkes »Summa theologica« (Summe der Theologie) dieser Frage zuwendet.

Auf die philosophische Frage, ob die Theologie eine Wissenschaft sei, gibt er eine Antwort, die von der fast unauflöslich scheinenden Verquickung von philosophischer und theologischer Denkweise zeugt:

»1. Scheinbar ist die Theologie keine [wahre] Wissenschaft. Denn jede Wissenschaft geht von denknotwendigen Ursätzen aus. Aber die Theologie geht von den Artikeln des Glaubens aus, die nicht denknotwendig sind, da sie ja nicht von allen anerkannt werden. ›Denn der Glaube ist nicht jedermanns Sache‹, sagt die Schrift (2. Thess. 3,2). Also ist die Theologie nicht Wissenschaft.

2. *Ferner*, Wissenschaft ist nicht auf das Einzelne [sondern das Allgemeine] gerichtet. Aber die Theologie handelt von Besonderheiten, etwa der Geschichte des Abraham, des Isaak und Jacob und ähnlichem. Also ist die Theologie nicht Wissenschaft.

Aber dagegen spricht das Wort bei Augustinus (De Trin. 14, c,1): ›Zu der Wissenschaft, von der ich rede, gehört nur das allein, wodurch der Glaube, in dem das Heil liegt, erzeugt, genährt, verteidigt und gekräftigt wird.‹ Das aber ist bei keiner andern Wissenschaft der Fall als in der heiligen. Also ist die heilige Lehre eine Wissenschaft.

Ich antworte: Die Theologie ist eine Wissenschaft. Doch ist dabei zu bedenken, daß es zweierlei Wissenschaften gibt. Die einen gehen von Ursätzen aus, die durch das natürliche Licht des Verstandes gegeben sind, wie die Arithmetik, die Geometrie und ähnliche. Andere gehen von Ursätzen aus, die sich aus dem Lichte einer andern, höheren Wissenschaft ergeben, wie etwa die Perspektive ausgeht von den Ursätzen, welche die Geometrie zur Kenntnis bringt, und wie die Musikwissenschaft von arithmetischen Gegebenheiten. In dieser letzteren Weise ist auch die Theologie eine Wissenschaft, weil sie ausgeht von den Ursätzen, die von dem Lichte einer höheren Wissenschaft ihr gegeben sind, nämlich des Wissens Gottes und der Seligen. Wie also der Musiker auf die vom Arithmetiker ihm gereichten Ursätze sich verläßt, so die Theologie auf die von Gott geoffenbarten des Glaubens.«[6]

Es ist hier noch nicht der Ort, um alle Folgerungen aus diesem langen, aber aufschlußreichen Zitat zu ziehen oder gar die Schlußweisen des Aquinaten der Kritik zu unterwerfen. Hier ging es zunächst nur darum, die Art und Weise anzudeuten, in der mittelalterliche Denker das Verhältnis von Theologie einerseits und Philosophie und Wissenschaft andererseits reflektierten. Hierbei ist freilich zu beachten, daß die Thomistische Antwort auf das gestellte Problem zwar typischen Charakter trägt, keineswegs aber die einzige ist. Bei Johannes Duns Scotus, dem großen Gegenspieler des Thomas, wird uns eine andere Antwort auf die Frage nach dem Verhältnis von Theologie und Philosophie entgegentreten.

Die eigentlichen Auseinandersetzungen zwischen der Theologie und der Philosophie beginnen nun dort, wo das Licht der menschlichen Vernunft die Gegenstände in anderen Konturen erscheinen läßt, als sie durch die göttliche Offenbarung gesetzt worden waren.

Es erhebt sich nun die Frage, ob im mittelalterlichen Philosophieren, das immer in der Spannung zwischen Glaube und Wissen, in bezug zur Theologie stand, die Auseinandersetzungen zwischen der »Linie eines Demokrit« und der »Linie eines Plato« ihre Fortsetzung fanden.

Auf den ersten Blick scheint diese Frage beinahe sinnlos zu sein. Denn es ist wohl klar, daß dort, wo ein religiöses Dogma vorausgesetzt und anerkannt ist, materialistisches Philosophieren unmöglich wird. Daß idealistische Philosophie mit der Religion vereinbar ist, das ist schon eher einsichtig. In der Tat haben ja Platonismus – besonders in seiner neuplatonischen Form – und Aristotelismus das philosophische Leben im Mittelalter wesentlich geprägt. Also könnte geschlossen werden: Wenn schon Philosophie im Mittelalter, dann ausschließlich idealistische; aus der Geschichte des Materialismus fällt mittelalterliche Philoso-

---

6 Thomas von Aquino: Summe der Theologie, 1. Band, Stuttgart 1938, 1. Untersuchung, 1. Artikel.

phie heraus. Dieser Schluß ist unsäglich abstrakt, die Wahrheit dagegen eine konkrete.

Es heißt den Geist dieser Zeit völlig verfehlen, wenn im Mittelalter nach philosophischen Denkern vom Typ eines Demokrit oder Lukrez (dessen Lehrgedicht im Mittelalter bekannt, aber völlig wirkungslos war), eines Hobbes oder Spinoza gesucht wird. Eine hohe Zeit systematisch betriebenen materialistischen Philosophierens ist das Mittelalter ganz gewiß nicht gewesen.

Aber es waren – wie zu allen Zeiten – lebendige, mehr oder weniger kluge und scharfsinnige Männer, die in politisch und geistig bewegten Zeiten philosophierten. Viele ihrer Schriften tragen einen ausgesprochenen militanten Charakter, der merkwürdig mit der gepredigten christlichen Demut kontrastiert. Wenn auch ihre Gedanken sofort eine verhimmelte Gestalt annahmen – so wie ihren Körper zumeist das Ordenskleid umschloß –, so kann dies nicht darüber hinwegtäuschen, daß die Fragen, die sie bewegten, reale Probleme des menschlichen Lebens waren.

Daß der Mensch ein Geschöpf Gottes sei, wurde – soweit ich sehe – von mittelalterlichen Philosophen nie in Frage gestellt; ebenso wie der daraus gezogene Schluß, daß er darum ein gottgefälliges Leben zu führen habe. Bei der Beantwortung der Frage allerdings, was denn ein gottgefälliges Leben in einer konkreten Situation sei, gingen die Meinungen nicht nur auseinander, sie prallten direkt aufeinander.

Dem sozialen Gehalt des frühen Christentums entsprechend, lehrte christliche Ethik, daß ein Leben in Armut Gott wohlgefalle. In abstrakt-allgemeiner Form ist dieses Moralgebot kaum ernsthaft bestritten worden. Zum Problem wurde es, als mit der Macht der katholischen Kirche der Reichtum ihrer Prälaten wuchs. Angesichts der sozialen Gegensätze enthielt dieser Widerspruch einen ungeheuren Zündstoff, der dann auch in der großen katharischen Häresie (von der sich der Begriff »Ketzer« herleitet) zur Entladung kam.

Nicht selten wird so getan, als ob die scholastischen Streitereien um abstrakte und allgemeine Dogmen geführt worden wären. Demgegenüber habe ich einen anderen Eindruck gewonnen. In abstrakt-allgemeinen weltanschaulichen und ethischen Fragen herrscht vielfache Übereinstimmung. Die Auseinandersetzungen beginnen dort, wo sie konkretisiert, auf reales Leben bezogen werden. Die realen Widersprüche der Feudalgesellschaft, von denen anschließend die Rede sein wird, spiegeln sich eben nicht sosehr in abstrakt-allgemeinen weltanschaulichen Gegensätzen, sondern vielmehr innerhalb der allgemein akzeptierten Religion.

Dies trifft nun auch auf die Entwicklung des theoretischen Denkens zu. Um die Frage, ob es Gott wohlgefälliger sei, in heiliger Einfalt zu verharren oder die menschliche Vernunft – die doch auch als Gottesgabe aufgefaßt wurde – zu gebrauchen, um sowohl irdische wie göttliche Dinge in ihrem Licht erscheinen zu lassen, wurde das ganze Mittelalter hindurch gestritten. Der Streit zwischen »Dialektikern« und »Antidialektikern«, also zwischen denen, die auf Logik, auf rationale Denkweise setzten, und denen, die darin eine Anmaßung des Menschen gegenüber Gott sahen, warf mannigfache Fragen auf: Worin besteht das Vermögen menschlicher Vernunft? Inwieweit ist sie imstande, irdische Dinge zu erkennen? In welchem Maße vermag sie, die Mysterien der Religion einer rationalistischen Erklärung zuzuführen? Wie verhält sich die Seele als das Vermögen, wahrzunehmen und zu denken, zum menschlichen Körper? Alles Fragen, die immer auch das Verhältnis von Glaube und Wissen tangieren.

Aber auch zwischen denen, die der menschlichen Vernunft Bedeutung zumessen oder gar einer relativen Eigenständigkeit das Wort reden, brechen Widersprüche auf. Im berühmten Universalienstreit zwischen Nominalisten und Realisten werden sie sichtbar. Die Frage, ob den Universalien, den allgemeinen Begriffen, Substantialität im platonischen Sinne zukomme (wie die Realisten meinen) oder ob sie vom menschlichen Verstand hervorgebrachte Namen sind, die gemeinsame Merkmale der je einzelnen Dinge bezeichnen (wie die Nominalisten behaupten), war von erheblicher philosophischer Relevanz. Läuft mittelalterlicher

Realismus letztlich immer auf objektiven Idealismus hinaus, so sind in den Voraussetzungen des Nominalismus Denkmotive enthalten, die zum Materialismus tendieren können. Die Ablehnung der Substantialität der Universalien, das Ausgehen von den je einzelnen Dingen, die Fassung der Allgemeinbegriffe als Resultat der Verstandestätigkeit implizieren im Prinzip immer auch Sensualismus und Empirismus. Mittelalterlicher Nominalismus steht jenem rationalistischen Realismus gegenüber, der gerade das Einzelne, das Empirische, letztlich das Materielle als Grund der Vereinzelung geringschätzt.

Nun verhindern zwar die Schranken des Zeitalters, daß alle Konsequenzen aus den nominalistischen Voraussetzungen gezogen werden können. Wie die Nominalisten des Mittelalters keineswegs durchgängig Materialisten waren, so ist auch der Nominalismus an sich noch kein Materialismus. Aber eine Tendenz zu ihm hin ist unübersehbar. Kein Wunder daher, daß Philosophie und Wissenschaft der Neuzeit, wenn sie überhaupt an mittelalterliches Denken anknüpfen, vornehmlich nominalistische Gedankengänge aufnehmen.

Die ständig zunehmende Aristotelesrezeption, die im 12. und 13. Jahrhundert ihren Höhepunkt erreicht, wirft nun nicht nur im metaphysischen und logischen, sondern auch im naturphilosophischen Bereich Fragen auf, die mit dem Materialismus-Idealismus-Problem im Zusammenhang stehen. Unsere Aristotelesanalyse hat die gegenläufigen Tendenzen im Philosophieren des Stagiriten aufzuhellen versucht.[7] In spezifischer Weise werden diese im Rezeptionsprozeß reproduziert. Welche Schwierigkeiten es machte, die Gedankenwelt des Aristoteles mit der christlichen in Harmonie zu setzen, davon soll hier nur ein Problem zeugen. Der Philosoph hatte die Ewigkeit der Welt und ihrer Bewegung gelehrt. Dies aber widersprach dem fundamentalsten aller christlichen Dogmen: der Idee, daß Gott die Welt erschaffen habe.

Aber nicht nur Aristoteles, auch die neuplatonische Tra-

7 Siehe Helmut Seidel: Aristoteles und der Ausgang der antiken Philosophie, S. 48–52.

dition wird in unterschiedlicher Weise fortgesetzt. Zwar bleibt der Augustinismus vorherrschend, aber der pantheistische Zug im Neuplatonismus geht keineswegs verloren. Schon bei Johannes Scotus Eriugena wird er uns kräftig entgegentreten.

In der Diskussion der genannten Probleme werden materialistische Momente, materialistische Denkansätze, Tendenzen zum Materialismus hin hervorgebracht, keineswegs aber aus abstrakt-allgemeinen weltanschaulichen Überlegungen und schon gar nicht aus dem Versuch, die Grundfrage der Philosophie bewußt zu stellen und eindeutig zu beantworten. Sicher sind die materialistischen Momente im mittelalterlichen Denken schwach im Vergleich zur übermächtigen Theologie. Aber – wie Bertolt Brecht sagt – nicht stark bleibt das Starke, und schwach nicht das Schwache. Die Scholastik wird nicht nur durch das Aufkommen einer neuen Denkweise in der Renaissance zurückgedrängt; eine der Ursachen ihres Niederganges ist die Entwicklung ihrer inneren Widersprüche.

Eng im Zusammenhang mit den bisher dargestellten Besonderheiten mittelalterlichen Philosophierens steht ein weiteres Charakteristikum: der von den Denkern der Neuzeit so scharf aufs Korn genommene *Autoritätsglaube*. Die Berufung auf die Heilige Schrift und auf Augustinus, die wir im obigen Zitat sahen, ist kein Einzelfall, sondern typisch. Es ist dies um so bemerkenswerter, als Thomas von Aquino, der Aristoteliker, in vielen Fragen vom neuplatonisch gefärbten Augustinus abweicht. Aber dies ist für ihn nicht der geringste Grund, die Autorität des Kirchenvaters abzuschwächen. Ja selbst bei Roger Bacon, wo blinder Autoritätsglaube attackiert wird, geschieht dies unter Berufung auf antike Autoritäten.

Dieser Autoritätsglaube hat nun allerdings gewichtige Gründe. Sie liegen zunächst in der durchgängig von der Religion geprägten geistigen Atmosphäre der Feudalgesellschaft. Religion und Autoritätsglaube hängen untrennbar zusammen. Für den Christen ist Gottes Wort, wie es in der Bibel Gestalt angenommen hat, höchste Autorität, die über alle Zweifel erhaben ist. Im Mittelalter erstreckt sich dieser

Glaube auch auf die Kirchenväter, deren Heiligkeit doch gerade dadurch charakterisiert wurde, daß sie als von Gott erleuchtet angesehen werden. Ihr Wort gilt daher von vornherein. In diesem Grunde wurzelt auch der Unfehlbarkeitsanspruch des Papstes, der als Nachfolger des Heiligen Petrus die Stellvertretung Gottes auf Erden beansprucht.

Die hierarchische Struktur der Kirche, die mit der hierarchisch gegliederten Feudalordnung korrespondiert, stützt ihrerseits den Autoritätsglauben; bringen doch Ideologieproduktionen hierarchischer Ordnungen immer auch Autoritätsglauben hervor.

Eine Besonderheit der Struktur mittelalterlichen philosophischen Denkens besteht also darin, daß *historisch-kritische Betrachtungsweise* keineswegs dominiert.[8] Wenn schon historisch gedacht wird, dann in eschatologischen Dimensionen, was wiederum der Autorität des Augustinus geschuldet ist. Dieser Mangel führt nun dazu, daß die »profanen Quellen«, also die literarischen Produkte antiker Schriftsteller, in ähnlich autoritativer Form übernommen werden. Dies freilich mit der wesentlichen Einschränkung, daß sie nicht in offensichtlichem Widerspruch zu den christlichen Glaubenssätzen stehen dürfen.

Der aus dem Autoritätsglauben folgende *rezeptive Zug* mittelalterlichen Denkens prägt auch dessen literarische Form: Sentenzen, Glossen, Kommentare.[9] Diesen im frühen Mittelalter begründeten *Traditionalismus* vermag auch das 13. Jahrhundert nicht zu überwinden, obwohl in dieses Jahrhundert die Blütezeit der Scholastik fällt. Das Jahrhundert der großen »Summen«, der nunmehr voll

---

8 Zwar finden sich bei Albertus Magnus, bei Roger Bacon und anderen philosophiehistorische Exkurse, aber echter Kritizismus tritt uns erst im Spätmittelalter entgegen.

9 *Sentenzen* (lat. Meinungen) bezeichnen hier Sammlungen von Aussprüchen und Gedanken, die vorwiegend patristischen Werken entnommen sind. *Glossen* (griech. Zunge, Sprache) bezeichnen hier Randbemerkungen zu heiligen und patristischen Schriften. Weitere literarische Formen sind Paraphrasen, Traktate, Streitschriften, Summen.

durchschlagenden Aristotelesrezeption, die im ganzen eine historisch progressive Erscheinung ist, streift Rezeptivität, Traditionalismus keineswegs endgültig ab, auch nicht die folgenden zwei Jahrhunderte. Das Paradebeispiel hierfür ist die zweifache Dogmatisierung des völlig undogmatischen Aristoteles. Es handelt sich ja nicht nur um die Einpassung der Aristotelischen Philosophie in das christliche Dogma, sondern ebenso um die damit verbundene Dogmatisierung der Lehre des Stagiriten selbst. Der Glaube an die Autorität »des Philosophen« war bei weitem größer als das Vertrauen in die Daten der eigenen Sinne und in die Resultate der eigenen Verstandestätigkeit. Hier ist genau ein Punkt, an dem die antiaristotelische Wende in der Renaissance ansetzen wird.

Aus der charakterisierten Geisteshaltung ergibt sich die überragende Bedeutung der antiken Quellen für das mittelalterliche Philosophieren, der antiken Bildungsschätze für das geistige Leben dieser Epoche überhaupt. Über Charakter und Zeitpunkt der Aufnahme dieser Quellen werden die folgenden Vorlesungen Auskunft geben.

Hier ist nun auf eine allgemeine Frage aufmerksam zu machen, die für die Entwicklung unseres Geschichtsbewußtseins keine unerhebliche Rolle spielt. Nicht nur die katholische Geschichtsschreibung, auch die überwiegende Mehrheit der bürgerlichen Philosophiehistoriker betrachten es als Axiom, daß ein welthistorisches Verdienst der römisch-katholischen Kirche darin besteht, daß sie das geistige Kulturgut der Antike gerettet, bewahrt und weitergegeben habe. Ihre überragende Stellung in der Kulturgeschichte der Menschheit sei schon daher über alle Zweifel erhaben. Marxistische Historiker haben gegen diesen, in absoluter Weise vorgetragenen Anspruch Einwände erhoben.[10] Vom Standpunkt des marxistischen Philosophiehistorikers sei zu diesem Problem folgendes gesagt:

Erstens: Wenn man mit den historischen Tatsachen nicht in Konflikt geraten will, dann muß zunächst zuge-

10 Siehe Leo Stern/Horst Gericke: Deutschland in der Feudalepoche von der Mitte des 11. Jh. bis zur Mitte des 13. Jh., Berlin 1978, S. 198.

standen werden, *daß* christliche Denker antike Denkmotive in Fülle aufgenommen, verarbeitet und auf selektive Weise weitergegeben haben. Augustinus (354 bis 430) hat neuplatonische Elemente in die Kirchenlehre eingebracht. Boëthius (480 bis 524), dessen Christentum allerdings nicht unumstritten ist, wurde durch seine Übersetzungen logischer Schriften des Aristoteles und geometrischer des Euklid, durch Kommentare und Werke zur Mathematik und Musik zu einem großen Lehrer des Mittelalters. Ohne die »Isagoge« (Einführung) des Porphyrios (232 bis 301) ist der mittelalterliche Universalienstreit schwer vorstellbar. Was wäre Abélard ohne die Griechen, was Thomas von Aquino ohne Aristoteles? Es ist also gar nicht die Frage, ob christliche Denker antikes Kulturgut aufnahmen; sie sind in ihrem Philosophieren weitgehend von der Antike abhängig gewesen. Wer anders als die Männer der Kirche hätte auf den Trümmern des weströmischen Reiches Stücke antiker Kultur aufnehmen können?

Zweitens: Die Frage ist vielmehr, *wie* sie die Erbschaft der antiken Kultur angetreten haben. Dieser Erbeprozeß ist durch Selektion und Widersprüchlichkeit gekennzeichnet. Materialistische, offen atheistische oder antichristliche antike Denkmotive wurden selbstverständlich vom Aneignungsprozeß ausgeschlossen. Ansonsten war die Stellung zur antiken Kultur, insonderheit zur antiken Philosophie, seit der Frühzeit des Christentums immer ein heiß umstrittenes Thema. Aufgeschlossenheit, Neigung, ja Begeisterung für antikes Philosophieren stand der radikalen, ja fanatischen Ablehnung desselben, die nicht selten ihre Stütze in Rom fand, gegenüber. Wer den Kampf der geistigen Richtungen innerhalb der Kirche nicht berücksichtigt, wird kaum zu einem historisch gerechtfertigten Urteil kommen. So wie im Begriff des Christentums der Gegensatz von offizieller Kirche und Ketzerbewegung nicht verwischt werden darf, so dürfen auch nicht Denker wie Johannes Scotus Eriugena, Pierre Abélard, Siger von Brabant, Roger Bacon, Wilhelm von Ockham mit Petrus Damiani, Bernhard von Clairvaux in einen Topf geworfen werden.

Schließlich ist *drittens* nicht zu übersehen, daß Byzanz und die Araber für die Bewahrung antiken Kulturerbes – wenn auch hier nicht ohne geistige Auseinandersetzung – mindestens nicht weniger getan haben als die weströmische Kirche. Darüber wird noch zu berichten sein.

Woraus erklären sich nun die hier charakterisierten, im weiteren zu konkretisierenden *Besonderheiten mittelalterlichen Philosophierens?* Aus der Dominanz des christlichen Glaubens und der katholischen Theologie, antworten alle mir bekannten bürgerlichen Philosophiehistoriker. Kein Einspruch; nur entsteht dann sofort die Frage, woraus sich die Dominanz des Katholizismus erklärt. Darauf vermag bürgerliche Philosophiegeschichtsschreibung keine Antwort zu geben. Man wird hier unwillkürlich an jene Polemik erinnert, die Karl Marx gegen eine Auffassung führte, die zwar die materialistische Geschichtsauffassung für die Neuzeit gelten lassen wollte, nicht aber für die Antike und das Mittelalter, weil in diesen Epochen nicht materielle Interessen bestimmend gewesen seien, sondern die Politik (in der Antike) und der Katholizismus (im Mittelalter). »Zunächst ist es befremdlich, daß jemand vorauszusetzen beliebt, diese weltbekannten Redensarten über Mittelalter und antike Welt seien irgend jemand unbekannt geblieben. Soviel ist klar, daß das Mittelalter nicht vom Katholizismus und die antike Welt nicht von der Politik leben konnte. Die Art und Weise, wie sie ihr Leben gewannen, erklärt umgekehrt, warum dort die Politik, hier der Katholizismus die Hauptrolle spielte.«[11] Ohne die Ableitung der Hauptrolle des Katholizismus im Mittelalter aus der Produktionsweise des materiellen Lebens dieser Epoche bleiben letztlich auch die Besonderheiten mittelalterlicher Philosophie unerklärt.

»Nun ist alle Religion nichts andres als die phantastische Widerspiegelung, in den Köpfen der Menschen, derjenigen äußern Mächte, die ihr alltägliches Dasein beherrschen, eine Widerspiegelung, in der die irdischen Mächte

---

11 Karl Marx: Das Kapital. Erster Band. In: MEW, Bd. 23, S. 96 (Anm.).

die Form von überirdischen annehmen.«[12] Als besonderer Religionsform liegen dem Katholizismus natürlich Ursachen zugrunde, die für alle Religionsformen, die historisch aufgetreten sind, verantwortlich zeichnen. Die spontane Wirkungsweise der Gesetze, die die natürlichen und gesellschaftlichen Prozesse regeln, von denen die Individuen in ihrem tagtäglichen Leben abhängen, die für sie weder durchschaubar noch beherrschbar sind, die ihnen als fremde, sie beherrschende, Furcht und Hoffnung erregende Mächte gegenüberstehen, denen deshalb – zumeist in anthropomorpher Form – Eigenschaften zugeschrieben wurden, die ihnen nicht zukommen, wobei dann diese Produkte der Einbildungskraft Herrschaft über ihren Produzenten ausüben – all dies und dazu die soziale Funktion dieses entfremdeten Bewußtseins, bestehende Verhältnisse zu sanktionieren, liegt dem Katholizismus wie jeder anderen Religionslehre zugrunde.

In unserem Zusammenhang geht es aber nicht sosehr darum, die allgemeinen Wurzeln der Religion bloßzulegen, sondern um die Beantwortung der Frage, welche »äußeren Mächte« eine spezifische, historisch höchst bedeutsame Religionsform, eben den Katholizismus, bewirkten. Im übrigen hat Religion als solche nie existiert, sie ist immer in historisch-konkreten Formen aufgetreten.

Ich gestehe nun frei, daß ich nicht über eine Theorie verfüge, die die gestellte Frage bündig zu beantworten vermöchte. Die Klassiker des Marxismus-Leninismus haben zwar wichtige Fingerzeige gegeben, aus der historischen und ökonomischen Literatur ergeben sich manche Anregungen, aber all das fügt sich – zumindest in meinem Kopfe – noch nicht zu einem abgerundeten Ganzen zusammen. Die nachfolgenden Gedanken, die Ansatzpunkte für eine Beantwortung der gestellten Frage zu skizzieren versuchen, tragen deshalb hypothetischen Charakter. Es wäre erfreulich, wenn sie zu einer Diskussion anregen, in der bessere Argumente gefunden werden.

Erstens: Zunächst ist darauf zu verweisen, daß das Chri-

12 Friedrich Engels: Herrn Eugen Dührings Umwälzung der Wissenschaft (»Anti-Dühring«). In: MEW, Bd. 20, S. 294.

stentum und die Anfänge der katholischen Kirche nicht Resultate einer entwickelten feudalen Produktions- und Lebensweise sind, sondern Produkte der Krise der antiken Gesellschaft. Wie kommt es, daß eine religiöse, zur Kirche institutionalisierte Ideologie der Spätantike nicht in den Strudeln, die der Untergang des römischen Weltreiches verursacht, versinkt, daß sie den Wirren, welche die Völkerwanderung mit sich bringt, standhält? Wie kommt es, daß sie nicht nur intakt bleibt, sondern zur Hebamme und zum Taufpaten der neuen feudalen Gesellschaft, zu deren wichtigster ideellen Stütze wird? Die Anerkennung dieses welthistorischen Faktums ist noch keine Erklärung; und selbstverständlich ist es keineswegs. War es doch vordem die Regel – wenn man von der Ausnahme, welche die jüdische Religion darstellt, absieht –, daß mit dem Untergang alter Staaten auch das Schicksal ihrer Religionen besiegelt war. Für die Beantwortung dieser Fragen scheinen mir nun folgende Faktoren bedenkenswert:

– Obwohl das Christentum in der Spätantike den Weg von einer unterdrückten und verfolgten Religionsgemeinschaft zu einer anerkannten und schließlich zu einer Art Staatsreligion ging, war es eigentlich nie eine Ideologie, die bestehende antike Produktions-, Lebens- und Denkweisen direkt sanktionierte. Sie stand zu diesen fast immer in einer kritischen Distanz. Im »Gottesstaat« des Augustinus, des größten Kirchenlehrers, ist dies klar ausgesprochen.

– Das Christentum reflektierte, was das römische Weltreich faktisch vollzogen hatte: die Tilgung ethnischer, »nationaler« Unterschiede. Es ging ihm nicht mehr um das Grieche-Sein, Römer-Sein, Jude-Sein usw., sondern allein um das Mensch-Sein. Das humanistische Potential, das in dieser Wende lag, wurde jedoch dadurch stark eingeschränkt, daß das Christentum – besonders in Anschluß an Paulus – seine spiritualistischen Tendenzen verstärkte, aus einer Religion der Erlösung und des Trostes zu einer Religion der Vertröstung wurde, in der die sozialen Widersprüche unangetastet blieben. Der damit inaugurierte »Kultus des abstrakten Menschen« machte den Katholizismus außerordentlich anpassungsfähig; eine Fähigkeit übrigens, die sich die katholische Kirche bis heute erhalten hat.

– Die katholische Kirche besaß in der Bibel eine relativ einheitliche ideelle Grundlage, in den Schriften des Augustinus eine ausgearbeitete Kirchenlehre, in den Episkopaten (mit dem römischen als Zentrum) eine für damalige Verhältnisse straffe Organisation, später mit den Benediktinern, deren erstes Kloster um 529 gegründet wurde, Mönche, die ganz im Dienst der Kirche standen und die Christianisierung voranzutreiben vermochten, und schließlich hinreichende Erfahrungen im Umgang mit den weltlichen Mächten. Dieser geistigen Macht konnte die Mythologie der germanischen Stämme, die letztlich den Untergang Roms besiegelt hatten, auf die Dauer nicht standhalten. Vor allem auch deshalb, weil sich die nordische Mythologie selber in einem Auflösungsprozeß befand, der genau die Auflösungstendenzen der Gentilordnung dieser Stämme widerspiegelte. Die »Söhne des Nordens« beugten ihre Knie vor dem Christengott nicht in erster Linie deshalb, weil sie »in ihrem tiefsten Gefühl durch die Predigt des Evangeliums ergriffen« wurden.[13] Wäre es wirklich nur ein seelisches Problem gewesen, die Christianisierung Mitteleuropas hätte nicht des Blutes und des Eisens bedurft. Sie nahmen in letzter Instanz den katholischen Glauben deshalb an, weil dieser der sich neu herausbildenden feudalen Gesellschaftsordnung, die freilich an Momente anknüpfen konnte, die die Krise der Sklavenhalterordnung hervorgebracht hatte, weit genauer entsprach als die alte Mythologie.

Zweitens: Es scheint mir auch zu kurz geschlossen, wenn die Jahrhunderte dauernde Vorherrschaft des Katholizismus allein daraus erklärt wird, daß Könige und Fürsten den Katholizismus annahmen und diesen – gemeinsam mit der Kirche – ihren Völkern aufzwangen, weil dieser sich als Herrschaftsideologie trefflich zu eignen schien. »Gebt dem Kaiser, was des Kaisers ist; gebt Gott, was Gottes ist!« Ganz ohne Zweifel war auch in der Feudalgesell-

13 Wilhelm Windelband: Lehrbuch der Geschichte der Philosophie, Tübingen 1912, S. 219.

schaft die herrschende Ideologie die Ideologie der herrschenden Klassen. Keine Frage, daß der Katholizismus die feudalen ökonomischen und politischen Verhältnisse absegnete. Um aber als Herrschaftsideologie in der totalen Weise wirken zu können, wie dies der Katholizismus über Jahrhunderte tat, mußte sie alle Bevölkerungsschichten erfassen, also Wurzeln haben, die tief in die gesamte Lebensweise hinabreichten. Es ist doch nicht zu übersehen, daß alle antifeudalen Protestbewegungen des Mittelalters ihre ideellen Motive eben aus dem Christentum schöpften und nur daraus schöpfen konnten!

Drittens: Worin also liegen die tieferen Gründe? Gehen wir zunächst von folgendem Marxschen Gedanken aus: »Für eine Gesellschaft von Warenproduzenten, deren allgemein gesellschaftliches Produktionsverhältnis darin besteht, sich zu ihren Produkten als Waren, also als Werten, zu verhalten und in dieser sachlichen Form ihre Privatarbeiten aufeinander zu beziehn als gleiche menschliche Arbeit, ist das Christentum mit seinem Kultus des abstrakten Menschen, namentlich in seiner bürgerlichen Entwicklung, dem Protestantismus, Deismus usw., die entsprechendste Religionsform.«[14] Marx akzentuiert hier die »bürgerliche Entwicklung« des Christentums, ohne allerdings die Bedeutung der Warenproduktion für die Spätantike und den entwickelten Feudalismus gänzlich auszuschließen. Gesellschaftlich-gegenständliche Grundlage des verbürgerlichten Christentums ist allerdings der sich aus der allgemein gewordenen Warenproduktion ergebende Widerspruch von sachlicher Abhängigkeit und persönlicher Freiheit des unmittelbaren Produzenten, der weitgehend auch dem neuzeitlichen Philosophieren, insonderheit der Fassung des Verhältnisses von Freiheit und Notwendigkeit, zugrunde liegt.[15]

Für die Feudalgesellschaft aber ist weder eine allge-

14 Karl Marx: Das Kapital. Erster Band. In: MEW, Bd. 23, S. 93.
15 Siehe Helmut Seidel/Lothar Kleine: Schelling und seine Stellung innerhalb der klassischen deutschen Philosophie. In: Friedrich Wilhelm Joseph Schelling: Frühschriften, Bd. 1, Berlin 1971, S. XXIIff.

meine Warenproduktion noch die sachliche Abhängigkeit des Produzenten charakteristisch. »Die Naturalform der Arbeit, ihre Besonderheit, und nicht, wie auf Grundlage der Warenproduktion, ihre Allgemeinheit, ist hier ihre unmittelbar gesellschaftliche Form. Die Fronarbeit ist ebensogut durch die Zeit gemessen wie die Waren produzierende Arbeit, aber jeder Leibeigne weiß, daß es ein bestimmtes Quantum seiner persönlichen Arbeitskraft ist, die er im Dienst seines Herrn verausgabt. Der dem Pfaffen zu leistende Zehnten ist klarer als der Segen des Pfaffen. Wie man daher immer die Charaktermasken beurteilen mag, worin sich die Menschen hier gegenübertreten, die gesellschaftlichen Verhältnisse der Personen in ihren Arbeiten erscheinen jedenfalls als ihre eignen persönlichen Verhältnisse der Sachen, der Arbeitsprodukte.«[16] Also können nicht alle sich aus der allgemein gewordenen Warenproduktion ergebenden Fetischismen Grundlage des mittelalterlichen Katholizismus sein.

Es ließe sich – in zugespitzter Form – vielleicht folgende These formulieren: *Während für die allgemeine Warenproduktion der Widerspruch zwischen sachlicher Abhängigkeit und persönlicher Freiheit charakteristisch ist, ist für die feudale Produktionsweise,* die vornehmlich auf Agrikultur beruht, *der Widerspruch zwischen persönlicher Abhängigkeit und relativer Freiheit in der unmittelbaren Produktionssphäre charakteristisch.*[17]

Die persönliche Abhängigkeit des unmittelbaren Produzenten hat seine Basis im Grundeigentum und in den damit verbundenen politischen, juristischen und militäri-

16 Karl Marx: Das Kapital. Erster Band. In: MEW, Bd. 23, S. 91/92.
17 Die hier gegebene Charakterisierung der feudalen Produktionsweise beschränkt sich auf wenige Merkmale, die mir für die Ideologieproduktion wichtig erscheinen. Eine umfassende und differenzierte Darstellung derselben findet sich in: Allgemeine Geschichte des Mittelalters, S. 12ff. – Ernst Werner: Allgemeine Charakterisierung der feudalen Produktionsweise. In: Handbuch Wirtschaftsgeschichte. Herausgegeben vom Institut für Wirtschaftsgeschichte der Akademie der Wissenschaften der DDR, Berlin 1981, S. 466ff.

schen Titeln. Wie vielfältig und verschlungen die Prozesse der Herausbildung des feudalen Grundbesitzes immer auch gewesen sein mögen,[18] ihrem sozialen Gehalt nach handelte es sich um die Verwandlung der freien in abhängige, hörige, leibeigene Bauern. Aber diese Verwandlung war nicht mit einer Trennung des unmittelbaren Produzenten von seinem Arbeitsgegenstand (dem Boden) und von seinen Arbeitsmitteln verbunden. Im Gegenteil, er war ökonomisch und juristisch an den Boden gefesselt, auf dem er in einzelwirtschaftlicher Weise die Mittel zu seiner Existenz und ein Mehrprodukt erzeugte, das vom Grundherrn und der Kirche angeeignet wurde. Im Unterschied zur kapitalistischen Produktionsweise vollzog sich jedoch die Aneignung des Mehrproduktes nicht auf rein sachlich-ökonomische Weise. Die feudale Aneignungsweise des Mehrproduktes bedurfte des *außerökonomischen Zwanges,* der natürlich das persönliche Abhängigkeitsverhältnis besonders deutlich in Erscheinung treten ließ.

Trotzdem; wie der Bauer mit seiner Arbeit zurechtkam, das war im wesentlichen seine eigene Sache. Mögen noch überkommene Regeln der Dorfgemeinschaft gewirkt, mögen die Klöster sich um die Entwicklung von Spezialgebieten der Agrikultur verdient gemacht haben, im großen und ganzen hing die Entwicklung der Landwirtschaft vom Bauern ab; vom Grundherrn nur in der negativen Weise, daß dieser immer höhere Abgaben verlangte. Gerade in der größeren Selbständigkeit und Interessiertheit des Produzenten in und an seiner Arbeit lag ja der Fortschritt der feudalen Produktionsweise gegenüber den antiken.

Diese widersprüchliche, in sich zerrissene Lage prägt wesentlich die Psyche der Bauern. Seine Arbeit auf dem Feld, die für ihn durchaus einen eigenen Sinn hatte, macht ihn eigensinnig wie einen Stoiker. Von der »Starrköpfigkeit des Bauernvolkes« berichten zur Genüge mittelalterliche Quellen. Andererseits zwingt ihn seine Abhängigkeit zur Unterwürfigkeit, zum Bitten und Betteln, ihm nicht das letzte Korn aus der Scheuer, das letzte Stück Vieh aus

[18] Siehe Hans Mottek: Wirtschaftsgeschichte Deutschlands, Bd. 1, Berlin 1985, S. 69 ff.

dem Stall zu holen. In eruptiven Rebellionen versucht er von Zeit zu Zeit, diesen Widerspruch zu lösen; ohne Erfolg. Die vage Hoffnung, daß es die Enkel – mit Gottes Hilfe – besser ausfechten mögen, bleibt. Er selber aber muß zurück ins Joch, muß sich noch mehr schinden und wird noch mehr geschunden. Die Kriege der Herren, Mißernten und Epidemien verstärken seine Verzweiflung. Wie sollte er dem Lied vom irdischen Jammertal nicht glauben, das ihm vorgesungen wurde? Wie sollte er seine Hoffnung nicht auf den Gekreuzigten richten, der sein Leiden geteilt hat und der erlöst wurde, um zu erlösen? Das Kreuz, das der Bauer zu tragen hatte, wurde ihm zum Symbol seiner Hoffnung auf Erlösung.

Wie er auch immer hoffen und glauben mag, seine innere Zerrissenheit bleibt. Zwischen seinem eigenen freien Willen und dem übermächtigen Willen seines Herrn, von dem er abhängt, dem er auf Gnade und Ungnade ausgeliefert ist, dem er mit Angst und Hoffnung entgegensieht, wird er hin- und hergerissen. Wäre unser Bauer gebildet, das heißt, hätte man ihn Latein gelehrt, wäre er ein philosophischer Kopf, der scholastische Traktate über das *pro et contra* menschlicher Willensfreiheit zu lesen verstünde, er könnte meinen, daß hier über seine eigene Lage gestritten wird, ohne daß er auch nur ein einziges Mal Erwähnung findet.

Sein »unglückliches Bewußtsein«[19] findet seine Entsprechung in der katholischen Religion. Diese lehrt, daß das individuelle, partielle Selbstbewußtsein sich mit dem absoluten, göttlichen vereinen müsse, wenn Erlösung, Seligkeit erreicht werden soll. Die Kirche und ihre Diener verstehen sich als Vermittler, weshalb sich die Kirche als die allein seligmachende ausgibt. Die Sündhaftigkeit der Kreatur aber verhindert, daß die Seligkeit stiftende Vereinigung schon auf Erden vollzogen werden kann. Also kein Trost, sondern Vertröstung. Das Paradies ist nicht auf Erden, sondern im Himmel.

Nun ist der Bauer aber nicht der einzige, der sich in Ab-

19 Siehe Georg Wilhelm Friedrich Hegel: Phänomenologie des Geistes, Berlin 1967, S. 158 ff.

hängigkeit befindet. Marx vermerkt, daß im europäischen Mittelalter »jedermann abhängig – Leibeigne und Grundherrn, Vasallen und Lehnsgeber, Laien und Pfaffen«.[20] Die Ständeordnung und die hierarchische Gliederung der Feudalgesellschaft bedingen diese weitreichende Abhängigkeit. Im Mittelalter ist jedermann an seinen Stand gebunden, der ihm nicht nur seine Pflichten und Rechte vorschreibt, sondern seine Tätigkeit, seine gesamte Lebensweise bestimmt. Bauern, Handwerker, Stadtbürger haben zu arbeiten, Ritter und Edelleute haben zu kämpfen, die Priester haben sich um die Seelen zu kümmern. Bewußtseins- und Kulturformen sind wesentlich durch den Stand geprägt. Die Kleriker, die über das Bildungsmonopol verfügen, drücken allen Bewußtseinsformen ihren Stempel auf; auf ihren Burgen und Herrensitzen entfalten die Edelleute ihre höfische Kultur; trotz ihrer Bedrängnis entwickeln Bauern und Handwerker ihre Volkskultur.

Der hierarchische Aufbau der Feudalgesellschaft, in dem der gesamte Mittelbau dieser Pyramide sowohl Herr als auch Diener, sowohl Befehlender als auch Gehorchender, sowohl Nehmender als auch Gebender ist, bringt nicht nur die für die Geschichte des Feudalismus charakteristischen zentrifugalen und zentripetalen Bewegungen hervor, entzündet nicht nur den Kampf um die Spitze der Pyramide, er prägt auch die Psyche der beteiligten Akteure. Auf einer anderen Ebene reproduziert sich hier die Zerrissenheit des unmittelbaren Produzenten. Von der Gnade desjenigen, der auf der sozialen Sprossenleiter über ihm steht, ist der Angehörige des Adels und der Geistlichkeit abhängig; zwar auf andere Weise als der Bauer, aber eben doch abhängig. Wie sollte er nicht die Gnade seiner Herren, insbesondere die Gnade des Höchsten erflehen?

Hätte die Feudalgesellschaft den Katholizismus nicht schon als Produkt des Zerfalls der antiken Gesellschaft vorgefunden, sie hätte mit Notwendigkeit eine ähnliche Religionsform produzieren müssen. Aus ihrem Inneren heraus reproduzierte sie ja den Katholizismus ständig.

20 Karl Marx: Das Kapital. Erster Band. In: MEW, Bd. 23, S. 91.

ACHTZEHNTE VORLESUNG
Von den Anfängen der Scholastik

Um die Fixierung des Anfangs antik-griechischer und neuzeitlicher Philosophie gibt es kaum wesentlichen Streit. Zu deutlich stehen Thales' Satz am Beginn der griechischen, die philosophischen Positionen von Francis Bacon und René Descartes am Beginn der Philosophie der Neuzeit. Auch die Revolution der Denkart, die in der Renaissance vollzogen wird, läßt sich mit einiger Mühe zeitlich und personell festlegen.

Hinsichtlich der Frage nach dem Anfang von Scholastik liegen die Dinge weit komplizierter. Es lassen sich kein Satz, kein Werk, kein überragender Denker, ja selbst nicht einmal ein bestimmtes Jahrhundert angeben, von dem ohne Wenn und Aber behauptet werden könnte, hier begänne Scholastik.

Wie sich der sozialökonomische und politische Umwälzungsprozeß zwischen der antiken Welt und dem entwickelten Feudalismus über Jahrhunderte hinstreckt, so wie dieser durch mannigfaltige Faktoren bestimmt wird, keineswegs durch bloße Kontinuität und Widerspruchsfreiheit charakterisiert ist, so auch der Herausbildungsprozeß der Scholastik.

Allein schon die Tatsache, daß ein so gründlicher Kenner der mittelalterlichen theologischen und philosophischen Literatur wie Martin Grabmann[1] einmal Boëthius als »ersten Scholastiker« auftreten läßt, dann aber Anselm von Canterbury, der ein halbes Jahrtausend nach dem letzten römischen Denker von Rang lebte, den Titel eines »Vaters der Scholastik« zuerkennt, deutet die Schwierigkeiten an, die sich hier vor uns auftun.

Ist Boëthius tatsächlich der erste Scholastiker? Wenn ja, dann fiele der Beginn von Scholastik ins 6. Jahrhundert. Oder sollte man die Wurzeln der Scholastik nicht besser im geistig-kulturellen Aufschwung suchen, der sich im Karolingerreich vollzog? Bejaht man das, dann muß der Anfang von Scholastik ins 9. Jahrhundert gelegt werden. Oder man nimmt die weitverbreitete katholische Lehrmeinung wörtlich und ernst, die in Anselm den Vater und in seinem »Credo ut intelligam« die Losung der Scholastik sieht. Dann ist das 11. Jahrhundert Startpunkt der Scholastik. Die Zeitunterschiede haben also ein beträchtliches Ausmaß.

Die Antwort auf die gestellten Fragen hängt nicht unwesentlich davon ab, was unter Scholastik verstanden, wie Scholastik begrifflich gefaßt wird. Man kann doch den Anfang von etwas nur dann suchen und finden, wenn man über dieses etwas wenigstens eine allgemeine Vorstellung hat. Versuchen wir also zunächst, eine allgemeine Vorstellung von Scholastik zu skizzieren.

Die Gründe, die Scholastik hervortreiben, bestimmen auch deren wesentliche Merkmale. Scholastik entsteht zunächst aus dem Bedürfnis der Kirche, ihre Lehre zu vereinheitlichen, sie zu einem harmonischen, Widersprüche ausschließenden System zu gestalten. Wesentliche Vorarbeit

1 Siehe Martin Grabmann: Die Geschichte der scholastischen Methode. Erster Band, Berlin 1956, S. 148 ff. und 258 ff.

hierzu hatte Augustinus geleistet, weshalb dieser Kirchenvater vielfach Mittelpunkt, immer aber Bezugspunkt der Scholastik bleibt. Die innere Entwicklung der Kirche, die zunehmende Christianisierung germanischer Stämme, der Streit und schließliche Bruch mit der oströmischen Kirche, die Berührung mit anderen Religionen, die Ketzerbewegungen und der Streit zwischen weltlicher und geistlicher Macht fordern gebieterisch Einheit und Geschlossenheit. Im ideellen Bereich beziehen sich diese Harmonisierungstendenzen sowohl auf die Interpretation der heiligen Schriften und auf die keineswegs immer einheitlichen Auffassungen der Kirchenväter, auf die Einpassung antiker Philosopheme und Bildungsgüter in das christliche Weltbild.

Von den ersten Sentenzen-Büchern ausgehend, bis zu den großen Summen des 13. Jahrhunderts zog sich dieses Harmonisierungsbestreben. In letzteren findet es seinen vollendeten Ausdruck. Es lag nahe, diese scholastischen Systeme, die durchgängig geordnet sind, in denen jedem Ding sein Platz zugewiesen wird, die pyramidenförmig aufgebaut sind, so daß alles zur Spitze, zum Höchsten, zu Gott strebt, mit den gotischen Domen zu vergleichen, die wie aus einem Guß dastehen und noch heute beeindrukken und ästhetischen Genuß gewähren. Richtig an diesem bildlichen Vergleich ist, daß sich in beiden ein und derselbe Geist vergegenständlicht hat. Nur sollte dies Bild nicht überstrapaziert werden. Zu bedenken ist, daß jene sakralen Bauten, an denen Generation auf Generation baute und in denen sich verschiedene Handschriften und Stilrichtungen eingeprägt haben, nicht weniger charakteristisch für den Geist jener Zeit sind.

Organon der Harmonisierung der christlichen Glaubenswahrheiten, der Systematisierung des christlichen Weltbildes konnte nur die menschliche Vernunft, ihr logisches Wirken sein. Ohne logische Verfahren, ohne Klassifikation, ohne Zu-, Unter- und Überordnung, ohne Ausschluß von Widersprüchen, ohne richtiges Schließen war das angestrebte Ziel nicht zu erreichen. Dieses Instrumentarium mußte mittelalterliche Philosophie nicht neu entwickeln; sie konnte es aus der Antike übernehmen. Es waren vor allem jene logischen Schriften des Aristoteles, die Boëthius übersetzt und kommentiert hatte, aus denen das Handwerkszeug entnommen wurde. Bis zur großen Aristotelesrezeption im 12. und 13. Jahrhundert galt der Stagirit vornehmlich als Logiker.

Das Ordnen christlicher Glaubenswahrheiten mittels Aristotelischer Logik wirft nun ein Problem auf, das mittelalterliche Philosophen kaum gesehen haben dürften, das erst Georg Wilhelm Friedrich Hegel in seiner ganzen Schärfe formulierte. Hegel ist sehr oft auf die Aristotelische Logik und ihre Schicksale zu sprechen gekommen. Bekanntlich wertet er die Logik des Stagiriten sehr hoch, ganz im Gegensatz zu seiner Wertung der »formalen Logik«. Aristotelische Logik ist für Hegel deshalb keine formale, weil in ihr Übereinstimmung von Denk- und Seinsformen vorausgesetzt ist. Erst dann, wenn Logik ihre Beziehung zur entsprechenden Ontologie preisgibt, der inhaltliche Bezug also verlorengeht, wird sie für ihn zur formalen, die dann als Kanon des Verstandes beliebigen Seinslehren dienen kann. Davon ausgehend, sieht er in der unorganischen Allianz von formaler Logik und christlicher Dogmatik eine der wesentlichen Ursachen, die den Streit um Widersprüche und Ungereimtheiten innerhalb der Scholastik hervorgebracht hat. Soviel zumindest scheint mir an der Hegelschen Position richtig zu sein: Die Logik des Aristoteles ist Wissenschaft von der Wahrheit, also konstitutive Wissenschaft; die aristotelische Logik der mittelalterlichen Philosophen ist zunächst nur regulative Wissenschaft, da die Wahrheit als offenbarte schon vorausgesetzt ist.

Scholastik entsteht weiter aus der Notwendigkeit, die kirchliche Lehre verteidigen zu müssen. Die leidenschaftliche Frontstellung gegen Anders- und Ungläubige, gegen Ketzer, Zweifler und gegen die Lauen legt den Schluß nahe, daß die inneren und äußeren ideellen Gefahren für die Kirche so gering nicht gewesen sein konnten. Nicht nur die kleinen Eiferer, die überall den Satan rochen, auch die Leuchten der Scholastik widmeten sich der Aufgabe, diese Gefahren abzuwenden. Anselm von Canterbury berichtet, daß seine Mitbrüder ihn nicht nur gebeten hätten, die Gotteslehre auf rein rationale Weise, also ohne Berufung auf die Autorität der Heiligen Schrift darzustellen, sondern auch gefordert hätten, allen Einwänden, die auftreten könnten, entgegenzutreten.[2] Thomas von Aquino aber schrieb speziell eine »Summa contra Gentiles« (Summe wider die Heiden). Soll ein Andersdenkender von der Wahrheit meiner Auffassung überzeugt werden, dann nutzt mir eine Berufung auf Autoritäten gar nichts. Nur auf einer gemeinsamen Basis wird eine Diskussion möglich. Diese Basis aber kann wiederum nur die menschliche Vernunft und ihr logisches Wirken sein.

Hier kann nun der aufmerksame Leser, der sich an unsere 16. Vorlesung erinnert, einwenden, daß es doch wohl auch Sache der Kirchenväter war, die christliche Lehre zu verteidigen und auszubreiten, daß auch die Patristik nach einer einheitlichen Kirchenlehre strebte. Eine sehr berechtigte Frage, die noch drängender wird, wenn wir berücksichtigen, daß sowohl in der griechischen wie in der lateinischen »Väterliteratur« vielfache Ansätze zu einer rationalen Bewältigung der christlichen Glaubenslehre vorliegen.[3] Hinzu kommt, daß das ideelle Leben der Kirche in den Jahrhunderten, die zwischen dem Untergang des antiken Roms und dem Karolingerreich liegen, durch konservativen Traditionalismus charakterisiert war, so daß von einem qualitativen Unterschied kaum die Rede sein kann. Im Hinblick auf die konstitutiven Fragen von Weltanschauung bleiben selbstverständlich immer Gemeinsamkeiten zwischen Patristik und Scholastik. Hier geht es aber weniger um die Gemeinsamkeiten als vielmehr um die charakteristischen Unterschiede. Worin bestehen diese?

Zunächst und offensichtlich ist die geographische und historische Landschaft, in der Scholastik zur Welt kommt,

2 Siehe Anselm von Canterbury: Leben, Lehre, Werke. Übersetzt, eingeleitet und erläutert von Rudolf Allers, Wien 1936, S. 254.
3 Siehe Martin Grabmann: Die Geschichte der scholastischen Methode, S. 76 ff.

von der der Patristik stark unterschieden. Patristik hat das – wie auch immer durch Krisen erschütterte – Imperium Romanum zum Bezugspunkt. Ihre Hallen stehen im Mittelmeerraum. Der Geburtsprozeß von Scholastik hat den langwierigen, vielgestaltigen, widerspruchsvollen, von blutigen Fehden und Kriegen durchzogenen Feudalisierungsprozeß in West- und Mitteleuropa zum Bezugspunkt. Merkwürdigerweise ist nicht Rom Geburtsstätte und Zentrum der Scholastik, obwohl die Klöster der Apenninenhalbinsel einen Beitrag zu ihrer Herausbildung leisteten. Die Wiegen der Scholastik stehen vornehmlich auf den Britischen Inseln und im Frankenreich.

Bürgerliche Philosophiegeschichtsschreibung spricht in diesem Zusammenhang gern von der Begegnung des Christentums mit dem »germanischen Geiste«. Freilich ist nicht zu leugnen, daß die christliche Lebens- und Denkweise mit den Sitten und Gebräuchen germanischer Stämme vielgestaltige Symbiosen eingegangen ist. Aber in den scholastischen Traktaten läßt sich dieser Geist, der zudem nirgends klar bestimmt wird, nicht abheben. Ethnische Unterschiede sind für die Scholastik ganz unerheblich. Einheitlicher Glaube, einheitliche Sprache, im ganzen und großen einheitliche Bildung machen ethnische Differenzen bedeutungslos. Nehmen wir nur ein Beispiel: Thomas von Aquino stammt aus Roccasecca bei Neapel, sein Lehrer Albertus Magnus aus Lauingen in Schwaben. Es wäre höchst unsinnig, daraus auf italienische bzw. deutsche Scholastik zu schließen. Nationen, Nationalsprachen, Nationalstaaten, die durchaus das Kolorit einer philosophischen Denkweise mitbestimmen können, gehören einer späteren Epoche an; freilich, die Weichen für diese Entwicklung werden im Mittelalter gestellt.

Die räumlichen und zeitlichen Verschiedenheiten vermögen nun aber keineswegs den *wesentlichen Wandel* hinreichend zu erklären, der im *Philosophieverständnis* zwischen Patristik und Scholastik eingetreten ist. Patristik faßte – hier ganz in antiker Tradition befangen – das Christentum als die wahre Philosophie, als die wahre Wissenschaft. Für die geistige Entwicklung des Augustinus hat das Verhältnis von Philosophie und Theologie sicherlich eine bedeutende Rolle gespielt; für den Kirchenvater aber ist eine scharfe Trennung zwischen beiden gegenstandslos. Scholastik dagegen setzt schon eine gewisse Trennung von Philosophie und Theologie voraus; will sie doch gerade Philosophie als Mittel zur rationalen Bewältigung der Glaubensinhalte anwenden.

Den nächsten und wichtigsten Grund für diese, freilich immer nur relativ bleibende Trennung von Philosophie und Theologie, für den Wandel im Philosophieverständnis sehe ich in der Herausbildung und Entwicklung des *mittelalterlichen Schulwesens*. Daß Scholastik Schullehre ist, sagt schon ihr Name. Allein es handelt sich hierbei nicht nur um eine nominelle Bestimmung. Mittelalterliche Philosophie und Wissenschaft sind fest an die in den Händen der Kirche liegenden Schulen gebunden. Erster und wichtigster Zweck der Kloster-, Stifts- und Ordensschulen ist die Ausbildung von Klerikern. Dementsprechend ist natürlich die Heilige Schrift Grundlage und Zentrum des gesamten Ausbildungsprozesses. Die Schrift aber lag in griechischer, hebräischer und lateinischer Sprache vor. Voraussetzung dafür, daß die Bibel Unterrichtsgegenstand werden konnte, war die Kenntnis der »drei heiligen Sprachen«, was ja noch heute als Bedingung für ein ordentliches Theologiestudium gilt. Der gewaltige Verlust an Bildungsniveau, der infolge der wirtschaftlichen und politischen Zustände nach dem Untergang Roms eintrat, führte zwar dazu, daß das Griechische – und erst recht das Hebräische – stark zurücktrat, wenn auch nicht endgültig verschwand. Latein wurde zur dominierenden Sprache. Latein-Pauken steht deshalb am Anfang jeder mittelalterlichen Bildung. Ungeachtet der Modifikationen, die das Latein im Mittelalter erfährt, bleibt es doch eine hochentwikkelte Sprache. Das Studium ihrer Grammatik ist dem Studium der Logik nicht unähnlich. Nun ist zwar die Sprache nicht der primäre Grund für die Herausbildung einer rationalistischen Denkweise, aber sie hat diesen Prozeß ganz sicher gefördert.

Wie unterschiedlich das theoretische Niveau an den einzelnen Schulen auch gewesen sein mag, wie stark auch Theologie den gesamten Unterrichtsstoff einfärbte, ohne ein gewisses Maß an »profaner Bildung« konnten weder die geistlichen noch die weltlichen Mächte auskommen. Der Gottesdienst selbst setzte Kenntnisse in Rhetorik und Musik voraus, der Kirchenbau statische, die Berechnung des Kalenders und der beweglichen Kirchenfeste astronomische, die Vermessung der Felder geometrische. Die Sieben Freien Künste: Grammatik, Dialektik–Logik, Rhetorik (Trivium); Arithmetik, Geometrie, Musik, Astronomie (Quadrivium), in denen das ausgehende Altertum in kompilatorischer, keineswegs vollständiger Weise Ergebnisse der antiken Wissenschaftsentwicklung zusammenfaßte, kamen diesen Bedürfnissen unmittelbar entgegen.

Von der bedeutsamen Rolle des Boëthius bei der Vermittlung von Realwissen an das Mittelalter war schon die Rede.[4] Neben ihm haben andere Männer mit ihren zusammenfassenden Schriften die weltliche Bildung in den mittelalterlichen Schulen mitgeprägt. *Martianus Capella,* ein Anwalt und Schriftsteller aus Karthago, der sich nicht zum Christentum bekannte, verfaßte um 430 eine Schrift, die einen seltsamen Titel trug: De nuptiis Philologiae et Mercurii (Die Hochzeit des Merkur mit der Philologie). In allegorischer Form ist in ihr eine Darstellung der *Artes liberales* enthalten. Seine Figuren, die für die genannten Wissenschaften stehen, haben Kunst und Dichtung immer wieder angeregt. Martianus' Schrift ist im frühen Mittelalter oft kommentiert und im 11. Jahrhundert von Notker Labeo ins Deutsche übertragen worden.

Flavius Magnus Aurelius Cassiodorus (um 490 bis um 583), ein römischer Staatsmann, im Dienste Theoderichs stehend und um Ausgleich zwischen Römern und Goten bemüht, zog sich um 540 – dem Zuge der Zeit folgend – vom Staatsdienst zurück und gründete in Süditalien das Kloster Vivarium. Um seine eigene Bildung und um die seiner Mönche bemüht, sammelte er christliche und nichtchristliche Handschriften und regte seine Mitbrüder an, sie

[4] Siehe Helmut Seidel: Aristoteles und der Ausgang der antiken Philosophie, Berlin 1984, S. 204–206.

abzuschreiben. Er selbst verfaßte ein Lehrbuch für die geistliche und weltliche Bildung der Mönche, die »Institutiones« (Unterweisungen), das auch eine Darstellung der Sieben Freien Künste enthält.

Was Cassiodor für den italienischen war *Isidor von Sevilla* (um 570 bis 636) für den spanischen Raum. Isidor war Erzbischof von Sevilla und ein hochgebildeter Mann dazu, was in damaligen Zeiten keineswegs die allgemeine Regel war. Papst Gregor der Große soll Anfang des 7. Jahrhunderts höchst ungnädig geworden sein, als er erfuhr, daß einer seiner Bischöfe sich grammatikalischen Studien hingab. Isidor gehörte nicht zu jenen, denen die Verachtung weltlicher Bildung ein Merkmal von Glaubensfestigkeit war. Seine Schriften behandeln nicht nur theologische Fragen, sie haben auch naturwissenschaftlichen, grammatikalischen und historischen Stoff zum Gegenstand. In unserem Zusammenhang sind seine »Origines« (Ursprünge) von besonderem Interesse. In 20 Büchern versucht Isidor, das gesamte damals bekannte Wissen zusammenzufassen. Die Darstellungsweise dieser Art von Enzyklopädie ist etymologisch. In den Erklärungen der Wörter wird dieses Wissen ausgebreitet, wobei auch Exzerpte aus Schriften verwendet werden, die später verlorengegangen sind. Insofern ist Isidors Handbuch auch als historische Quelle wertvoll.

Der Einfluß von Isidor auf das sich herausbildende mittelalterliche Schulwesen war bedeutend. *Beda Venerabilis* (673/674 bis 735), ein angelsächsischer Gelehrter, der unter den germanischen Völkern mit seiner »Historia ecclesiastica gentis Anglorum« (Kirchengeschichte der Angelsachsen) die Geschichtsschreibung inaugurierte, fußte auf Isidor. Ein Schüler des Beda unterrichtete Alkuin, über dessen Organisierung des Schulwesens im Karolingerreich noch zu sprechen sein wird. Der Schüler Alkuins *Hrabanus Maurus* (780 bis 856) wurde Lehrer und Abt an der Klosterschule zu Fulda, von der das Schulwesen im deutschen Raum seinen Ausgang nahm.

Alle diese Männer waren keine selbständigen philosophischen Köpfe. Ihr Verdienst besteht in der Bewahrung antiker Bildung, in der Mitprägung des Lehrstoffes der mittelalterlichen Schulen, in der Schaffung von Bedingungen also, in denen Scholastik entstehen und sich entwikkeln konnte.

Wie die Dinge damals lagen, konnte wohl nur in den Schulen das Verhältnis von Glaube und Wissen, von Theologie und Philosophie problematisch werden. Mag die übergroße Mehrheit der Schüler Latein gepaukt, das Studium der Freien Künste mehr oder weniger schnell durchlaufen haben, um dann problemlos zur Theologie und zum praktischen Kirchendienst überzugehen, für einige helle Köpfe gewann die Philosophie, also Logik plus profane Wissenschaften, einen relativ selbständigen Eigenwert, der dann zum absoluten Wert, zum Glauben in Beziehung gesetzt werden mußte. Genau hier zeigt sich der Wandel im Philosophieverständnis, hier liegen die Keime der Scholastik. Daß die ursprüngliche Lehrform, die *lectio*, das heißt das Vorlesen kanonisierter Bücher, durch die *disputationes* ergänzt werden mußte, steht sicher mit dem bezeichneten Wandel in Beziehung.

Systematisierung der Kirchenlehre, ihre Verteidigung auf rationale Weise, Begründung und Ausbildung eines Schulsystems – das sind grundlegende Merkmale von Scholastik. Die einflußreichste, wenn auch nicht immer kritiklos angenommene Definition von Scholastik hat Martin Grabmann formuliert: »Die scholastische Methode will durch Anwendung der Vernunft, der Philosophie auf die Offenbarungswahrheiten möglichste Einsicht in den Glaubensinhalt gewinnen, um so die übernatürliche Wahrheit dem denkenden Menschengeiste inhaltlich näher zu bringen, eine systematische, organisch zusammenfassende Gesamtdarstellung der Heilswahrheit zu ermöglichen und die gegen den Offenbarungsinhalt vom Vernunftstandpunkte aus erhobenen Einwände lösen zu können. In allmählicher Entwicklung hat die scholastische Methode sich eine bestimmte äußere Technik, eine äußere Form geschaffen, sich gleichsam versinnlicht und verleiblicht.«[5]

5 Martin Grabmann: Die Geschichte der scholastischen Methode, S. 36/37.

Ohne Zweifel bringt diese Begriffsbestimmung Wesensmerkmale von Scholastik zum Ausdruck. Folgende Korrektive anzubringen, erscheint mir jedoch unumgänglich. Zunächst steht hinter Grabmanns Definition ein weltanschaulicher Standpunkt, der des Katholizismus. Diese Feststellung wertet die von Grabmann erbrachten Forschungsresultate keineswegs ab, ignoriert nicht sein Streben nach Objektivität. Sie zeigt nur, daß es eine absolut wertfreie Geschichtsschreibung nicht gibt.

Grabmanns Standpunkt führt nun dazu, daß er die Scholastik vornehmlich vom Standpunkt der Theologie aus betrachtet. Daher erscheint sie ihm nur als Methode, und zwar als Methode der Theologie. Damit aber wird die Eigenständigkeit der Philosophie, die zwar die Dominanz der Theologie keineswegs aufheben kann, aber doch insofern anerkannt werden muß, als sie nicht aus der Theologie entspringt, sondern auf diese angewandt wird, außer acht gelassen. Die eigentümliche Methode der Scholastik, wie sie vorzüglich von Abélard geprägt wurde, erscheint dann nur als äußere Technik. Und schließlich wird das wesentliche Moment, daß Scholastik Schullehre ist, nicht in die Definition einbezogen.

Nachdem wir Wesensmerkmale von Scholastik skizziert und so eine allgemeine Vorstellung von dieser geistigen Bewegung des Mittelalters gewonnen haben, können wir auf unsere Ausgangsfragen zurückkommen. Die erste Frage, ob Boëthius als erster Scholastiker bezeichnet werden kann, ist negativ zu beantworten. Zwar steht außer Zweifel, daß er die Scholastik auf mehrfache Weise beförderte, daß sein Denken auch Momente aufweist, die der Scholastik zukommen. Allein dies ist nicht hinreichend, um ihn als ersten Scholastiker herauszustellen. Boëthius' Denken ist nicht von der Atmosphäre einer Klosterschule geprägt; über ihm liegen die letzten Strahlen der Sonne der Antike.

Dagegen würde ich unsere zweite Frage, ob im kulturell-geistigen Aufschwung, der sich im Karolingerreich vollzog, Wurzeln der Scholastik liegen, im ganzen positiv beantworten. Zwar hege ich einige Bedenken gegen den allgemein üblichen Gebrauch des Begriffes »karolingische Renaissance«, weil damit Vorstellungen assoziiert werden, die der historischen Wirklichkeit nicht entsprechen. Von einer durchgängigen und umfassenden Wiedergeburt der antiken Kultur, wie sie sich in Europa vom 14. bis zum 16. Jahrhundert vollzog, kann im Reich Karls des Großen keine Rede sein. Im Vergleich zu den rauhen Zeiten der Merowinger allerdings waren die Verhältnisse für die kulturelle Entwicklung im allgemeinen und des Schulwesens im besonderen günstig. Lange bevor Karl im Jahre 800 vom Papst zum Römischen Kaiser gekrönt wurde, hatte er Gelehrte von den Britischen Inseln und gebildete Benediktiner in sein immer größer werdendes Reich gerufen, um sie mit der Organisierung des Schulwesens zu beauftragen. Historische Notwendigkeit und subjektives Interesse, seinem Hof jenen Glanz zu verleihen, der einst das antike Rom zierte, fielen hierbei zusammen.

Unter denen, die ins Frankenreich kamen, war *Alkuin* (Alkuinus, um 730 bis 804) die herausragende Gestalt. Alkuin war in der Schule von York nicht nur in der Theologie, sondern auch in Grammatik, Rhetorik, Jurisprudenz, Dichtkunst und Metrik, Astronomie, Naturwissenschaft und Mathematik ausgebildet worden. Er scheint auch mit dem Griechischen vertraut gewesen zu sein. Seiner umfassenden Gelehrsamkeit wegen wurde ihm 778 die Leitung der Yorker Domschule übertragen, die er jedoch nur drei Jahre innehatte, weil er 781 dem Ruf Karls des Großen folgte. Als Berater des Königs in Sachen Bildung und Kultur, als Lehrer an der Schola palatina, der Hofschule Karls, und ab 796 als Abt der Abtei St.-Martin in Tours, deren Klosterschule er zu einer für damalige Verhältnisse mustergültigen Bildungsanstalt entwickelte, hat er dem Bildungswesen im großen Frankenreich mächtige Impulse gegeben. Entgegen einem weitverbreiteten ignorantenhaften Verhalten weltlicher Bildung gegenüber hat er die Freien Künste hochgeschätzt, sie als die »sieben Säulen der Weisheit« und als ebenso viele Wege zur vollkommenen Wissenschaft gepriesen.

Wenn ich die Wurzeln der Scholastik in der Karolingerzeit suche, so vor allem deshalb, weil in ihr die erste große Gestalt der Scholastik hervortritt: Johannes Scotus Eriugena. In der bürgerlichen, insonderheit in der katholischen Philosophiegeschichtsschreibung ist viel über die Frage gestritten worden, wer denn nun eigentlich der »Vater der Scholastik« sei: Johannes Scotus Eriugena oder Anselm von Canterbury? Bei der Kenntnisnahme dieser Diskussion konnte ich mich nicht des Eindrucks erwehren, daß die Mehrheit sich für Anselm deshalb entscheidet, weil des Johannes systematisches Denken zum Pantheismus tendierte und deshalb von der offiziellen Kirche verworfen wurde. Ein Verworfener aber kann nicht zum »Vater der Scholastik« erhoben werden, zumal dann, wenn die Scholastik als großes Erbe des Katholizismus angesehen wird. Für marxistische Philosophiegeschichtsschreibung ist natürlich nicht nur dieser ideologische Aspekt, sondern auch die Fragestellung selbst Gegenstand der Kritik. Hat denn die Scholastik als eine Jahrhunderte durchziehende geistige Bewegung nur einen Vater, oder sind nicht vielmehr viele Denker an ihrer Herausbildung beteiligt gewesen? Die Geburt der Scholastik ist kein einmaliger Akt, sondern ein Prozeß, der – wie jeder Prozeß – seine Knoten- und Höhepunkte aufweist. Daß das philosophische Denken des Johannes einen ersten Höhepunkt in diesem Prozeß darstellt, ist unbestreitbar und – soweit ich sehe – auch von niemandem bestritten worden. Aber auch der große Ire oder Schotte (Irland war das Stammland der Schotten) stieg nicht wie Phönix aus der Asche, sondern stand in einer langen Tradition. Wenn wir die Anfänge der Scholastik vornehmlich im Frankenreich ansiedeln, so darf darüber nicht vergessen werden, daß viele Bildungselemente von außen, namentlich von den Britischen Inseln kamen.

Damit ist unsere dritte Frage schon mitbeantwortet. Allerdings muß hier schon vorausschauend bemerkt werden, daß mit Roscelin von Compiègne und Anselm von Canterbury eine neue, qualitativ höhere Etappe in der Entwicklung von Scholastik beginnt.

Mit *Johannes Scotus Eriugena* (um 810 bis nach 877) erhebt sich philosophisches Denken wieder auf eine Höhe, wie es in den vorangegangenen drei Jahrhunderten nicht gesehen ward. An die Stelle des Traditionalismus, der bloßen Kompilation tritt selbstbewußte Originalität, über die Autorität der Väter wird die Autorität der Vernunft gestellt, an die Stelle einer Logik, die im Trivium ein beengtes Dasein führte und der Glaubenslehre subsidiäre Dienste leistete, tritt eine Dialektik, die nicht nur der überkommenen Glaubenslehre gleichwertig zur Seite gestellt, sondern als letztlich maßgebender Faktor dieser entgegengestellt wird. Freilich nicht so, daß Philosophie und Glaubenslehre in einem antinomischen Verhältnis stehen; vielmehr dergestalt, daß Philosophie und Religion so verschmelzen, daß das Resultat ein monistisches System des philosophischen Idealismus ist, das stark zum Pantheismus tendiert.

Über das äußere Leben dieses für seine Zeit genialen Denkers ist uns nur wenig bekannt. Wir wissen eigentlich nur sicher, daß er etwa um 845 von Karl dem Kahlen an die Pariser Hofschule berufen wurde. Der Ruf seiner umfassenden Gelehrsamkeit muß dem wohl vorausgegangen sein.

Dafür kennen wir aber ziemlich genau die Zeitpunkte der Entstehung seiner Werke. Um 851 greift Johannes mit seiner Schrift »De divina praedestinatione« (Über die göttliche Vorherbestimmung) in einen heftig tobenden Theologenstreit über die Prädestinationslehre ein. Um 858 übersetzt und kommentiert er Schriften, die damals dem *Dionysios Areopagites (Pseudo-Dionysios)* zugeschrieben wurden, dies im Auftrag Karls des Kahlen, der die griechischen Handschriften bewahrte, nachdem sie Ludwig der Fromme von Kaiser Michael Balbus als Geschenk erhalten hatte.

Der Apostelgeschichte zufolge war Dionysios Areopagites von Paulus zum Christentum bekehrt und als erster Bischof von Athen eingesetzt worden. Die Schriften, die Johannes übersetzte, stammen jedoch nicht von dieser legendären Gestalt, sondern sind erst im 5. Jahrhundert wahrscheinlich in Syrien von einem Unbekannten verfaßt worden. Dem Mittelalter aber galten sie als echt. Erst die Renaissance (Lorenzo Valla) räumte mit diesem Irrtum auf. In den Schriften des Pseudo-Dionysios verbinden sich Sehnsucht nach mystischer Vereinigung mit der Gottheit, die als Weltgrund und Urquell des Seienden, als das Namenlose oder auch Allnamige gefaßt wurde, mit der Emanationslehre des Neuplatonismus und christlicher Heilslehre. Es kann gesagt werden, der Pseudo-Dionysios hat den Neuplatonismus verkirchlicht, die Kirche neuplatonisiert.[6]

Von den ideellen Beziehungen, die Johannes Scotus Eriugena – hier wohl in den Traditionen der irischen Kirche stehend – zum spekulativen Denken innerhalb der griechischen Kirche hatte, zeugen auch seine Übersetzungen des Maximus Confessor (um 580 bis 662) eines Mystikers, der das letzte Ziel alles natürlichen und menschlichen Geschehens in der Vereinigung aller Dinge mit Gott sah, und des Gregor von Nyssa (um 335 bis nach 394), der schon früher in der Nachfolge von Origenes (um 185 bis 253) Neuplatonismus und Christentum zu synthetisieren versucht hatte.

In der griechischen Sprache, in der griechischen philosophischen und theologischen Literatur bestens bewandert, so daß einige ihn sogar – irrtümlich – für einen Griechen hielten, zumindest aber für einen, der seine Ausbildung im Orient erhalten hat, schrieb Johannes Scotus Eriugena um 867 sein Hauptwerk in fünf Büchern, das bezeichnenderweise den Titel in griechischer und lateinischer Sprache trug: »περὶ φύσεως μερισμοῦ id est de divisione naturae« (Über die Einteilung der Natur).[7]

Hegel hat in seinen Vorlesungen zur Philosophiege-

---

6 Die Bedeutung des Dionysios sehen Historiker in der Konzipierung eines Gesellschaftsbildes, das auf Stabilität und Uniformierung orientierte und einen hierarchischen Frieden als Gesellschaftsideal proklamierte. (Siehe H. Goltz: Hiera mesiteia, Erlangen 1974, S. 38, 44.) Die Wirkungen des Dionysios auf das Mittelalter untersucht Ernst Werner: Ideologie und Gesellschaft im europäischen Mittelalter. In: Jahrbuch für Geschichte des Feudalismus, Bd. 6, 1981, S. 46–48.

7 Siehe Johannes Scotus Erigena: Über die Eintheilung der Natur. Übersetzt und mit einer Schluß-Abhandlung ... versehen von Ludwig Noack, Berlin 1870–1874.

schichte bemerkt, daß Johannes Scotus Eriugena »philosophisch zu Werke« gehe.[8] Dies ist richtig gesagt, wenngleich nicht zu übersehen ist, daß der große Dialektiker der Neuzeit das Werk des Johannes sehr schnell abtut. Hätte er diesem größere Aufmerksamkeit geschenkt, er hätte manch dialektische Wendung gefunden, die dem Denken Freude bereitet.

Johannes bekundet gleich am Anfang seines Werkes, daß er den »Weg der Vernunftsforschung« einzuschlagen gedenke. Platon ist ihm auf diesem Wege der Leitstern.[9] Wie dieser die Dialogform wählte, so auch Johannes. Charakteristischerweise handelt es sich bei letzterem um einen umfassenden Dialog zwischen Lehrer und Schüler. Allerdings spielt der Schüler hier keineswegs nur die Rolle des passiv Aufnehmenden; er ist aktiv am Gang der Untersuchung beteiligt. Schon dies deutet darauf hin, daß hier nicht auf Autorität gepocht wird – obwohl es im Werk selbst vielfach Berufungen auf Autoritäten gibt –, sondern daß vernünftige Einsicht gewonnen werden soll. Im Verlauf des Gesprächs wird das Verhältnis von Vernunft und Autorität direkt und in kühner Weise angesprochen:

»*Lehrer*. Es ist dir, denke ich, nicht unbekannt, daß das der Natur nach Frühere von höherem Werte ist, als das der Zeit nach Frühere.

Schüler. Fast allen ist dies bekannt.

L. Wir wissen, daß die Vernunft das der Natur nach Frühere, die Autorität das der Zeit nach Frühere ist. Denn obwohl die Natur zugleich mit der Zeit geschaffen ist, so hat doch die Autorität keineswegs mit dem Anfang der Zeit und der Natur begonnen, während dagegen die Vernunft gleichzeitig mit Natur und Zeit aus dem Ursprung der Dinge entstanden ist.

Sch. Auch dies lehrt uns die Vernunft, sintemal die Autorität aus der wahren Vernunft hervorgegangen ist, nicht

---

8 Georg Wilhelm Friedrich Hegel: Vorlesungen über die Geschichte der Philosophie. Dritter Band, Leipzig 1982, S. 57.
9 »... Platon, der größte unter den Philosophen.« (Johannes Scotus Eriugena: Über die Eintheilung der Natur, Erstes Buch, Kapitel 36.)

aber umgekehrt die Vernunft aus der Autorität. *Denn jede Autorität, die nicht durch wahre Vernunft gebilligt wird, erscheint als schwach*; dagegen hat die wahre Vernunft, weil sie sich sicher und wandellos auf ihre eigenen Kräfte stützt, keine Bekräftigung durch Zustimmung irgend einer Autorität nötig; denn die wahre Autorität scheint mir nichts anderes zu sein als die durch Vernunft gefundene Wahrheit.«[10]

Von der auf Vernunftsforschung ausgerichteten Denkweise unseres Philosophen spricht überzeugend sein Naturbegriff, den er als Einstieg in seine Untersuchung wählt:

»*Lehrer*. Oftmals habe ich erwogen und nach Kräften sorgfältig untersucht, wie sich alle im Geist erfaßbaren oder die Anstrengungen desselben übersteigenden Dinge zuerst und zuhöchst einteilen lassen in solches, was *ist* und was *nicht ist*. Und als gemeinsame Bezeichnung für dieses alles bietet sich uns der Ausdruck *Natur* dar. Oder scheint es dir anders?

Schüler. Nein! Ich stimme bei; denn auch ich finde es so, wenn ich den Weg der Vernunftsforschung betrete.

L. Natur ist also, wie gesagt, der allgemeine Name für alles, was ist und was nicht ist.

Sch. So ist's in der Tat; denn nichts in der Welt mag uns in den Sinn kommen, was unter diesen Ausdruck nicht passen würde.«[11]

Daß alles, was ist, unter den Begriff der Natur subsumiert werden kann, leuchtet ohne weiteres ein, wie auch ohne weiteres einsichtig ist, daß ein so weit gefaßter Naturbegriff *in nuce* immer eine pantheistische Tendenz impliziert. Die Frage ist vielmehr, warum Johannes auch dasjenige, was nicht ist, unter den Begriff der Natur faßt? Zu bedenken ist hierbei, daß Johannes als christlicher Denker vor der Frage stand, wie denn der Fundamentalsatz der christlichen Religion, daß Gott die Welt aus dem Nichts erschaffen habe, auf vernunftgemäße Weise interpretierbar sei. Wird das Nichts als an sich seiendes, absolut Leeres gefaßt, dann erweist sich jener Satz als ein Mysterium, das

10 Ebenda, 1, 69. (Hervorhebung – *H. S.*)
11 Ebenda, 1, 1.

sich jeglicher Vernunftsforschung entzieht. Wird dagegen dasjenige, was nicht ist, nicht als an sich seiendes, sondern nur für uns seiendes Nichts, also als die Dinge aufgefaßt, deren Erkenntnis sich unserem Geist entzieht, dann sieht die Sache anders aus. Die eigentümliche Interpretation des Schöpfungsgedankens durch Johannes wird uns bald deutlicher vor Augen treten.

Bei der Natur als dem Inbegriff aller seienden und nichtseienden Dinge kann nicht stehengeblieben werden. Die charakteristischen Unterschiede müssen aufgezeigt, also eine Einteilung der Natur vorgenommen werden. Dies geschieht bei Johannes auf folgende Weise: »Mir scheint die Einteilung der Natur vier unterschiedene Formen anzunehmen: Sie teilt sich zunächst in eine solche, welche *schafft und nicht geschaffen wird;* sodann in eine solche, welche *geschaffen wird und schafft;* zum Dritten in eine solche, welche *geschaffen wird und nicht schafft;* zum Vierten in eine solche, welche *nicht schafft und nicht geschaffen wird.* Von diesen vier Teilungen stehen sich zwei einander entgegen, die dritte der ersten, die vierte der zweiten.«[12]

Die erste »Naturgestalt«, also derjenige Teil der Natur, der schafft und nicht geschaffen wird, ist Gott, der allein anfangslos gedacht werden kann, der die Anfangsursache von allem ist, was aus ihm und durch sich selber geworden ist, der All-Schöpfer, der Anfang, Mitte und Ende aller Dinge ist. »Anfang: weil aus ihm alles stammt, was am Sein Teil hat; Mitte, weil es in ihm und durch ihn selber besteht und sich bewegt; Ende: weil zu ihm selber sich dasjenige hinbewegt, was für seine Bewegung Ruhe und für seine Vollendung Festigkeit sucht.«[13]

Johannes' Analyse des Gottesbegriffes läßt nun die Schwierigkeiten deutlich werden, die dieser Begriff der Vernunft macht. Was immer auch über ihn ausgesagt werden möge, letztlich ist er das Unerkennbare, das Unerforschliche, das Unsagbare. Es liegt dies nicht in der Schwäche und Eitelkeit der menschlichen Vernunft. Auch

12 Ebenda.
13 Ebenda, 1, 11.

die Engel vermögen ihn nicht zu erkennen; ja Gott selber vermag sich nicht zu erkennen. Die Begründung hierfür ist eine logische. Wird von dem Platonischen Standpunkt ausgegangen, wonach der je höhere Grad der Allgemeinheit einen je höheren Grad von Realität beansprucht, der höhere Grad der Allgemeinheit aber nur durch Abstraktion gewonnen werden kann, dann folgt, daß die höchste und letzte Abstraktion, das Allgemeinste und Realste, nicht mehr aussagbar, also Nichts ist. Johannes wendet beträchtlichen Scharfsinn auf, um nachzuweisen, daß auch die allgemeinsten Bestimmungen des Seins, wie sie Aristoteles in den zehn Kategorien gefunden hatte, auf Gott nicht anwendbar sind. Wenn Gott als die Essenz aller Dinge, als die Wahrheit, die Güte, das Licht, der Odem usw. bezeichnet wird, so ist dies letztlich doch nur Metaphorik, denn zu all diesen Bestimmungen kann ein Gegensatz aufgezeigt werden. Gott aber ist das Gegensatzlose. Die Vernunft treibt also mit einiger Konsequenz zur negativen Theologie.

Auf Gottes Sein, auf seine Weisheit und sein Leben kann nach Johannes allein aus dem Dasein der Dinge, aus ihrer Ordnung und ihrer Bewegung geschlossen werden. »Denn aus dem Sein dessen, was ist, wird erkannt, daß sie (die All-Ursache, Gott) ist; aus der wunderbaren Ordnung der Dinge, daß sie weise ist, und aus der Bewegung hat man gefunden, daß sie Leben ist. Als ursächliche und schöpferische Natur von allem ist sie also und ist weise und lebt. Und demgemäß haben die Ergründer der Wahrheit überliefert, daß unter ihrem Sein der Vater, unter ihrer Weisheit der Sohn, unter ihrem Leben der h. Geist verstanden sei.«[14]

Gott ist dem Johannes weniger jener personale Schöpfer, der in sechs Tagen die Welt aus dem Nichts erschaffen hat und danach sah, daß es gut war; vielmehr ist er das ewig Schaffende, Hervorbringende, die »schöpferische Natur«. Zwar ist Gott insofern transzendent, als er alle entstehenden und vergehenden Dinge übersteigt; gleichzeitig aber ist er allen geschaffenen Dingen immanent. Gott ist die

14 Ebenda, 1, 13.

Substanz aller Dinge, und insofern ist er mit allen Kreaturen wesensgleich. Das Leben der Kreaturen ist Gottes Leben in ihnen. Die Erkenntnis Gottes durch den Menschen ist Gottes Selbstoffenbarung in ihm.

Die ewig schaffende, selbst aber ungeschaffene Natur prozessiert aus sich und durch sich den zweiten Teil der Natur heraus. »Als zweite Form der All-Natur leuchtet ... diejenige hervor, welche geschaffen wird und schafft, und welche nur in den uranfänglichen Ursachen der Dinge, wie ich glaube, zu verstehen ist. Diese selber werden aber von den Griechen Prototypen, d. h. uranfängliche Einzelbilder oder gewissermaßen Urbestimmtheiten, auch wohl göttliche Willensbestimmungen und Ideen, d. h. Arten und Formen, genannt, in welchen die unveränderlichen Gründe aller zu schaffenden Dinge schon im voraus vorhanden sind.«[15] Die Einheit aller aus dem göttlichen Wesen hervorgehenden Ideen ist der Logos, die Brücke, die von Gott zu den endlichen, geschaffenen und sichtbaren Dingen führt.

Es ist nicht schwer einzusehen, daß Johannes Scotus Eriugena hier treu auf neuplatonischen Pfaden wandelt. Schon Platon hatte ja gelehrt, daß die Ideen dasjenige sind, was die Dinge zu dem machen, was sie sind. Die Ideen prägen die einzelnen Dinge; die hierarchisch gegliederte Ordnung der Ideen bestimmt die Ordnung der Dinge. Insofern ist für Johannes der Logos zwar geschaffene Natur, gleichzeitig aber ewig schaffende. Gott, dessen Sein mit seinem Tun zusammenfällt, schafft nur vermittels des Logos.

Gut platonisch ist die Idee das Allgemeine. Das Allgemeine ist das Substantielle, das Reale. Je allgemeiner eine Idee, um so realer ist sie. Diese wesentliche Realität des Allgemeinen erzeugt und enthält in sich das Besondere. Also ist auch die Gattung der Art und schließlich dem Einzelnen, Individuellen gegenüber das Primäre, Erzeugende. So haben wir bei Johannes Scotus Eriugena einen konsequent durchgeführten Begriffsrealismus vor uns. Sein Pantheismus trägt panlogischen Charakter.

15   Ebenda, 2, 2.

Die dritte Form der Natur ist die von Gott und dem Logos geschaffene Welt der Körper, die geschaffene, aber nicht schaffende Natur. Johannes' Verhältnis zu dieser erscheint als höchst widersprüchlich. Einerseits erklärt er ständig, daß das Leben der Kreaturen (einschließlich des Menschen) Gottes Leben in ihnen, daß die Ordnung der Dinge durch den Logos bestimmt sei. Nur über das Sein, die Ordnung und die Bewegung der Dinge kann ja auf das Sein Gottes, auf seine Weisheit und sein Leben geschlossen werden. Andererseits aber vermag er der neuplatonischen und christlichen Diskreditierung des Körperlichen nicht zu entgehen. Ganz im Sinne des Augustinus schreibt er: »Es gibt in der Natur der Dinge nichts Niedrigeres als den Körper und nichts Höheres als das Denken.«[16]

Diese Widersprüchlichkeit führt zu einem zwiespältigen Verhältnis der Naturforschung gegenüber. Einerseits gibt seine Konzeption der Naturforschung durchaus Raum; ist doch Naturerkenntnis von Gotteserkenntnis keineswegs vollkommen abgekoppelt. Johannes ist selbst mit astronomischen Studien beschäftigt gewesen. Die dem Mittelalter bekannte Theorie des Herakleides (um 350 n. u. Z.), wonach Merkur und Venus als sich um die Sonne drehende Himmelskörper gefaßt wurden, soll er auf Mars und Jupiter ausgedehnt haben. Andererseits aber ist ihm die Erkenntnis des Niedrigen selbst etwas Niedriges.

Die mystische Seite des Neuplatonismus zeigt sich bei Johannes darin, daß er nicht nur alles aus Gott, dem Allgemeinsten und Realsten, ewig herausströmen, sondern auch alles in ihn zurückströmen läßt. Das Ziel und der Zweck der physischen und intellektuellen Natur ist ihm die letztliche Vereinigung mit Gott. Unter diesem Aspekt erscheint ihm Gott als vierte Naturform, als die nicht geschaffene und nichtschaffende Natur, die zwar mit der ersten Form identisch ist, aber im Gegensatz zum ewig Schaffenden die ewige Ruhe repräsentiert. »Wenn wir ... dieselbe göttliche Natur als das Ziel von allem erkennen, über welchem hinaus nichts und in welchem alles ewig besteht und überhaupt Gott ist, so nennen wir sie richtig

16 Ebenda, 2, 4.

weder geschaffen noch Schöpferin. Nicht geschaffen, weil sie von niemand geschaffen wird; auch nicht schöpferisch, weil sie zu schaffen aufhört, sobald alles in seine ewigen Gründe verwandelt ist, worin es ewig bleiben wird und bleibt und alsdann auch aufhört, mit dem Namen Kreatur bezeichnet zu werden. Denn Gott wird Alles in Allem sein, und die in Gott verwandelte Kreatur wird in Schatten treten, wie bei aufgehender Sonne die Gestirne. Siehst du also, aus welchem Grunde wir die eine und selbe göttliche Natur unter dem Gesichtspunkt des Anfangs als nicht geschaffen, sondern schaffend, und dagegen unter dem Gesichtspunkt des Zieles weder als geschaffen noch als schaffend bezeichnen können.«[17]

Es dürfte deutlich geworden sein, daß Johannes Scotus Eriugenas Natur-, Gottes- und Schöpfungsbegriff, seine Auffassung von der schließlichen Vergottung alles Natürlichen wesentliche Differenzen zur orthodoxen Kirchenlehre aufweist. Die Kirchenführung reagierte auch dementsprechend, wenn freilich erst in späterer Zeit. Für das 9. und 10. Jahrhundert war wohl das intellektuelle Niveau des Johannes zu hoch, um die in seinem System lauernden Gefahren zu erkennen. Im 11. Jahrhundert aber wurden seine Schriften verboten. Die Begründung für das erste Verbot war formal falsch. Man hatte ihm irrtümlich ein Werk zugeschrieben, das im Abendmahlstreit, der zwischen Berengar von Tours und Lanfrank von Bec ausgebrochen war, eine nicht unwesentliche Rolle spielte. Inhaltlich aber war das Verbot vom Standpunkt der Kirche keineswegs abwegig. Berengar, über dessen Anschauungen in der nächsten Vorlesung zu berichten sein wird, vertrat in diesem Streit einen für die damalige Zeit extremen Rationalismus, der wesentlich auf den Auffassungen unseres Johannes fußte.

Die zweite Verurteilung der Schriften von Johannes Eriugena erfolgte im Zusammenhang mit dem Pantheismusstreit, der ebenfalls bald Gegenstand unserer Betrachtungen sein wird. Amalrich von Bène stützte sich bei der Begründung seiner pantheistischen These, wonach Gott

17 Ebenda, 3, 23.

die einheitliche Essenz aller Kreaturen sei, wesentlich auf Johannes. Nicht verwunderlich daher, daß Papst Honorius III. am 23. Januar 1225 eine Bulle erließ, in der die Verbrennung aller Exemplare der Schriften des Johannes angeordnet wird. Zum Glück ist diese Order nicht konsequent befolgt worden.

NEUNZEHNTE VORLESUNG
Gegensätzliche Tendenzen in der Scholastik des 11. und 12. Jahrhunderts

Das erstaunlich hohe Niveau, das das philosophische Denken mit Johannes Scotus Eriugena erreicht hatte, geht infolge des Zerfalls des Karolingerreiches und des damit verbundenen Niederganges des kulturell-geistigen Lebens schnell verloren. Das 10. Jahrhundert, oft und vielleicht zu schnell als *saeculum obscurum,* das finstere, abgetan, bringt jedenfalls in der philosophischen Denkweise keinerlei Fortschritte, ja vermag Erreichtes kaum zu bewahren.

Erst am Ende dieses Jahrhunderts und im folgenden vollzieht sich ein neuer kultureller Aufschwung, mit dem auch eine *neue Periode in der Geschichte der Scholastik* eingeleitet wird. Historische Bedingungen hierfür waren die relative Konsolidierung der politischen Verhältnisse in West- und Mitteleuropa und die große Reform der katholischen Kirche und ihrer Klöster. Grundlagen für diesen Aufschwung aber waren die Entfaltung des Handwerks und des Handels, die Entwicklung der Ware-Geld-Beziehungen, die Gründung mittelalterlicher Städte. Mit dem Aufkeimen und der Entwicklung des Städtewesens änderte sich nicht nur das soziale Beziehungsgefüge der feudalen Gesellschaft[1], es entstand damit auch ein Faktor, der das geistige Leben innerhalb der Feudalordnung wesentlich beeinflußte. »Stadtluft macht frei«[2] – war das geflügelte Wort, das in jener Zeit aufkam und die Runde machte. Freilich waren dieser »freien Stadtluft« durch vielfältige Reglementierungen enge Grenzen gezogen, aber im Hinblick auf die Lage der Bauern traf das Wort schon zu. Ein neues Selbstbewußtsein war die Folge, das die eigene menschliche Vernunft höher veranschlagte, als das bisher in der europäischen Feudalgesellschaft möglich gewesen war. Die eigene Tätigkeit der Handwerker und besonders der Kaufleute drängte ihrerseits zu einer berechnenden, rationalen Denkweise.

In der Philosophie jener Zeit findet diese Tendenz einen beredten Ausdruck. Logik und Mathematik werden höher geschätzt. Dialektiker des 11. Jahrhunderts treiben die Anwendung logischer Regeln bei der Erkenntnis profaner und heiliger Gegenstände weit voran. Fast erscheint die menschliche Vernunft als Richterin über alles. Es sind beinahe »aufklärerische« Züge, die das Denken der progressiven Denker dieser Zeit charakterisieren. Völlig gesetzmäßig, daß diese rationalistische Denkweise sofort den Angriffen konservativer Kleriker ausgesetzt ist, die die Dia-

---

1 Siehe Leo Stern/Horst Gericke: Deutschland in der Feudalepoche von der Mitte des 11. Jh. bis zur Mitte des 13. Jh., Berlin 1983, S. 24/25.
2 Stadtluft macht deshalb frei, weil Siedlung in der Stadt private Unabhängigkeit erweiterte und zur Unterstellung unter die öffentliche Gewalt des Stadtherrn, später der Gemeinde führte. Siehe Ernst Werner: Stadtluft macht frei. Frühscholastik und bürgerliche Emanzipation in der ersten Hälfte des 12. Jahrhunderts, Berlin 1976.

lektik oder zumindest deren »Mißbrauch« heftig attackieren.

Am Anfang der neuen Entwicklungsperiode der Scholastik steht *Gerbert von Aurillac* (940/950 bis 1003), dessen wissenschaftlicher Bildungsgang uns hier wichtiger ist als seine kirchliche Karriere, die ihn vier Jahre vor seinem Tode als Silvester II. auf den päpstlichen Stuhl brachte. Gerbert begann seine Ausbildung im Kloster von Aurillac und setzte sie an anderen französischen Schulen fort. Bemerkenswert ist, daß er seine Studien auch an spanischen Schulen betrieb, wo er mit der arabischen Wissenschaft in Berührung kam. Gerbert gehört zu den ersten Gelehrten, die arabisches Bildungsgut in die lateinische Scholastik einbrachten. Ab 972 finden wir ihn an der Schule von Reims. Über den Inhalt seiner Lehrtätigkeit wissen wir aus einem überkommenen Bericht eines seiner Schüler. Demzufolge glänzte er in allen Fächern des Quadriviums und des Triviums. Sein Unterricht in den Freien Künsten schöpfte aus den Schriften des Cicero und vor allem aus dem reichen Schrifttum des Boëthius. Sein Ruhm in der Gelehrtenwelt des Mittelalters aber beruhte auf seinen mathematischen und logischen Studien.

Gerberts bedeutendstes mathematisches Werk ist die »Geometria«, die besonders in den Teilen, die über Meßmethoden und Meßapparate handeln, starken arabischen Einfluß aufweist. Dagegen ist er mit Euklids »Elementen« in der Übersetzung des Boëthius erst später bekannt geworden. Gerbert verdanken wir die erste uns überlieferte schriftliche Darstellung des Abakus-Rechnens.[3]

In der Logik sind die Aristoteles-Übersetzungen, Kommentare und Abhandlungen des Boëthius seine Grundlage. Von seiner logischen Denkweise zeugt die Schrift »De rationali et ratione uti« (Über das Vernünftige und über den Gebrauch der Vernunft), die durch eine Disputation angeregt wurde, die 970 in Ravenna in Anwesenheit Ottos II. über das folgende logische Problem stattgefunden hatte: Die Frage war, wie der allgemein anerkannte Satz

---

3 Siehe Hans Wußing: Vorlesungen zur Geschichte der Mathematik, Berlin 1979, S. 109.

»rationale ratione utitur« (ein vernünftiges Wesen gebraucht die Vernunft) mit der logischen Regel in Einklang gebracht werden könne, wonach in einem Urteil das Prädikat allgemeiner sein müsse als das Subjekt. Der herangezogene Satz scheint der logischen Regel insofern zu widersprechen, als das Subjekt (vernünftiges Wesen) allgemeiner ist als das Prädikat (gebraucht die Vernunft). Das Prädikat erscheint ja nur als Teil des Subjekts. Gerbert sucht die Lösung des Problems in der Analyse des Begriffes »vernünftiges Wesen«. Er findet, daß er zwei Bedeutungen besitzt. Wird einerseits »vernünftiges Wesen« als etwas Außerzeitliches, Göttliches, ewig Wirkendes (siehe Johannes Scotus Eriugenas These, wonach das Sein Gottes mit seinem Tun zusammenfällt) gefaßt, dann ist unser Satz ein analytisches Urteil, in dem das Prädikat nur aussagt, was im Subjekt schon enthalten ist; ja letztlich läuft es auf Tautologie hinaus, weil ja ein so gefaßtes »vernünftiges Wesen« mit dem ewigen Gebrauch der Vernunft identisch ist. Wird andererseits aber »vernünftiges Wesen« als zeitliches, menschliches, nicht immer wirkendes gefaßt, das Vernunft manchmal gebraucht und manchmal nicht, dann ist der genannten logischen Regel insofern Genüge getan, als ja die im Prädikat ausgesagte Vernunft allgemeiner ist als das Subjekt »vernünftiges Wesen«.

Von Gerbert, der im Hinblick auf Vernunftsforschung und Begriffsrealismus den Faden dort wieder aufnahm, wo ihn Johannes Scotus Eriugena fallen gelassen hatte, gingen vielfältige Anregungen aus. Sein Schüler *Fulbert von Chartres,* daselbst Bischof von 1006 bis 1028, gründete eine Schule, die große Berühmtheit erlangte, in der das Studium der Antike – insonderheit des Platonismus – kontinuierlich gefördert und Keime der Naturforschung gelegt wurden. Fulbert, von seinen Anhängern »Sokrates der Franken« genannt, war ein gelehrter Mann, der allerdings auch sah, daß die starke Akzentuierung der Dialektik in der Konsequenz der christlichen Lehre zuwiderlaufen müsse. Er warnte daher seine Schüler und riet ihnen, von den Pfaden der Väter nicht abzuweichen.

Für die radikalen Denker des 11. Jahrhunderts, die die

Dialektik über alles schätzten, die sie intensiv pflegten und rücksichtslos auf theologische Probleme anwandten, war allerdings diese »opportunistische« Warnung in den Wind gesprochen. Von der Logik ging in jener Zeit eine Faszination aus, die von marxistischer Philosophiegeschichtsschreibung keineswegs schon hinreichend erforscht ist. Im Standardwerk bürgerlicher Philosophiegeschichte wird dieser Aufschwung der dialektischen Denkweise so beschrieben: »Dialektiker, *philosophi, sophistae, peripatetici* genannt, durchzogen, wie einstens die griechischen Sophisten, die Lande und priesen ihre Kunst.«[4] »Sie stellten die Dialektik über die Theologie, *Boëthius über die Schrift und die Väter. Sie beanspruchten das ius magisterii auch in theologischen Fragen* und suchten die Lehren des Glaubens dem Maßstab des dialektischen Wissens zu unterwerfen. Sie richteten ihre Syllogismen gegen die Dogmen der Kirche, so gegen die Geburt Christi aus der Jungfrau, gegen seinen Erlösungstod und seine Auferstehung, gegen die Unsterblichkeit der Seele ...«[5]

Wortführer dieser Bewegung waren Anselm von Besate, der sich selber »Peripateticus« nannte, und der schon erwähnte, ungleich wichtigere Berengar von Tours.

Anselm von Besate, der seine Ausbildung bei einem Philosophen in Parma erhalten hatte, verfaßte um 1050 eine Schrift, die den Titel »Rhetorimachia« trug. In ihr verarbeitete Anselm rhetorische und andere Lehren des Cicero. In der Logik stützte sich dieser Peripateticus – nach dem Vorgange von Gerbert – auf Boëthius. Besonders stark betonte er die universelle Geltung des Satzes vom Widerspruch. Die hieraus zu ziehende Folgerung war deutlich: Wo immer auch logische Widersprüche auftreten, müssen sie ausgemerzt werden. Wird der Satz vom Widerspruch konsequent auf die Theologie angewandt, so ergeben sich Probleme, um die in der Folgezeit heftig gestritten werden sollte.

4 Friedrich Überwegs Grundriß der Geschichte der Philosophie. Zweiter Teil. Die patristische und scholastische Philosophie. Herausgegeben von Dr. Bernhard Geyer, Darmstadt 1959, S. 181.
5 Ebenda, S. 185.

Wie in der vorangegangenen Vorlesung schon angedeutet, übernahm *Berengar von Tours* (um 1000 bis 1088) die Auffassung des Johannes Scotus Eriugena, wonach die Vernunft höher als die Autorität zu schätzen sei. Nicht ungeschickt beruft sich der Leiter der Martinsschule von Tours dabei auf jene Stellen bei Augustinus, die davon sprechen, daß die Vernunft das Ebenbild Gottes in uns sei. Also ist der unbeschränkte Gebrauch der Vernunft gerechtfertigt, die Beschränkung der Vernunft aber ungerechtfertigt. Berengar vertrat, wovon vor allem die Schriften seiner Gegner zeugen, einen für die damaligen Verhältnisse extremen Rationalismus. Zwar wurzelt auch für ihn die Wahrheit in Gott, aber im Irdischen ist allein die Vernunft die Schöpferin des Wahren. Wahrheit ist das Resultat des logischen Beweisverfahrens. Was logisch korrekt bewiesen ist, an dessen Wahrheit kann keine Macht rütteln. Weder im Himmel noch auf Erden gibt es eine Kraft, die Unwahres wahr, Unmögliches möglich machen könnte.

Von diesem Standpunkt aus stellt Berengar die theologische Interpretation des Abendmahles in Frage. Die Eucharistie hat nur dann Sinn, wenn die Transformation der Substanzen, also die Verwandlung von Brot und Wein in den Leib und das Blut Christi, angenommen wird. Eine Transformation ist aber immer – so die Auffassung von Berengar – mit einer Veränderung der Akzidenzien verbunden. Eine Veränderung der Akzidenzien findet aber beim Abendmahl nicht statt. Ergo!

Berücksichtigt man, daß das Abendmahl ein außerordentlich wichtiger Ritus der katholischen Kirche ist, dann wird klar, daß das Verfahren von Berengar als höchst ketzerisch erscheinen mußte. Die Kirche reagierte auch dementsprechend und zwang – wie später viele Denker bis hin zu Galilei – zum Widerruf.

Gegen die Dialektiker erhob sich eine Schar von konservativen Traditionalisten, die direkt gegen die Dialektik oder zumindest gegen den »übermäßigen Gebrauch der Vernunft« Front machten. Wortführer dieser Richtung waren unter anderen Petrus Damiani, Otloh von St. Emmeram und Lanfrank.

Wenn man *Petrus Damiani* (1007 bis 1072) in eine philosophiehistorische Linie bringen will, dann gehört er in jene, die bei Tertullian ihren Anfang nahm. Wie der Bischof von Karthago den Gegensatz von Jerusalem und Athen für unüberbrückbar hielt, so Petrus Damiani den Gegensatz von göttlicher Allmacht und menschlichem Wissen. Für ihn ist die Geringschätzung der menschlichen Kunst ein Beweis für die Festigkeit des Glaubens. Philosophie, wenn sie überhaupt notwendig ist, hat in völliger Abhängigkeit von der Theologie zu verharren. Wenn Petrus das Wort von der *Philosophie als Magd der Theologie* ausspricht, so hat es bei ihm einen ganz besonderen Sinn. Über die Abhängigkeit der Philosophie von der Theologie ist vor und nach ihm viel geschrieben worden. Das mußte durchaus nicht immer auf eine völlige Diskreditierung der Philosophie hinauslaufen. Die erste Dienerin einer hohen Herrschaft konnte ja durchaus selber hoch geehrt werden. Bei Petrus Damiani dagegen erscheint die *ancilla philosophiae* als eine Schlampe, die der Herrschaft mehr schadet als nützt.

Die Grundstimmung von Petrus Damiani ist auf Frömmigkeit ausgerichtet, deren höchste Form die Askese ist. Er hat selbst ein Eremitendasein geführt, bevor er 1057 Kardinalbischof von Ostia wurde. Ein gut Teil seiner Schriften ist dem Preisen der religiösen Askese, dem Kampf gegen die Verweltlichung der Kirche und gegen das in Entwicklung begriffene Stadtleben und seine Kultur gewidmet. In der Kirchenreformbewegung jener Zeit steht er auf extrem konservativen Positionen. Dies gehört jedoch nur unmittelbar in eine philosophiehistorische Darstellung. Unmittelbar aber gehört in sie seine Schrift »De divina omnipotentia« (Über die göttliche Allmacht), weil er in ihr direkt zur Philosophie, zur Dialektik, zur weltlichen Wissenschaft überhaupt Stellung bezieht.

Petrus Damiani greift hier die Frage nach dem Geltungsbereich des Satzes vom Widerspruch auf und setzt sie in Beziehung zu der Frage, ob die Geltung dieses Satzes die

Allmacht Gottes einschränken könne. Das Problem wird dahingehend zugespitzt, ob Gott Unmögliches möglich, Geschehenes (zum Beispiel die Gründung Roms) ungeschehen machen könne. Vom Standpunkt der Vernunft gibt es darauf nur eine negative Antwort. Vom Standpunkt unseres Petrus dagegen muß die Frage bejahend beantwortet werden, weil alles andere auf eine Einschränkung der Allmacht Gottes hinausliefe. Diese seltsame Antwort beruht auf noch seltsameren Voraussetzungen. Petrus Damiani bestreitet heftig, daß es eine die ganze Natur durchwaltende Gesetzmäßigkeit gibt. Zwar muß er, um nicht vollkommen mit dem gesunden Menschenverstand in Widerspruch zu geraten, gewisse Regelmäßigkeiten in den einzelnen Naturbereichen zugestehen, aber daneben gäbe es viele Phänomene, die keiner dieser Regeln unterworfen seien und die für uns unerkennbar sind. Die zugestandenen Regelmäßigkeiten des Naturgeschehens gelten ihm jedoch nicht als absolut und ausnahmslos. Beweis hierfür sind ihm die Wunder, von denen die Bibel berichtet. Die Natur und ihre Regelmäßigkeit sind Schöpfungen Gottes, der sich in seiner Allmacht jederzeit in das Geschehen einmischen, das Geschehene ungeschehen machen kann.

Der Geltungsbereich des Satzes vom Widerspruch ist dementsprechend ein beschränkter. Er mag für den kläglichen menschlichen Verstand von einigem Nutzen sein; Gott aber in seiner Allmacht ist an keinerlei Logik gebunden.

Gegen die Dialektik und ihre Vertreter eiferte auch *Otloh von St. Emmeram* (um 1010 bis um 1070), der seine einstige Neigung für die Freien Künste mit seinem Eintritt in das Kloster zu überwinden suchte. Mönche haben sich mit der Heiligen Schrift und ihren Lehren zu beschäftigen, nicht aber mit Werken von Platon, Aristoteles und Boëthius.

Wie Otloh im deutschen und Damiani im italienischen Raum, so trat im französischen Raum *Lanfrank von Bec* (um 1010 bis 1089) gegen die Dialektiker und namentlich gegen Berengar von Tours auf. Sein Vorgehen ist allerdings differenzierter als das des Petrus Damiani. Mit diesem teilt er zwar die Grundüberzeugung, daß der Glaube durch sich selbst fest und unerschütterlich sei und die Offenbarung höher denn die Vernunft stehe; wenn aber Dialektik den Glauben zu stützen vermag, dann ist deren Gebrauch nützlich. Schädlich wird der Gebrauch der Dialektik dort, wo er in Widerspruch mit den Dogmen des Glaubens gerät und diesen Widerspruch vom Standpunkt der Vernunft aus zu lösen versucht. Der Glaube bestimmt die Grenzen des Wissens, nicht aber das Wissen die Grenzen des Glaubens. Damit hat Lanfrank eine programmatische Konzeption entwickelt, deren konsequente Durchführung das Werk seines bedeutendsten Schülers, Anselms von Canterbury, ist.

Im Abendmahlstreit vertritt Lanfrank genau diese Position gegenüber Berengar. Er verurteilt entschieden dessen Versuch, das Geheimnis der Eucharistie zu rationalisieren, Glaube und Autorität dabei zu ignorieren. Der Glaube ist nicht am Maßstab der Vernunft zu messen, wohl aber die Vernunft am Maßstab des Glaubens.

Der Streit um die Dialektik ist sicherlich theoretischer Ausdruck entgegengesetzter kultureller Tendenzen im 11. Jahrhundert. Die Dialektiker fördern ohne Zweifel eine Denkweise, die der aufziehenden städtischen Lebensweise entspricht. Die Antidialektiker beharren dagegen auf konservativem Traditionalismus.

Daß man es sich mit der Formel: Fortschritt hie, Reaktion da, nicht allzu einfach machen darf, davon zeugt das Denken des *Manegold von Lautenbach* (gest. 1103). Dieser Wanderlehrer, der Deutschland und Frankreich durchzog, wetterte in ähnlicher Weise wie Petrus Damiani gegen die Dialektik. Der Streit der Philosophen ist ihm ein Machwerk des Bösen, und die Dichter sind ihm Possenreißer auf der Hochzeit des Teufels. In seinen sozialphilosophischen Ansichten aber sind Gedanken enthalten, die wie ein Rückgriff auf stoisches oder Vorgriff auf bürgerliches Naturrecht anmuten. Manegold führt nämlich den Ursprung der königlichen Macht auf einen Vertrag zwischen Volk und Herrscher zurück. Unter Volk versteht er die wahlberechtigten Herrschaftsträger, die den König wählen. Bricht letzterer den Vertrag, so wird er zum Tyrannen, der dann auch als solcher zu behandeln, also vom Thron zu jagen ist.

Verwoben in die Auseinandersetzung zwischen Dialektikern und Antidialektikern ist der im 11. Jahrhundert aufbrechende, philosophisch höchst relevante *Universalienstreit*.

Das Universalienproblem, also die Frage nach Wesen, Existenz und innerer Struktur des Allgemeinen, hat eine lange Geschichte, die letztlich in der Grunddifferenz zwischen Platonischer und Aristotelischer Philosophie wurzelt.[6] So ungeschickt es wäre, Platonische Philosophie auf Begriffsrealismus oder gar Aristotelische Philosophie auf Nominalismus zu reduzieren, so ist ebenso unübersehbar, daß die Platonische Ideenlehre den Grund für alle wie auch immer gearteten Begriffsrealismen legte, daß Aristoteles' Kritik der Ideenlehre zumindest die Möglichkeit nominalistischer Denkweise enthielt. In hellenistischer Zeit ist diese Möglichkeit wohl am stärksten von Alexander von Aphrodisias (um 200 v. u. Z.) realisiert worden, der dem sinnlich Wahrnehmbaren, dem Individuellen, dem Materiellen das Primat gegenüber dem Allgemeinen zuschrieb, den wesensbestimmenden Genera und Spezies keine Existenz außerhalb des Denkens zuerkannte.

Die Neuplatoniker, die weit mehr auf die Gemeinsamkeiten von Platon und Aristoteles als auf deren Differenzen setzten, komplizierten das Universalienproblem insofern, als sie einerseits an der Ideenlehre in Platonischer bzw. Plotinischer Form festhielten, andererseits aber versuchten, die Aristotelische Kategorienlehre, in der ja gerade seine Substanz-Bestimmungen (»erste« und »zweite« Substanz)[7] enthalten waren, zu kommentieren. Das Resul -

---

6 Siehe Hans-Ulrich Wöhler: Geschichte und Vorgeschichte des mittelalterlichen Universalienstreites, dargestellt anhand ausgewählter übersetzter und kommentierter Originaltexte (von Porphyrios bis Ibn Ruschd und Wilhelm von Ockham), Dresden, Technische Universität, Diss. B, 1984.
7 Siehe Helmut Seidel: Aristoteles und der Ausgang der antiken Philosophie, Berlin 1984, S. 35/36.

tat war dementsprechend. Die Zwiespältigkeit erschien sowohl bei Porphyrios, der – im Unterschied zu seinem Lehrer Plotin, der die Aristotelische Kategorienlehre ablehnte – die Kategorienschrift des Stagiriten weit positiver kommentierte und zu ihr die berühmte »Isagoge« (Einführung) verfaßte, als auch bei Boëthius, der die Kategorienschrift samt Einführung ins Lateinische übersetzte und kommentierte. Dies waren die entscheidenden theoretischen Quellen, aus denen der mittelalterliche Universalienstreit entsprang.

Allein aus der philosophiehistorischen Problemlage läßt sich nicht hinreichend erklären, warum im 11. Jahrhundert das Universalienproblem mit Vehemenz aufgegriffen und leidenschaftlich diskutiert wurde. In den Jahrhunderten nach Boëthius war es auch diskutiert worden (zum Beispiel bei Johannes Eriugena), ohne daß sich daraus ein historisch relevanter Streit entwickelte. Die Erklärung hierfür ist einfach: Der neuplatonische Realismus dominierte, und es fehlte vor allem der nominalistische Widerpart. Dieser ist nun im 11. Jahrhundert vorhanden: Das Aufkommen einer starken nominalistischen Strömung ist im Zusammenhang mit dem allgemeinen Aufschwung der Logik zu sehen, in dem sich naturgemäß auch Basisprobleme stellten. Die Schärfe der Auseinandersetzung aber erklärt sich daraus, daß logische Grundpositionen nicht nur auf profane Gegenstände, sondern auch und vor allem auf Gegenstände der Theologie bezogen wurden. Die Diskussion über das Verhältnis der Universalien zu den einzelnen Dingen hätte kaum den innertheoretischen Rahmen gesprengt, wenn nur darüber disputiert worden wäre, ob das Universale »Haus« vor den je einzelnen Häusern existierte und die einzelnen Häuser nur die Inkarnation der Haus-Idee seien, oder ob das Allgemeine als Wesensbestimmung in den je einzelnen Häusern wirke, oder ob der Allgemeinbegriff »Haus« nur ein Name sei, der gemeinsame Merkmale bezeichnet, die den einzelnen Häusern, die allein real existieren, zukommen. Die Sache sieht allerdings ganz anders aus, wenn in dieser Weise über allgemeine Begriffe diskutiert wird, die der Glaubenslehre zugrunde liegen. Die theologisch relevanten Fragen im Universalienstreit bezogen sich auf das Trinitäts-, das Eucharistie- und das Erbsündendogma. Die klugen Theologen sahen durchaus die Gefahren, die dem Glauben durch eine konsequent nominalistische Denkweise drohten. Mit Eifer und verbissener Leidenschaft stürzten sie sich daher auf die Nominalisten, wie der Kampf des Anselm von Canterbury gegen Roscelin gleich zeigen wird.

Roscelin von Compiègne (um 1050 bis um 1125) ist als Inaugurator des mittelalterlichen Nominalismus in die Philosophiegeschichte eingegangen. Über seine Vorläufer, auf die er sich stützte, und über seine Quellen, aus denen er schöpfte, wissen wir wenig, da uns seine Schriften – mit Ausnahme eines Briefes an Abélard – nicht überkommen sind. Seine Anschauungen müssen daher aus Berichten von Schülern (vor allem Abélard) und aus den Schriften seiner Gegner (vor allem Anselm von Canterbury) rekonstruiert werden. Wird dies getan, so ergibt sich folgendes Bild: Roscelin steht in einer Reihe mit jenen Dialektikern des 11. Jahrhunderts, die in freier Weise Vernunft gebrauchen und die Gegenstände des Glaubens in das Licht der Logik stellen. Logik ist ihm die Wissenschaft von den Worten und ihren Beziehungen. Auf die Frage, wie sich die Worte und ihre Beziehungen zu den Dingen, ihren Eigenschaften und Verhältnissen verhalten, antwortet er in extrem nominalistischer Weise: Reale Existenz kommt nur den einzelnen Dingen, dem Individuellen zu. Hat nur das Singulare reale Existenz, dann kann dem Gemeinsamen, dem Allgemeinen, keine reale, sondern nur verbale Existenz zukommen, da Singulares nicht Allgemeines und Gemeinsames nicht Singulares ist. Also: Universale est vox, Allgemeinbegriffe seien nur Worte. Farbe zum Beispiel hat keine reale Existenz, auch nicht das Rote oder das Schwarze; rot und schwarz sind nur Eigenschaften der einzelnen Dinge, die von den Dingen real nicht abzutrennen sind, sondern nur in Worten abgehoben werden können. Die physische Individualität ist für Roscelin der Maßstab sinnvollen Redens über die Dinge. Anselm hat ganz richtig gesehen – und Roscelins Standpunkt entsprechend kritisiert –, daß von diesen Voraussetzungen her die Gnoseologie des Nominalismus nur eine sensualistische sein könne.

Damit ist die direkte Gegenposition zum neuplatonischen Realismus klar bezeichnet, die weiterhin darin zum Ausdruck kommt, daß Roscelin gegen dessen Annahme von undifferenzierten metaphysischen Einheiten einwendet, daß Gleichheit immer nur zwischen Unterscheidbarem besteht.

Denkt man sich in die nominalistischen Gedankenzüge des Roscelin hinein, stellt man sie der neuplatonisch-christlichen Ansicht über die einzelnen Dinge gegenüber, dann wird sichtbar, welch radikale Wende Roscelin vollzog, wie er den neuen Tendenzen in der feudalen Lebensweise des 11. Jahrhunderts theoretischen Ausdruck verliehen hat. In der Werteskala des Neuplatonismus und des Christentums stand bekanntlich das einzelne physische Ding ganz unten. Roscelin aber schreibt diesen physischen einzelnen Dingen allein reale Existenz zu. Es ist zu Recht davon gesprochen worden, daß mit Roscelin eine neue Sicht in die mittelalterliche Philosophie kam.

Der Konflikt mit der Theologie war unvermeidbar. Er entzündete sich dort, wo Roscelin von seinen nominalistischen Positionen aus die »göttliche Trinität« in Frage stellte. Die Gleichheit hat – wie gesagt – bei Roscelin die Differenz zur Voraussetzung, die Differenz aber hat immer eine Vielfalt von verschiedenen Dingen zur Grundlage. Wende ich nun diese These auf den Begriff des dreieinigen Gottes an, dann ergibt sich, daß entweder die personale Differenz in Gott (Vater, Sohn, Heiliger Geist) preisgegeben oder aber die Existenz von drei Göttern angenommen werden muß. Der Tritheismus war denn auch der Hauptpunkt der Anklage, die gegen Roscelin erhoben wurde und zur Verurteilung seiner Ansichten führte.

Roscelins extrem nominalistische Position rief seitens der Kirche, der neuplatonischen Realisten und auch seitens gemäßigter Nominalisten einen Sturm der Entrüstung hervor. Wir beschränken uns im weiteren auf die Darstellung der Argumente seines einflußreichsten Gegners (Anselm von Canterbury) und seines scharfsinnigsten Kritikers (Abélard).

Der im Verlaufe unserer Vorlesungen schon mehrfach erwähnte *Anselm von Aosta* (1033/1034 bis 1109) oder *Anselm von Canterbury* (er war seit 1093 daselbst Erzbischof) ist nun keineswegs nur durch seine prononcierte Stellung im Trinitätsstreit bemerkenswert. Die Kirche hatte gute Gründe für seine Heiligsprechung und für seine Erhebung zum »Vater der Scholastik«. Seit seinem Eintritt in das Benediktinerkloster Bec in der Normandie, in dem Lanfrank sein Lehrer war und er selbst – bis zu seiner Berufung als Erzbischof – als Prior und Abt wirkte, hat er der Kirche getreulich gedient. Von den Vätern war ihm Augustinus, dem er seine Devise »Credo ut intelligam« entnahm, die höchste Autorität. Im Investiturstreit, bei dem es um die höchst wichtige, direkt ökonomische und politische Interessen tangierende Frage ging, ob die Könige oder allein der Papst das Recht haben, Bischöfe zu berufen, stand Anselm trotz persönlicher Bedrängnisse fest an der Seite des Papstes, dessen Anspruch theoretisch eben aus der Augustinischen Lehre von den zwei Reichen abgeleitet wurde. Im Kampf gegen die Un- und Andersgläubigen und insbesondere gegen die Ketzer schmiedete er theologische Waffen und propagierte Kreuzzüge gegen die Sarazenen. Vor allem aber stellte er seine reiche schriftstellerische Tätigkeit in den Dienst der Kirche und des Papstes. 475 Texte und Briefe sind auf uns gekommen, in denen Anselm zu allen theologischen und philosophischen Fragen, die seine Zeitgenossen und ihn bewegten, Stellung bezog. Wir müssen uns hier auf die Betrachtung dreier seiner Schriften beschränken, hoffen aber, daß aus deren knappen Analyse seine Grundposition deutlich werden wird.[8]

»De fide Trinitatis« oder *»De Incarnatione Verbi«* (Über die Fleischwerdung des Wortes) ist die Anselmsche Schrift, mit der er in den Universalienstreit und den damit verbun-

---

8 Neue Aspekte der Anselm-Forschung wurden auf einem dem Scholastiker gewidmeten Kongreß 1982 deutlich. Siehe Ernst Werners Rezension dazu in: Deutsche Literaturzeitung, 1987, Nr. 108, Sp. 51–59.

denen Trinitätsstreit eingreift. Die Kritik der nominalistischen Position von Roscelin ist ihr Hauptinhalt. Sie beginnt – wenn von einleitenden Floskeln abgesehen wird – mit der Darstellung seiner Auffassung vom Verhältnis von Glaube und Wissen. »Aber ehe ich in die Erörterung der Frage eintrete, muß ich etwas voranschicken, um alle die in ihre Schranken zu weisen, die in frevelhafter Frechheit es wagen, gegen irgendwelche Lehrsätze des christlichen Glaubens Einwendungen zu erheben, weil sie diese [Sätze] mit ihrem Verstande nicht zu erfassen vermögen und in törichtem Hochmut vermeinen, es könne nicht sein, was sie nicht verstehen könnten, anstatt in demütiger Weisheit einzubekennen, daß es gar Vieles geben könne, was sie zu verstehen nicht imstande seien. Denn kein Christ soll darüber Erwägungen anstellen, wie etwas, was die katholische Kirche mit ihrem Herzen glaubt und mit ihrem Munde bekennt, nicht sei; er soll nur, in zweifelsfreier Treue und Liebe zu diesem Glauben und durch ein Leben gemäß dieses so demütig, als er vermag, den Grund erfragen, wie etwas sei. Vermag er es zu verstehen, so danke er Gott; vermag er es nicht, so setze er sich nicht Hörner auf, um wegzustoßen, sondern neige verehrend sein Haupt.«[9]

Mit anderen Worten: »Der Christ nämlich muß *durch den Glauben zur Einsicht durchdringen, nicht aber durch Einsicht zum Glauben hingelangen* oder, wenn er der Einsicht nicht fähig ist, vom Glauben abweichen wollen. Ist er imstande [die Dinge] einzusehen, so wird er sich freuen; kann er dies nicht, so wird er verehren.«[10]

Anselms »Position der Mitte« ist hier mit maximaler Klarheit zum Ausdruck gebracht. Er ist für die Vernunft, für die Dialektik, solange diese die Glaubenssätze – besonders den Ungläubigen gegenüber – einsichtig machen. Anselm selbst hat ja keine Mühe gescheut, den Glauben auf vernunftgemäße Weise einsichtig zu machen. Davon legt sein Gottesbeweis beredtes Zeugnis ab. Aber wehe dem,

---

9 Anselm von Canterbury: Über die Fleischwerdung des Wortes. In: Anselm von Canterbury: Leben, Lehre, Werke. Übersetzt, eingeleitet und erläutert von Rudolf Allers, Wien 1936, S. 428.
10 Ebenda, S. 425. (Hervorhebung – *H. S.*)

der wie Roscelin Glaubensdogmen vom Vernunftsstandpunkt aus in Frage stellt. Dieser muß »entweder wie das Gift, das er mit solchen Reden ausspeit, verdammt werden, oder er muß aus aller katholischen Gemeinschaft ausgestoßen werden, wenn er nicht widerruft«.[11]

Von diesem Standpunkt aus stürzt sich nun Anselm auf Roscelin. »So nun sind alle zu verwarnen, daß sie an die Fragen der Heiligen Schrift nur mit größter Vorsicht herangehen dürften; jene Dialektiker unserer Tage, geradezu Irrlehrer der Dialektik, die meinen, *daß das Allgemeine nicht eigenständiges Sein, sondern ein bloßer Hauch der Stimme sei, und die die Farbe nicht anders zu verstehen vermögen als den Körper und die Weisheit des Menschen nicht anders als die Seele*, diese Menschen also müssen weiterhin von aller Erörterung geistlicher Fragen ausgeschlossen werden. In den Seelen dieser Menschen ist *die Vernunft, welche Haupt und Richter über alles im Menschen sein soll, derart in körperliche, bildhafte Vorstellungen hineingebunden, daß sie [die Vernunft] es nicht mehr vermag, sich zu entbinden und das zu erkennen, was für sich und in Reinheit betrachtet werden muß.*«[12] In Reinheit betrachten, heißt für Anselm, von allem Einzelnen, Körperlichen abzusehen, um die allgemeinen Wesenheiten erfassen zu können. Es ist dies genau der Standpunkt des neuplatonisierenden Realismus.

Anselms Hauptanliegen ist jedoch nicht logisch, sondern theologisch akzentuiert. Es geht ihm um die Verteidigung der Trinitätslehre, die von Roscelin in Frage gestellt worden war. Nach Anselms Berichten und angeführten Zitaten, hatte letzterer folgendes Dilemma aufgestellt: Entweder sind die drei göttlichen Personen nicht ein Ding, sondern drei, und dann kann einer davon (nämlich der Sohn) Fleisch geworden sein; oder aber es ist nur ein Ding, dann müssen aber auch der Vater und der Heilige Geist Fleisch geworden sein. Das eine läuft auf die Negierung der Lehre vom alleinigen Gott, also auf Tritheismus, hinaus, das an-

11   Ebenda, S. 424.
12   Ebenda, S. 429. (Hervorhebung – *H. S.*)

dere aber auf die Negierung des kirchlichen Dogmas, wonach allein der Sohn (das Wort) Fleisch geworden ist.

Anselm wendet nun viel Mühe auf, um die nominalistischen Voraussetzungen zu überwinden, aus denen sich dieses Dilemma ergibt. Allein der Begriffsrealismus ist nicht hinreichend, um auf vernunftgemäße Weise die Dreieinigkeit Gottes nachzuweisen. Anselm nimmt deshalb – ähnlich wie schon Augustinus – zur Analogie Zuflucht. »Wir wollen aber doch untersuchen, ob bei den geschaffenen Dingen, die dem Gesetz von Raum und Zeit und der Zusammensetzung aus Teilen unterliegen, nicht etwas angetroffen werden könne von dem, dessen Bestehen in Gott jener (Roscelin – *H. S.*) leugnet. Denken wir eine Quelle, aus der ein Fluß entspringt, der nachher einen See bildet; sein Name sei Nil. Wir unterscheiden nun gesondert die Quelle, den Fluß und den See, so daß wir die Quelle nicht als Fluß oder See bezeichnen usw. Doch heißen Quelle, Fluß und See alle drei: Nil; und die Quelle und der Fluß zusammen heißen auch Nil, und so die Quelle und der See, oder der Fluß und der See und auch alle drei zusammen.«[13] Abgesehen davon, daß Augustinus' Analogie von Sonne=Wärme=Licht poetischer klingt; abgesehen vor allem davon, daß Analogien keine Beweiskraft besitzen, hätte Roscelin von seinen Voraussetzungen her leicht antworten können (wobei wir freilich nicht wissen, ob Roscelin mit den Anselmschen Argumenten überhaupt Bekanntschaft gemacht hat): Real existieren weder die Quelle, noch der Fluß, noch der See, sondern nur das Wasser, das an einem bestimmten Ort und in einer bestimmten Zeit fließt und dessen Modalitäten wir mit verschiedenen *Namen* belegen. Anselm aber schließt: »Wenn aber solches bei einem Ding, das aus Teilen zusammengesetzt ist und in Raum und Zeit steht, in etwa sichtbar wird, so ist es nicht unglaubhaft, daß derartiges in dem höchst freien Sein in vollkommener Weise vorhanden sei.«[14]

Der Begriffsrealismus des Anselm erscheint nun weiter sehr klar in seinem *»Dialogus de veritate«* (Zwiegespräch

13 Ebenda, S. 443.
14 Ebenda, S. 444.

über die Wahrheit). Zunächst allerdings scheint es so, als ob er bei der Betrachtung des Wahrheitsbegriffes von der Aristotelischen Übereinstimmungsrelation ausgeht.

»*Lehrer*: Wann ist eine Aussage wahr?
Schüler: Wenn der Aussageinhalt wirklich ist, die Sache so ausgesagt wird, wie sie sich verhält.«[15]

Gleich aber kommt der Umschlag in den Platonismus:

»*Lehrer*: Meinst du also, daß die ausgesagte Sache die Wahrheit der Aussage sei?
Schüler: Nein; nichts ist nämlich wahr, außer durch Teilhabe an der Wahrheit.«[16]

Die An-sich-seiende Wahrheit aber ist Gott. Er ist deshalb die *Ursache* alles Wahren. Die Wahrheit des Seins ist die Wirkung dieser Ursache, gleichzeitig aber Ursache für die Wahrheit menschlicher Erkenntnis. Um wahr zu sein, muß also letztlich alles Wahre an Gott partizipieren.

Die größte Berühmtheit erlangte Anselms ontologischer Gottesbeweis, der sich voll auf den Realismus stützt und in seiner bekanntesten Schrift »*Proslogion*« (Anrede) aufgestellt wird. Schon im »*Monologion*« (Selbstgespräch) hatte Anselm versucht, das Dasein Gottes auf folgende Art zu beweisen: Das einzelne Seiende, Wahre und Gute setzt immer schon das allgemeine Sein-an-sich, das allgemeine An-sich-seiende Wahre und Gute voraus. Das absolute Sein, die absolute Wahrheit und das höchste Gut aber ist Gott. Da nun Seiendes existiert, wahre Aussagen und gute Taten existieren, muß Gott existieren.

Im »Proslogion« wird nun der Beweis vom Dasein Gottes auf »ontologische Weise« angestellt. Da der »ontologische Gottesbeweis« des Anselm von Canterbury in der weiteren Philosophiegeschichte bis hin zu seiner radikal-kritischen Auflösung durch Immanuel Kant keine unwesentliche Rolle spielte, sei er hier wörtlich wiedergegeben: »So gib mir nun, o Herr, der Du dem Glauben auch die Einsicht verleihst, gib mir ... die Erkenntnis des Verstandes, daß Du bist, wie wir glauben, und daß Du das bist, was wir

---

15 Anselm von Canterbury: Zwiegespräch über die Wahrheit. In: Anselm von Canterbury: Leben, Lehre, Werke, S. 403.
16 Ebenda, S. 403/404.

glauben. Wir glauben aber von Dir, *daß über Dich hinaus Größeres nicht gedacht werden kann.* Oder gibt es etwa kein solches Wesen, weil der Tor in seinem Herzen spricht: es ist kein Gott? Aber selbst dieser Tor versteht meine Worte, wenn ich sage: etwas, worüber hinaus Größeres nicht gedacht werden kann; ... Aber das, worüber hinaus Größeres nicht gedacht werden kann, *kann nicht nur im Denken sein.* Ist es nämlich nur in unserem Denken, so kann man sich es auch als wirklich seiend vorstellen; das aber ist mehr [als bloß in Gedanken wirklich sein]. *Wenn also das, worüber hinaus Größeres nicht gedacht werden kann, nur im Denken ist, so ist eben das, worüber hinaus Größeres nicht gedacht werden kann, etwas, über das hinaus etwas Größeres denkbar ist. Dies ist aber offenbar unmöglich. Daher ist zweifellos etwas, worüber hinaus Größeres nicht gedacht werden kann, sowohl dem Denken als der Sache nach wirklich.«*[17] In seiner Freude über den gefundenen Beweis schließt Anselm nun gleich weiter, daß Gottes Nicht-Sein überhaupt nicht denkbar sei. Hier hakt nun ein scharfsinniger Mönch namens *Gaunilo* ein, von dessen Existenz wir nur durch einen kritischen Brief wissen, den er Anselm sandte: Wenn das Nicht-Sein Gottes nicht denkbar wäre, »wozu dann gegen den, der die Wirklichkeit eines solchen Wesens verneint oder bezweifelt, diese ganze Darlegung aufwenden«?[18] Sein Haupteinwand gegen den von Anselm aufgestellten Gottesbeweis aber ist folgender: Aus dem, was im Denken ist, kann nicht zwingend auf die reale Existenz dessen geschlossen werden, was im Denken ist. Gaunilo gibt hierfür ein sehr interessantes Beispiel, das nicht nur die Schlußketten Anselms erschüttert, sondern den Begriffsrealismus überhaupt in Frage stellt: »Jemand erzählt, es gebe irgendwo im Weltmeer eine Insel, die manche wegen der Schwierigkeit, oder besser, Unmöglichkeit, sie aufzufinden, die verlorene Insel nennen; und man schildert, daß diese Insel, mehr

---

17 Anselm von Canterbury: Proslogion. In: Anselm von Canterbury: Leben, Lehre, Werke, S. 356/357.
18 Gaunilos Antwort. In: Anselm von Canterbury: Leben, Lehre, Werke, S. 382.

noch, als dies von den glücklichen Inseln berichtet wird, überfließe an allen unschätzbaren Reichtümern und Freuden, daß sie keinem gehöre und unbewohnt sei und sie an unermeßlicher Herrlichkeit alle anderen bewohnten Länder übertreffe. Das also erzähle mir jemand, und ich verstände ohne weiteres, was ja keine Schwierigkeit macht, diese Worte. Wenn nun der Erzähler, als folgerte er dies gewissermaßen aus dem Bisherigen, fortführe: du kannst nun nicht daran zweifeln, daß es diese über alle anderen Länder treffliche Insel irgendwo wirklich gebe, da du doch nicht bestreiten kannst, daß sie in deinem Denken sei; und weil sie die vortrefflichste ist, kann sie nicht nur in deinem Denken, sondern muß als solche auch in Wirklichkeit sein, denn jede andere wirklich auf der Erde vorkommende wäre ja sonst vortrefflicher als jene, wenn es sie nicht wirklich gäbe – wenn, sage ich, mir der Erzähler auf diese Weise nahelegen wollte, daß an der Wirklichkeit dieser Insel weiterhin kein Zweifel möglich sei, so käme mir entweder vor, daß er scherze, oder ich wüßte nicht, wen ich für dümmer ansehen sollte, mich, wenn ich ihm glaubte, oder ihn, wenn er vermeinte, auf diese Weise irgendeinen Beweis der Wirklichkeit seiner Insel erbracht zu haben; er hätte denn mich erst die Herrlichkeit der Insel als wirklich und zweifellos vorhanden kennen gelehrt, nicht aber nur als auf die Weise daseiend, wie auch Falsches und Ungewisses in meinem Denken da ist.«[19]

Höchst bedauerlich, daß wir von Gaunilo nicht mehr wissen.[20] Aber wir werden dadurch entschädigt, daß wir von einem anderen hellen Kopf weit mehr Zeugnisse besitzen. Die Rede ist von *Pierre Abélard* (Peter Abaelard, Abaelardus, 1079 bis 1142), einer der markantesten Gestalten der Scholastik. Über sein an dramatischen Ereignissen reiches Leben hat er selber in seiner »Historia calamitatum mearum« (Die Leidensgeschichte) berichtet. Der Sohn eines Ritters entdeckte schon in jungen Jahren seine Liebe

19 Ebenda, S. 385/386.
20 Siehe Friedrich Überwegs Grundriß der Geschichte der Philosophie. Zweiter Teil. Die patristische und scholastische Philosophie, Darmstadt 1956, S. 200.

und sein großes Talent zu wissenschaftlichen Studien. »Und ich – nun, ich machte mühelos große Fortschritte, mein Eifer wurde immer verzehrender, und schließlich gewann ich die Wissenschaft so lieb, daß ich allen Glanz des Rittertums dahingab, auf Erbe und Erstgeburt zugunsten meiner Brüder verzichtete und mich von Mars' Hofhaltung ganz zurückzog, um Minervas Schoßkind zu werden. Von der ganzen Philosophie sagte mir die Logik am meisten zu: für ihre Waffen gab ich die Ritterwaffen dahin, um nur noch im Geistesturnier Ringe zu stechen. Zum Studium der Logik zog ich überall hin, wo man mir Hauptsitze dieser Wissenschaft rühmte, und wurde so ein Wanderphilosoph im Sinn des Altertums.«[21]

Nach der Antike, ihrer Kultur, Mythologie und besonders Philosophie stand Abélards Sinn ständig. Seine späteren Gegner konnten ihm nicht ohne Grund vorwerfen, daß er die griechischen heidnischen Denker mehr liebe als die Väter der Kirche.

Sein Stern als Dialektiker ging frühzeitig auf. Seine Logikstudien begann er bei Roscelin, dessen extremen Nominalismus er bald scharfsinniger Kritik unterziehen sollte, ohne dabei auf die Seite des Realismus überzugehen. Seine Frontstellung gegen den Realismus zeigte sich schon in den Disputen, die er in Paris mit seinem zweiten Lehrer, *Wilhelm von Champeaux* (um 1070 bis 1121), führte: Wilhelms Lehre »von der Gemeinsamkeit der Universalien bestand darin, daß er behauptete, die Allgemeinbegriffe seien die Realitäten und bildeten die Substanz jedes Einzelwesens; das Individuelle habe keine wesenhafte Verschiedenheit, sondern es sei nur konstituiert in den Akzidenzien. Auf meine Angriffe hin modifizierte er seine Theorie dahin, ›daß er den Allgemeinbegriff nur als das ununterschiedene Gemeinsame in den Individuen real sein ließ, während die Differenzen dann das Individuum konstituierten‹.«[22]

21 Pierre Abailard: Die Leidensgeschichte und der Briefwechsel mit Heloisa. Übertragen und herausgegeben von Eberhard Brost, Berlin 1963, S. 9.
22 Ebenda, S. 11/12.

Sein Sieg über Wilhelm von Champeaux und weitere erfolgreich bestandene Turniere auf dem Feld der Logik und der Theologie mehrten seinen Ruhm ebenso wie seine vielbesuchten Vorlesungen. Als Abélard – allen Widerständen zum Trotz – um 1114 Kanonikus und Pfründeninhaber beim Dom-Kapitel von Notre-Dame wurde, sein Unterricht immer mehr Studenten anzog, schien er auf dem Gipfel seines Ruhmes und seines Glückes zu stehen. Doch – »Mit des Geschickes Mächten ist kein ew'ger Bund zu flechten und das Unglück schreitet schnell.« Es ereilte Abélard infolge einer großen Liebe. Im Hause des Kanonikus Fulbert, wohin sich Abélard zu Studien zurückgezogen hatte, wohnte dessen Nichte Heloïse. Ein in den besten Jahren stehender, sehr gewandter und schon hochberühmter Philosoph und ein junges, gescheites und gebildetes Fräulein unter einem Dach! Es kam, wie es kommen mußte, zumal der Philosoph das Fräulein zu unterrichten hatte: Heloïse wurde schwanger und guter Rat teuer. Die heimliche Heirat blieb nicht geheim. Der Zorn der Familie, über die Abélard Schande gebracht hatte, wuchs ins Ungeheuerliche. Sein Diener verriet ihn, drang mit gedungenen Schurken in sein Zimmer, übermannte und entmannte ihn. Nach diesem schrecklichen Ereignis trat Abélard ins Kloster von Saint-Denis ein. Heloïse nahm den Schleier. Ihre Verbindung und Zuneigung aber blieb erhalten, wovon der berühmte Briefwechsel zwischen Abélard und Heloïse beredtes Zeugnis ablegt. Selbst wenn dieser Briefwechsel nur eine von Abélard herrührende literarische Fiktion sein sollte, so bleibt er doch ein Kleinod unter den großen Liebesromanen der Weltliteratur.

Der kritische und rationalistische Geist Abélards bleibt auch nach diesem Ereignis hellwach und aktiv wie je. In den Klöstern überwirft er sich mit seinen Brüdern; seine Lehrtätigkeit setzt er wie vordem mit ungewöhnlich großem Erfolg fort, er bezieht Stellung zu den theologischen Streitfragen seiner Zeit, er greift an und wird angegriffen. Zweimal (1121 und 1141) wird er seiner Anschauungen wegen verurteilt. Erst in den letzten Jahren seines Lebens scheint er im Kloster Cluny Ruhe gefunden zu haben.

In der philosophiehistorischen Literatur, in der sich sonst sehr unterschiedliche, ja mitunter gegensätzliche Wertungen über Rolle und Bedeutung dieses Scholastikers finden, herrscht Einmütigkeit darüber, daß Abélard ein außerordentlich scharfsinniger Dialektiker war und daß er eine für seine Zeit neuartige Individualethik begründete.[23] Soweit ich sehe, hat jedoch weder die konservative Philosophiegeschichtsschreibung, die in der Regel die Bedeutung von Abélard herabzumindern und seinen Charakter zu diskreditieren versucht, noch die liberale, die mit größerem historischen Recht die »aufklärerischen Tendenzen« in seinem Denken hervorhebt, über den Zusammenhang von Rationalismus, logischem Nominalismus und Gewissensethik nachgedacht. Für die historisch-materialistische Philosophiegeschichtsschreibung ist jedoch dieser Zusammenhang von größtem Interesse; spricht sich doch gerade in ihm das vernünftige Selbstbewußtsein der progressiven Kultur des 12. Jahrhunderts aus. Es ist das Verdienst von Hans-Ulrich Wöhler, auf diesen Zusammenhang aufmerksam gemacht zu haben.[24]

In der Tat liegt der Schlüssel zum Verständnis der philosophischen Grundposition von Abélard in der Aufhellung dieses Zusammenhanges, der seine Wurzel in der Fassung des Menschen als eines mit Vernunft ausgestatteten Wesens hat, die bei seiner Selbsterkenntnis wie bei der Erkenntnis von Gott und der Welt maximal zu gebrauchen ist. Nicht zufällig trägt die eine ethische Schrift des Abélard die Sokratische Forderung »Erkenne dich selbst« als Titel. Nicht zufällig wird in dem zweiten »Gespräch zwischen einem Philosophen, Juden und Christen« die Ethik vom Philosophen als Ziel aller Wissenschaften bezeichnet. Christus erscheint bei Abélard vor allem als der große Morallehrer,

---

23 Daß Abélard als erster im europäischen Westen eine auf Logik und Grammatik gestützte *Theologia christiana* entwickelte, die durch starke *anthropozentrische* Züge charakterisiert ist, darauf verweist Ernst Werner in »Stadt und Geistesleben im Hochmittelalter«, Weimar 1980, S. 106–118.

24 Siehe Hans-Ulrich Wöhler: Geschichte und Vorgeschichte des mittelalterlichen Universalienstreites, S. 41.

der Gottes Wort verkündet. Gottes Wort aber ist der Logos, von dem unser Scholastiker die Logik herleitet. Logisch denken und moralisch handeln sind für ihn zwei Seiten ein und derselben Medaille. Moralisch handelt, wer in Übereinstimmung mit seinem Wissen vom göttlichen und natürlichen Gesetz und seinem subjektiven Gewissen handelt. Freier Gewissensentscheid ist die Voraussetzung hierfür, individuelle Verantwortung die Folge.

Wenn bei Abélard vom Verhältnis von Glaube und Wissen die Rede ist, so ist immer schon das Verhältnis von Wissen und moralischem Handeln mitgedacht. In diesem Scholastiker lebt die Überzeugung, das wahre Christentum zu verkünden. Dieses aber ist ihm die Summe von vernünftigen Einsichten in Gott, die Welt, die Natur des Menschen und von moralischen Handlungen. Ein Glaube ohne Wissen ist ihm genauso unmöglich wie ein Christentum ohne Moral. Von dieser Position aus wird die Schärfe seiner Polemik gegen Unwissenheit und Unmoral voll verständlich.

Gegen die konservative, sich vornehmlich auf Autoritäten stützende und die eigene Vernunft nur bescheiden gebrauchende Theologie wendet er ein, daß diese Worte gebraucht, deren Sinn sie nicht versteht, und daher in unlösbare Widersprüche gerät. Abélard macht sich zum Wortführer jener Studierenden, die eine »verständliche philosophische Beweisführung« begehrten und »Begreifbares hören« wollten, »nicht bloße Worte. Die vielen Worte, bei denen man sich nichts denken könne, seien überflüssig, *man könne erst etwas glauben, wenn man es zuvor begriffen;* es sei eine Lächerlichkeit, anderen etwas vorzupredigen, was Lehrer und Schüler verstandesmäßig nicht fassen könnten. Von solchen Leuten sage der Herr: ›Sie sind blinde Blindenleiter‹.«[25]

Hier ist der Gegensatz nicht nur zu Petrus Damiani, sondern auch zu Anselm von Canterbury klar ausgesprochen: nicht glauben, um zu wissen, sondern wissen, um zu glauben.

25 Pierre Abailard: Die Leidensgeschichte und der Briefwechsel mit Heloisa, S. 35.

Unter dem Aspekt der Forderung, die eigene Vernunft zu gebrauchen, wird auch Abélards aufsehenerregende und einflußreiche Schrift »Sic et non« (Ja und Nein) betrachtet werden müssen. In 158 (!) Kapiteln werden hier Auszüge aus der Väterliteratur und auch aus der Heiligen Schrift zusammengestellt, die einander offensichtlich widersprechen. Abélard löst diese Widersprüche nicht auf, wohl aber gibt er im Prolog methodische Hinweise, die bei der Lösung der Widersprüche zu beachten sind: Prüfung der Echtheit der Quellen, Berücksichtigung der Zeitumstände, in denen sie entstanden, Herausfinden des Sinnes, in welchem die jeweiligen Worte gebraucht werden, Bewertung der vorgebrachten Vernunftsgründe. Das sind Forderungen, die Jahrhunderte später die Renaissancehumanisten erfüllen werden.

Martin Grabmann glaubte, die Bedeutung der Schrift »Sic et non« dadurch einzuschränken, daß er ihr nur didaktischen Charakter zuschrieb.[26] Ihr didaktischer Sinn besteht jedoch darin, Problembewußtsein zu fördern. Problembewußtsein aber steht einer unkritischen, dogmatischen Rezeption von Autoritäten immer diametral entgegen. Problembewußtsein ist mit dem Denken des Widerspruchs verbunden. Die Sic-et-non-Methode des Abélard, die großen Einfluß auf die folgende scholastische Darstellungsweise ausübte – auch wenn sie ständig der Gefahr des nur formalen Gebrauchs ausgesetzt war –, ist eben dadurch, daß sie das Bedenken des Satzes *und des Gegensatzes* fordert, für die Geschichte der Dialektik von nicht geringem Interesse. Die Triade: Satz – Gegensatz – Lösung wurde nicht von der klassischen deutschen Philosophie erfunden.

Die Hervorhebung der aktiven Vernunft als einer souveränen Macht des menschlichen Individuums läßt Abélard nicht nur ein positives Verhältnis zur antiken Philosophie gewinnen, sie schlägt auch bei der Behandlung des Universalienproblems voll durch. Über seine Polemik gegen den Realismus von Wilhelm von Champeaux wurde be-

26 Siehe Martin Grabmann: Die Geschichte der scholastischen Methode. Zweiter Band, Berlin 1957, S. 208.

reits berichtet. Die Lösung von der Auffassung seines Lehrers Roscelin vollzieht Abélard dadurch, daß er »den menschlichen Akt der Sinngebung und Prädikation zum Zwecke des Erfassens des Wesens der Dinge«[27] zur wesentlichen Voraussetzung für die aktuelle Existenz der Universalien macht. Er akzeptiert deshalb nicht mehr den extrem nominalistischen Satz »Universale est vox«, sondern gebraucht zur Charakterisierung der Universalien den Ausdruck »sermo«, also einen sprachlichen Ausdruck, in dem bestimmte Wörter einer bestimmten Bedeutung Element bzw. Produkt einer Prädikation sind.

Zwar folgt auch Abélard insofern der neuplatonischen Tradition, die den Gegensatz von Platon und Aristoteles in der Ideenfrage herunterzuspielen versuchte, als er den Universalien eine ontische Basis einräumt und auch die Existenz urbildhafter Vorprägungen der Genera und Spezies im göttlichen Geiste anerkennt. Ausschlaggebend aber für seine nominalistische Position bleibt, daß er »die Universalien in letzter Instanz Produkte des Menschen«[28] sein läßt.

Wie in der Logik Sinngebung, so ist in Abélards Ethik die Gesinnung der tragende Begriff. Nicht die äußeren Handlungen und ihre Resultate, sondern die hinter ihnen stehenden Gesinnungen sind für moralische Wertungen entscheidend. Übereinstimmung von Gesinnung, Gewissen und Handlung ist das Kennzeichen des Moralischen. Sünde ist nur dort, wo gegen das Gewissen verstoßen, wo etwas als unrecht und böse Erkanntes freiwillig erstrebt wird. Gewiß ist Abélard kein reiner Sokratiker. Aber seine Forderung, daß nach bestem Wissen und Gewissen gehandelt werden muß, deutet auf einen Einfluß des Platonischen Sokrates hin.

Im Unterschied zu jenen christlichen Denkern, die in der Demut die christliche Kardinaltugend sehen, ist Abélards Ethik durch Betonung der aktiven Subjektivität charakterisiert. Nicht allein und nicht in erster Linie ist der

---

27 Hans-Ulrich Wöhler: Geschichte und Vorgeschichte des Universalienstreites, S. 40.
28 Ebenda.

Mensch durch die Liebe Christi gerechtfertigt, sondern vor allem dadurch, daß er dem Vollender des Sittengesetzes nachzueifern bestrebt ist. So wie das menschliche Heil nicht prädestiniert ist, so auch nicht seine Sündhaftigkeit. Das Dogma der Erbsünde ist damit in Frage gestellt. Daß Abélard die geistigen und moralischen Heroen der Antike und des Alten Testaments seinen Zeitgenossen als Vorbild hinstellt, wird von diesen Positionen aus völlig verständlich.

Freier Gewissensentscheid, individuelle Verantwortung, Infragestellung der Erbsünde, Primat der moralischen Lauterkeit und Intelligenz – das sind Wesenszüge seines Menschenbildes.

Gegen Abélard und seine Geisteshaltung machte am entschiedensten *Bernhard von Clairvaux* (um 1090 bis 1153) Front. Bei Bernhard erreicht die mystische Denkweise, die im religiösen Denken natürlich immer mitschwingt, einen Höhepunkt. Nicht zu Unrecht wird er deshalb als Begründer der mittelalterlichen Mystik bezeichnet.

Es ist deshalb hier der Platz, an dem einige philosophiehistorische Bemerkungen *zum Begriff und zur Geschichte von Mystik* angebracht sind. Das Wort stammt aus dem Griechischen. Mysterien waren in der griechischen Antike geheime, nur Eingeweihten zugängliche Götterkulte. Das Wort selber ist von *mýein* abgeleitet, was soviel wie Augen verschließen bedeutet. Die Augen verschließen ist natürlich keine mystische Handlung. Werden jedoch die Augen und die anderen Sinnesorgane verschlossen mit dem Ziel, Versenkung in sich selbst zu erreichen, in der die Schau des Göttlichen erwartet und vollzogen werden soll, dann ist der Schritt zur Mystik hin getan. Mystik impliziert eine Abkehr vom normalen, natürlichen Leben, Versetzung in einen seelischen Zustand, der Gottesschau ermöglichen soll. Meditation, Askese, Ekstase sind Wege zu diesem Zustand. Mystik, die zwar nicht immer sinnliches und rationales Erkennen radikal ausschließt, auf jeden Fall aber immer übersteigt, ist vielen Religionen eigen. Mystische Lehren und Kulte gehören nicht in die Philosophie-, sondern in die Religionsgeschichte. Nur dort, wo sich Mystik in bewußter Weise zur rationalen philosophischen Erkenntnis in Beziehung setzt, gewinnt sie philosophische Relevanz. Ein klassisches Beispiel hierfür haben wir bei Plotin kennengelernt.[29]

Rationales philosophisches Erkennen und mystische Schau sind offensichtlich Gegensätze. Vom Standpunkt rationaler Philosophie erscheint Mystik nur als das dunkle Gären des Gemüts, das es weder zum klaren Begriff noch zu nützlichem Wissen bringt. Vom Standpunkt der Mystik aus ist sinnliches und rationales Erkennen begrenzt, verfehlt es das Wesentlichste: die Schau Gottes und die Vereinigung mit ihm.

Ein historisch-konkreter Begriff von Mystik im europäischen Mittelalter würde jedoch verfehlt, wollte man bei diesem abstrakten Gegensatz stehenbleiben. Die Geschichte der Mystik weist vielfältige, differenzierte, ja gegensätzliche Tendenzen auf, die dementsprechend auch höchst unterschiedlich gewirkt haben. Versuchen wir also, an eine konkretere Fassung des Begriffs Mystik, soweit er philosophiehistorisch relevant ist, heranzukommen.

Erstens. Zunächst dürfen Scholastik und Mystik nicht als ein starrer Gegensatz interpretiert werden. Wie die Scholastik keineswegs von mystischen Momenten frei ist, so ist auch die Mystik nicht frei von scholastischen Momenten. Daß neuplatonische Vernunftsforschung immer auch die mystische Denkweise tangiert, wurde bei Johannes Scotus Eriugena schon sichtbar. Insofern gibt es weder reine Scholastik noch reine Mystik. Eine reine, mit aller Konsequenz durchgeführte Mystik hätte nur das große Schweigen zum Resultat. Wassili Sokolow hat wohl recht, wenn er Scholastik durch ein Überwiegen der rationalen, Mystik durch ein Überwiegen der mystischen Momente charakterisiert.[30] Bei Bernhard von Clairvaux überwiegen deutlich die letzteren, ja sie sind so stark, daß er ohne seine Front-

---

29 Siehe Helmut Seidel: Aristoteles und der Ausgang der antiken Philosophie, S. 183/184.
30 СМ. В.В. Соколов: Средневековая философия, Москва 1979, с. 184.

stellung gegen Abélard und gegen ihm verwandte Denker kaum Aussicht hätte, in eine Philosophiegeschichte aufgenommen zu werden.

Zweitens. Von philosophischem Interesse ist die Mystik von Johannes Scotus Eriugena über Meister Eckhart bis hin zu Jakob Böhme vor allem deshalb, weil sich in ihr eine deutlich erkennbare, mehr oder weniger stark ausgeprägte Tendenz zum *Pantheismus* abzeichnet. Man könnte fast von einer inneren Logik sprechen, die die Mystik zum Pantheismus hintreibt. Wird in mystischer Weise Gott geschaut, vollzieht sich dabei in ebenso mystischer Weise die Vereinigung mit ihm, dann geht der Mensch in Gott und Gott im Menschen auf. Der Mensch lebt und denkt in Gott wie Gott im Menschen lebt und denkt. Wird nun dieses Verhältnis auf alles Kreatürliche ausgedehnt, dann erscheinen Gott und die Welt als ein einheitlicher beseelter Organismus, in dem der Gegensatz von Transzendenz und Immanenz aufgehoben ist. Die Vergottung der Welt hat das Weltlichwerden Gottes zur Konsequenz.

So finden sich pantheistische Denkmotive im 12. Jahrhundert bei *Amalrich von Bène* (gest. 1206), der Gott als die einheitliche Essenz aller Kreaturen, als universelle Form faßte und den Schöpfer mit der Schöpfung identifizierte.[31] Die Schriften des Amalrich wurden – zusammen mit denen des Aristoteles und des Johannes Scotus Eriugena – verboten; seine Gebeine wurden ausgegraben und in ungeweihter Erde verscharrt.

Drittens. Mystik wurzelt vornehmlich im religiösen Gefühl. Sie vermag daher kaum antireligiöse, wohl aber antiklerikale Interessen ideologisch auszudrücken. Mystische Gottesschau, mystische Vereinigung mit Gott basiert immer auf einem unmittelbaren, also Vermittlung ausschließenden Verhältnis des einzelnen zu Gott. Die katholische Kirche verstand und versteht sich aber gerade als Mittlerin zwischen Gott und den Menschen. Daher ihr zwiespältiges

---

31 Daß nicht nur Mystik, sondern auch Aristotelesinterpretationen pantheistische Tendenzen hervortrieben, davon zeugt das Denken des David von Dinant (gest. um 1204), der die Materie als das wahrhaft Seiende faßte und mit Gott identifizierte.

Verhältnis zur Mystik. Fördert sie Religiosität, ist sie gut, beschränkt sie die Rolle der Kirche, richtet sie sich gar gegen die ideellen und materiellen Privilegien des Klerus, ist sie schlecht. Es ist bei dieser Sachlage nicht verwunderlich, daß es vorwiegend mystische Konzepte waren – nicht aber dialektisch geschliffene scholastische Traktate –, die zur geistigen Grundlage oppositioneller Bewegungen wurden. Das gilt bis in die Reformationszeit hinein.

Mystik ist mit Schwärmerei verbunden. In Schwärmerei vermag sich sozial-utopisches Gedankengut zu artikulieren. *Joachim von Fiore (Gioacchino da Fiore*, um 1135 bis 1202) ist hierfür das große Beispiel. Mit seiner Lehre von den drei Reichen hat der Abt von Fiore die Trinitätslehre in eine Geschichtsmetaphysik mit utopischem Horizont umgedeutet. Das erste Reich ist das des Vaters, das mit der Schöpfung beginnt. Es ist die Welt des Alten Testaments, charakterisiert durch Herrschaft und Knechtschaft, durch Furcht und Zittern. Das zweite Reich beginnt mit Christi Erscheinen. Es ist das Reich des Neuen Testaments, das Reich der Gnade. Aber in ihm sind die Gegensätze von Erleuchtetsein und Nichterleuchtetsein, von Priestern und Laien, von hohen und niedrigen Ständen, von Armen und Reichen noch nicht aufgehoben. Vor den Toren steht deshalb das dritte, des Heiligen Geistes Reich, eine Gesellschaft allgemeiner Liebe, die keine unterschiedlichen und gegensätzlichen Stände mehr kennt. Diese Welt des dritten Testaments wird ein »Zeitalter des Mönchstums« sein, in dem alle Menschen im allgemein gewordenen Kloster- und Konsumtionskommunismus leben, ein »Zeitalter des freien Geistes«, der alle erleuchtet hat, jegliches Sondersein und die Sünden aus der Welt schafft, Liebe allgemein macht. Dieses Reich ist für Joachim das wahre Reich Christi, in dem Christentum nicht mehr nur als Kult verkündet wird und als Vertröstung fungiert, sondern wirklich gelebt wird; ohne Herren und Eigentum, in mystischer Demokratie. Selbst Jesus und seine Kirche werden in dieser *Societas amicorum* aufgelöst sein.

Auch wenn Joachim von Fiore nie offen gegen die Übel seiner Zeit auftrat und seine Gedanken auf das innerhalb der Kirche stehende Mönchstum (Zisterzienser) bezogen waren, so war doch die Wirkung dieser und ähnlicher Gedenkengänge nachhaltig. Noch Thomas Müntzer berief sich in seinen Predigten wider die Fürstendiener und Schriftpfaffen auf den Abt von Fiore.

Von pantheistischen und sozialutopischen Gedanken, die also durchaus in Mystik stecken können, ist Bernhard von Clairvaux weit entfernt; obwohl es ihm zur Ehre angerechnet werden muß, daß er gegen Judenpogrome auftrat, die im Gefolge der Kreuzzugsstimmungen angezettelt wurden. Bernhard ist vor allem religiöser Denker. Gottesschau ist ihm oberstes Ziel, Sinn des Lebens. Überwindung menschlicher Hoffart ist hierfür Voraussetzung, Demut daher die höchste Tugend. In der Dialektik und Ethik des Abélard sieht er deshalb eine Überhöhung des Menschen und seiner Vernunft, die – auch hier gut augustinisch – zur Herabminderung Gottes führen muß. Wissen um des Wissens willen, steht christlichem Glauben entgegen. Bernhards Mystik war die konservative Reaktion auf die sich stark entfaltenden rationalistischen und wissenschaftlichen Tendenzen. Das bezeugt weiter die Tatsache, daß sich dieser wortgewaltige Mystiker auch gegen *Gilbert de la Porrée (Gilbertus Porretanus, um 1080 bis 1154)* und damit gegen den Geist wandte, der in der *Schule von Chartres* herrschte.

Die von Fulbert im 11. Jahrhundert in der Nähe von Paris gegründete Schule hatte die von Gerbert von Aurillac gelegte Tradition bewahrt und war im 12. Jahrhundert zu einem geistigen Zentrum geworden, in dem die wissenschaftlichen Studien blühten. Mit Abélard hatten die Chartristen das Bestreben gemein, die antike Kultur aufzunehmen und weiter zu erschließen. *Bernhard von Chartres,* von 1119 bis 1124 Kanzler der Schule, nannte sich und seine Zeitgenossen Zwerge, die nur deshalb weiter sehen, weil sie auf den Schultern antiker Riesen stehen. Der Riese der Riesen war ihnen Platon, dann folgten Aristoteles und Boëthius. Willkommene Aufnahme fanden in der Schule von Chartres Übersetzungen griechischer und arabischer Autoren.

Nach Gerbert von Aurillac war es *Constantinus Africanus* (gest. 1087), der durch seine Übersetzertätigkeit antikes und arabisches Gedankengut der lateinischen Scholastik zuführte. Der in Karthago geborene Constantinus hatte fast vier Jahrzehnte den Orient und Ägypten durchwandert und dabei die arabische Wissenschaft kennengelernt. Sein Interesse galt besonders der Medizin. Durch seine Übersetzungen wurden sowohl die ärztliche Kunst der Araber als auch die Anschauungen des Hippokrates (um 460 bis 370 v. u. Z.) und des Galenos (129 bis 199) umfassender bekannt.

Was Constantinus für die Medizin war *Adelard von Bath* (um 1070 bis nach 1146) für Mathematik, Astronomie, Physik und Tierpsychologie. In seinen »Quaestiones naturales« hat er ein reiches naturkundliches Material verarbeitet, das er aus griechischen und arabischen Quellen schöpfte. Durch die Vermittlung von Constantinus und Adelard wurden mittelalterliche Denker erstmals mit den Lehren der antiken Atomistik bekannt.

Die Hinwendung zur Naturforschung ist ein charakteristischer Zug der Schule von Chartres. Hier wird ein Grund für jene Entwicklungslinie gelegt, die über Albertus Magnus, Roger Bacon bis hin zu Wilhelm von Ockham und Nikolaus von Kues führt. Freilich ist die Beschäftigung mit naturwissenschaftlichen Fragen in der Schule von Chartres stark mit naturphilosophischen Spekulationen verbunden, die ihre Basis in Platons »Timaios« haben.

Die Verehrung Platons und die damit verbundene platonisierende Denkweise hindern die Denker von Chartres jedoch keineswegs daran, Neuem gegenüber aufgeschlossen zu sein. Das zeigt sich nicht nur im naturphilosophischen Bereich, sondern ebenso in ihrer Behandlung der Logik. Gilbert näherte sich in seinen Boëthiuskommentaren der Aristotelischen Lösung des Universalienproblems an. In seinem Buch über die »sechs Prinzipien« unternimmt er es, die Kategorienlehre des Stagiriten zu erläutern und zu erweitern. *Thierry von Chartres* (gest. um 1150) schrieb nicht nur einen Kommentar zur Schöpfungsgeschichte, in dem weniger ein christliches, als vielmehr ein naturphilosophisch-neuplatonisches Naturbild gezeichnet wurde, er verfaßte auch ein Kompendium der Sieben Freien Künste, das insofern bemerkenswert ist, als in ihm erstmals für das Mittelalter der Inhalt der »Analytik I«, die »Topik« und die »Sophistischen Widerlegungen« des Stagiriten publiziert wurden. Diese »Logica nova« stimulierte die Untersuchungen in der Weise, daß nunmehr verstärkt der Zusammenhang von Deduktion, wofür die Mathematik vorbildlich, und Induktion, also die Herausarbeitung der Kategorien aus der Wahrnehmung der Einzeldinge, zum Gegenstand des Nachdenkens wurde.

Ohne Übertreibung wird gesagt werden können, daß die Schule von Chartres im 12. Jahrhundert die im 13. Jahrhundert voll durchschlagende Aristotelesrezeption vorbereitet. Mehr noch: Sie bereitet den Boden vor für den Einfluß des Averroismus. Denn im Unterschied zu Abélard, der Wissenschaft und Theologie in Einheit zu bringen trachtete, verstärkt sich in der Schule von Chartres die Tendenz, Logik und Naturphilosophie in relativ selbständiger Weise neben die Theologie zu stellen.

Bevor auf die weitere Philosophieentwicklung eingegangen werden kann, müssen wir einen Blick auf die arabische Philosophie werfen, ohne deren Einfluß die Entwicklung der Scholastik im 13. Jahrhundert nicht voll verständlich wird.

ZWANZIGSTE VORLESUNG

Philosophie im arabischen Kalifat

Philosophie war immer ein integrierender Bestandteil von Kultur. Zwar sind in der Menschheitsgeschichte Kulturen erblüht, die keine Philosophie hervorgebracht haben bzw. von deren Existenz uns keine Zeugnisse überkommen sind, wo aber Philosophie entstanden ist und sich entwickelt hat, dort war immer auch ein entsprechendes kulturelles Umfeld vorhanden.

Wer mit den historischen Tatsachen nicht in Konflikt geraten will, kann nicht bestreiten, daß die Menschheitskultur nicht aus einer, sondern aus vielen Wurzeln hervorgesprossen ist. Für diese These liefert uns vielleicht die Geschichte der Architektur und Skulptur den sinnfälligsten Beweis. Einmal deshalb, weil deren Werke die Zeiten überdauerten; zum anderen deshalb, weil sie uns noch heute stark beeindrucken und ästhetischen Genuß gewähren.

Dies hat einen Grund wohl darin, daß wir in diesen Werken die Vergegenständlichung des Geistes eines Volkes, die Offenbarung der schöpferischen Kraft des Menschen in den vielfältigsten Formen sehen. Ägyptische Pyramiden und die Bauwerke der Inkas, ostasiatische Pagoden, indische Tempel, afrikanische Skulpturen künden von dieser Kraft ebenso wie die klassischen Bauten der Antike, wie Moscheen, byzantinische Basiliken und gotische Dome.

Was für die Kulturgeschichte im allgemeinen gilt, gilt auch – cum grano salis – für die Philosophiegeschichte. Zweifellos ist die Erforschung der Herausbildungs-, Entwicklungs- und Wirkungsgeschichte der griechischen Philosophie am weitesten fortgeschritten. Aber bereits die bisherigen Resultate der Sinologie, der Indologie und der Arabistik zeugen davon, daß in den jeweils spezifischen Formen der geistigen Entwicklung eines Volkes Merkmale anzutreffen sind, die allen gemeinsam sind. Das Allgemeine im Besonderen und das Besondere im Allgemeinen herauszuarbeiten, wäre Aufgabe einer *vergleichenden Philosophiegeschichte,* die allerdings noch zu schreiben ist.

Die Arbeit an einer vergleichenden Philosophiegeschichte, die der Anstrengungen vieler Spezialisten bedarf, ist nicht nur eine reizvolle innerwissenschaftliche Aufgabe; sie ist heute von brennender Aktualität. Der antiimperialistische Befreiungskampf in Asien, Afrika und Lateinamerika, der das Kolonialsystem zum Einsturz brachte, hat ein Selbstbewußtsein dieser Völker gefördert, das Identifikation in seinen kulturellen und – soweit vorhanden – philosophischen Traditionen sucht. Würde vergleichende Philosophiegeschichte die Resultate dieser Intentionen beachten, sie womöglich fördern und zu den eigenen Traditionen in Beziehung setzen, sie könnte einen nicht unwesentlichen Beitrag zum gegenseitigen Verstehen und damit zur Friedenssicherung leisten.

Voraussetzung hierfür ist die Überwindung eurozentristischer Positionen. Natürlich hat die Untersuchung und Fruchtbarmachung der eigenen kulturellen und philosophischen Traditionen nicht das geringste mit Eurozentrismus zu tun. Eurozentrismus ist eine historisch bestimmte geistige Haltung, die die europäische Kulturentwicklung als Maß aller Dinge nimmt. Diese Haltung hat tiefe Wurzeln in der europäischen Geschichte. Eben in Europa entstand der Kapitalismus, der expandierte, den Weltmarkt schuf, sich die Welt unterwarf. Das von ihm geschaffene Kolonialsystem war hierfür sichtbarster Ausdruck. Die Ideologie der Kolonisatoren basierte nicht auf der These von der Gleichheit aller Menschen, der Völker und ihrer Kulturen, sondern auf der These von deren Ungleichheit; wovon Apartheid in Südafrika noch heute zeugt. Eurozentrismus ist Legitimationsideologie von Unterdrückern.

Zur Ehre der europäischen Kulturentwicklung muß allerdings gesagt werden, daß in ihr starke, von humanistischem Geist getragene Bewegungen wirkten, die derartiger Ideologie direkt entgegengesetzt waren. Die Aufklärung – und namentlich die französische – dehnte ihre Gleichheitsforderung auf alle Völker aus. Der Marxismus, von vornherein auf internationalistischen Positionen stehend, begründete den praktischen nationalen und sozialen Befreiungskampf aller Völker.

Dieser, hier kurz skizzierten Konzeption fühle ich mich verbunden, auch wenn ich im Rahmen dieser Vorlesungen mich außerstande sehe, sie zu realisieren.[1] Auch der folgende kurze Abriß über die arabische philosophische Kultur, die mit und neben der antiken die Philosophieentwicklung im europäischen Mittelalter beeinflußte, ist noch wesentlich von der Aufgabe bestimmt, letztere verständlich zu machen.

Die drei vorangegangenen Vorlesungen dürften deutlich gemacht haben, wie schwierig und langwierig es war, das geistig-kulturelle und besonders das philosophische Leben nach dem Untergang des weströmischen Reiches wieder in Gang zu bringen. In den östlichen Mittelmeerzonen und im Nahen Osten ist die Entwicklung nicht durch einen derartig abrupten Bruch charakterisiert. Zwar gab es

---

1 Ein Schritt zur Realisierung dieser Konzeption wurde mit der Herausgabe des Buches »Wie und warum entstand Philosophie in verschiedenen Regionen der Erde?«, Berlin 1988, getan.

auch hier genug widersprüchliche Erscheinungen, Aufbruch und Niedergang, aber in geistig-kultureller Hinsicht ist eine stärkere Kontinuität zu beobachten. Das Ergebnis hiervon war, daß wir bis ins 12. Jahrhundert hinein von einem starken Ost-West-Kulturgefälle sprechen können.

So wechselhaft die Geschichte des oströmischen Reiches[2] auch war, es bestand immerhin bis zur Einnahme von Konstantinopel durch die Türken im Jahre 1453. Byzanz brachte eine Kunst hervor, die ihren unverwechselbaren Platz in der Weltgeschichte hat. Verglichen damit ist der byzantische Beitrag zur Philosophieentwicklung geringer zu veranschlagen.[3] *Johannes Damascenus* (um 650 bis vor 754), der die Lehre der griechisch-orthodoxen Kirche systematisierte, gibt zwar in seiner »Quelle der Erkenntnis« einen Abriß der Aristotelischen Ontologie und Logik, stellt diese jedoch ganz in den Dienst der Theologie. Wie später Petrus Damiani, so bezeichnete schon Johannes die profanen Wissenschaften und die Philosophie als »Werkzeuge und Dienerinnen« der Theologie.

Im 11. Jahrhundert treten zwei Logiker hervor, die der

---

2 Siehe Hubert Mohr/Waldemar Waade: Byzanz und arabisches Kalifat. Darstellung für den Geschichtslehrer, Berlin 1973.
3 Ich bin mir keineswegs mehr sicher, ob diese pauschale Bewertung aufrechterhalten werden kann. Vor einiger Zeit erhielt ich von meinem grusinischen Kollegen Guram Tewsadse das von ihm herausgegebene und von I. D. Panzchawi übersetzte Werk des Johannes Petrizi »Рассмотрение платоновской философии и Прокла Диадоха« (Moskau 1984). Nach der Lektüre dieser Schrift ist meine bisherige, aus Sekundärliteratur stammende Meinung von byzantinischer Philosophie doch eine andere. Zudem hat Ernst Werner darauf aufmerksam gemacht, daß Konstantinos Psellos und Johannes Italos Meilensteine in der Geschichte der byzantinischen Philosophie darstellen. (Siehe Ernst Werner: Stadt und Geistesleben im Hochmittelalter, Weimar 1980, S. 17–40.)
Leider bin ich nicht in der Lage, detaillierter über byzantinische Philosophie zu berichten. Die Geschichte der byzantinischen Philosophie weiter zu erforschen und in die Erbekonzeption einzubeziehen, halte ich schon für eine wichtige Aufgabe; hat doch die Spaltung des Christentums in die Ost- und die Westkirche für das geistige Leben Folgen, die bis in unsere Zeit hineinreichen.

Erwähnung wert sind. Im Unterschied zum vorherrschenden Aristotelismus, der freilich durch eine christliche Optik gebrochen ist, bekennt sich *Konstantinos Psellos* (1018 bis um 1079) zum Platonismus. *Johannes Italos* (um 1024 bis 1083) aber kommentiert Aristotelische Schriften in einer Weise, die ihn in einer ernsthaften Form mit der Orthodoxie in Konflikt bringt. Der Streit zwischen Aristotelikern und Platonikern zieht sich bis zum Untergang von Byzanz hin, ohne jedoch sichtbare Früchte zu tragen. Der Grund für die Lage der Philosophie liegt in der Herrschaft der christlichen Orthodoxie, die die philosophiefeindliche Tradition fortsetzte, deren Grundstein der Kaiser Justinian gelegt hatte, als er – wie schon erwähnt[4] – im Jahre 529 die griechischen Philosophenschulen schließen ließ und damit die Gelehrten zur Auswanderung trieb. Mitte des 11. Jahrhunderts wird trotzdem der Versuch unternommen, die Akademie wiederzubegründen. Auch wenn ihre Existenz wenig an der Gesamtlage zu verändern vermochte, so bleibt doch festzuhalten, daß byzantinische Gelehrte Anteil an der Bewahrung antik-griechischen Bildungsgutes und seiner Um- und Fortbildung haben.

Viel lebendiger, intensiver und selbständiger wurden antike Philosophie und Wissenschaften von den Denkern im arabischen Kalifat aufgenommen und weitergeführt. Die aus dem oströmischen Reich vertriebenen Gelehrten hatten sich nach Syrien, Persien und in andere Länder des Orients begeben. Sie fanden zwar auch dort nicht den erhofften Einfluß, konnten jedoch das Schrifttum bewahren und in die Sprachen ihrer Asylländer übersetzen. Zudem kamen sie hier stärker mit der indischen Philosophie und den indischen Wissenschaften, besonders der Mathematik, in Berührung. Unter den Übersetzungen befanden sich viele Werke des Aristoteles, der in der Folge bei den Denkern des arabischen Kalifats den größten Einfluß erlangen sollte. Dies erklärt das merkwürdige Faktum, daß der lateinische Westen mit der griechischen Philosophie, und besonders mit Aristoteles, über die Araber bekannt wurde.

4 Siehe Helmut Seidel: Aristoteles und der Ausgang der antiken Philosophie, Berlin 1988, S. 203.

Nicht selten ist der Fall, daß eine arabische Übersetzung die Vorlage für die lateinische Übersetzung abgab.

Die Blüte der Kultur im arabischen Kalifat und nach dem Zerfall des riesenhaften Reiches (das sich von Mittelasien über den vorderen Orient und ganz Nordafrika bis nach Spanien erstreckte) in einzelne Kalifate fällt in den Zeitraum zwischen dem 9. und 12. Jahrhundert. An dieser Entwicklung haben viele Völkerschaften Anteil. Was diese verband, waren die islamische Religion und die Sprache des Korans, das Arabische, das eine ähnliche Funktion ausübte wie die lateinische Sprache in West- und Mitteleuropa.

Vom hohen Entwicklungsstand der arabischen Kultur künden neben der Baukunst, dem Kunsthandwerk und der Dichtkunst die Leistungen auf dem Gebiet der Wissenschaften und der Philosophie. Besonders in Mathematik und Astronomie, in der Medizin, der damit verbundenen Pharmazie und beginnenden Chemie, in der Geographie und der Geschichtsschreibung waren die Araber Meister. Ihre Philosophen waren eng mit der Wissenschaft verbunden, zumeist Ärzte und Rechtsgelehrte. Die größten unter ihnen waren echte Enzyklopädisten. Dies verleiht ihren Lehren von vornherein einen wirklichkeitsnahen Zug.

Die Tinte des Gelehrten habe den gleichen Wert wie das Blut des Helden, soll ein Kalif gesagt haben. Mehr noch von der Liebe zum Wissen und zu den Büchern, in denen es fixiert ist, zeugen die reichen Bibliotheken in den Kulturzentren und ein schwunghafter Buchhandel, der in den Städten getrieben wurde. Der hochberühmte Ibn Sina (Avicenna) berichtet in seiner »Lebensbeschreibung« von der großen Bibliothek in Buchara ebenso wie davon, daß er von einem Händler ein Buch erstanden habe, dessen Inhalt sich ihm erst allmählich erschloß. Es handelte sich um die »Metaphysik« des Aristoteles.

Selbstverständlich war das Aufblühen der arabischen Kultur an sozialökonomische, politische und religiöse Voraussetzungen gebunden. Der welthistorische Siegeszug der Araber, der sich mit den großen Eroberungen Alexanders des Großen und der Römer messen kann, und die da-

Karl der Große,
umrahmt von vier Philosophen des Altertums
Bildteppich aus dem Dom zu Halberstadt
(sog. Karlsteppich)
um 1220/1230

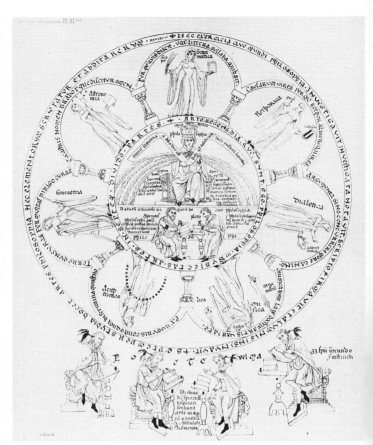

Die Philosophie und die Sieben Freien Künste
Blatt aus dem Hortus deliciarum der Herrad von Landsperg,
illuminierte Handschrift, um 1170
(Nachzeichnung aus der von A. Straub und G. Keller
von 1879 bis 1899 herausgegebenen Ausgabe)
Deutsche Staatsbibliothek zu Berlin

Anselm von Canterbury
(1033/1034 bis 1109)
Holzschnitt

Heloise und Pierre Abélard (1079 bis 1142)
Platte des Grabdenkmals auf dem Pariser Friedhof Père-Lachaise

Das Gebäude der Wissenschaften
An der Spitze stehen Theologie und Metaphysik
dargestellt durch Petrus Lombardus
(um 1095 bis um 1160)
Illustration aus Gregor Reischs
»Margarita philosophica«, 1503

Albertus Magnus (um 1200 bis 1280)
Stich
Staatliche Kunstsammlungen Dresden
Kupferstichkabinett

Thomas von Aquino (1225 bis 1274)
Stich von Philipp Galle
Staatliche Kunstsammlungen Dresden/Kupferstichkabinett

Mittelschiff der Kathedrale von Amiens,
eines der bedeutendsten Werke
der gotischen Baukunst
Baubeginn 1220

mit verbundene Ausbreitung der islamischen Religion, die sich rascher vollzieht als die des Christentums, weil ihr von vornherein die Einheit von Religion und Politik auf der Stirn geschrieben steht, nimmt seinen Ausgangspunkt in jenen Ereignissen, die Engels als »mohammedanische Revolution«[5] bezeichnet hat.

In sozialökonomischer Hinsicht bot die arabische Halbinsel zu Beginn des 7. Jahrhunderts ein buntes Bild. Nomadenstämme, die noch in urgesellschaftlichen Verhältnissen lebten, sind ebenso charakteristisch wie Händlersippen, die seit der Römerzeit vom Asien-Europa-Handel profitierten. Verschiedene Formen des Übergangs zur Klassengesellschaft, soziale Differenzierungen und Gegensätze lassen sich beobachten, die von den Historikern teils als frühfeudale, teils als Sklavenhalterverhältnisse gewertet werden.

Wie dem auch sei; jedenfalls stürzte die persische Politik, die aufgrund des ständigen Konflikts mit Byzanz die Handelswege nach Osten zu verlegen trachtete, die arabische Gesellschaft in eine tiefe Krise, die nur durch die Vereinigung der arabischen Stämme zu überwinden war. Eine staatliche Vereinigung aber hatte eine einheitliche ideologische Basis zur Voraussetzung. Gerade diese schuf *Mohammed* (etwa um 570 bis 632) durch die Stiftung der islamischen Religion, die die alten Stammesreligionen überwand, die Blutsverwandtschaft durch religiöse Bruderschaft ersetzte. Ähnlich wie das Christentum mit seinem Kult des abstrakten Menschen die ethnischen Grenzen durchbrach, so öffnete auch der Islam den Weg zu religiöser Einheit. Ohne die Aufsprengung ethnischer Grenzen hätten es weder das Christentum noch der Islam zur Weltreligion gebracht.

Der Unterschied zwischen Christentum und Islam hinsichtlich ihrer Entstehung und Ausbreitung ist allerdings erheblich. Zwar predigen beide – und in manchem übereinstimmend – religiös begründete Moral, aber das Gewand von Christus ist nicht mit dem »Schwert des Propheten« umgürtet. Jesus von Nazareth insistierte auf ein Reich,

5   Engels an Marx, 6. Juni [1853]. In: MEW, Bd. 28, S. 259.

das nicht von dieser Welt sei. Sein Wirken ist keineswegs unmittelbar auf politische Macht aus. Anders bei Mohammed, der Religionslehrer und Staatsmann in einer Person war, eine Einheit, die auch auf seine Nachfolger übergeht.

Als im Jahre 630 Mekka eingenommen wurde, Mohammed die Kaaba gereinigt und zum Hauptheiligtum erhoben hatte, war der Grund für die Vereinigung der arabischen Stämme unter dem Zeichen des Islam gelegt. Ein Jahr nach dem Tode Mohammeds wandten sich die Anhänger des Propheten nach außen und eroberten erste byzantinische Gebiete. Damit begann der große Siegeszug, dessen Resultat das schon skizzierte riesige Kalifat war.

Es ist hier nicht die Aufgabe, den Siegeszug in seinen einzelnen Etappen nachzuzeichnen, die Ursachen für diese Erfolge zu analysieren und die vielfältigen Widersprüche innerhalb des Kalifats aufzuhellen.[6] Nur auf zwei Momente soll hier aufmerksam gemacht werden, weil diese nicht beziehungslos zur arabischen Philosophieentwicklung sind.

Erstens: Die arabischen Sieger ließen im großen und ganzen die wirtschaftlichen Strukturen der eroberten Gebiete unangetastet, so daß Handel und Wandel nicht zum Erliegen kamen. Sie forderten Tribute. Diese wurden zur Quelle jenes märchenhaften Reichtums der Kalifen, wovon uns die Erzählungen aus »Tausendundeiner Nacht« berichten. Die Tribute waren aber vor allem jene materielle Grundlage, auf der nicht nur das mächtige Heer und die bedeutende Flotte des Kalifen, sondern auch das Aufblühen von Kultur und Wissenschaften beruhten.

Zweitens: Obwohl der Siegeszug der Araber als »heiliger Krieg gegen die Ungläubigen« geführt wurde und alles andere als gewaltlos verlief, kam es dennoch zu keinen größeren Christen- und Judenverfolgungen. Zwar wurde nach der Lehre des Korans gehandelt, wonach die Ungläubigen zu bekehren seien; gelingt dies nicht, dann »runter mit dem Kopf!«. Christen und Juden fielen allerdings nicht in direkter Weise unter die Ungläubigen. Es hat dies neben ökonomischen – Christen und Juden wurden für die

6 Siehe: Allgemeine Geschichte des Mittelalters, S. 110ff.

Aufrechterhaltung von Produktion und Handel gebraucht – religiöse Gründe. Mohammed hat seine Religionslehre keineswegs als antichristliche konzipiert. Wer nur einen Blick in den Koran wirft, wird erstaunlich viele Übereinstimmungen zwischen Islam und Christentum finden. Nicht wenige Religionshistoriker interpretieren den Islam als vereinfachtes, der arabischen Lebensweise angepaßtes Christentum, ohne dabei andere Einflüsse zu ignorieren. Mohammed sah sich als letzten Propheten Gottes. Jesus betrachtete er als einen Vorgänger, nicht als einen Gegner. Die »Kinder des Buches« nahmen daher eine andere Stellung ein als andere Ungläubige. Das erklärt die praktizierte Toleranz der arabischen Sieger gegenüber Christen und Juden. Lessings »Nathan« hat also durchaus eine historische Grundlage. Es gab Zeiten, in denen Muselmanen, Christen und Juden friedlich zusammenlebten und menschliche Kultur beförderten.

Die arabische Philosophie entsteht und entwickelt sich in einer geistigen Atmosphäre, die durch die Dominanz der islamischen Religion geprägt ist. Vom Prinzip her ist das Verhältnis dieser monotheistischen Religion einerseits und der arabischen Philosophie und Wissenschaft andererseits nicht verschieden vom Religion-Philosophie-Verhältnis im christlich-mittelalterlichen Europa. Alles, was in unseren bisherigen Vorlesungen über dieses Verhältnis gesagt wurde, trifft auch auf die arabische Geistesentwicklung zu. Daß religiöser Glaube und Wissenschaft notwendig in einen Konflikt geraten müssen, wird sich auch bei der Betrachtung arabischer Philosophen erweisen.

Über dem Allgemeinen ist jedoch das Besondere nicht zu vergessen. Die Spezifik eines Verhältnisses ergibt sich aus den Eigenarten der es bildenden Seiten. Für die islamische Theologie sind viele Streitigkeiten, die christliche Theologen und Philosophen in arge Gegensätze trieben, gegenstandslos. Fragen danach, wie Christi Geburt mit allgemeiner Naturgesetzlichkeit vereinbar sei, wie die Trinität des Christengottes logisch erfaßbar sei, erweisen sich als sinnlos, wenn der Religionsstifter zwar als von Gott erleuchtet, nicht aber als göttliche Person betrachtet wird.

Trinitätsstreit ist daher ausgeschlossen. Allah ist Allah, und Mohammed ist sein Prophet! Fremd bleiben den Arabern die Lehre von den zwei Reichen und ihre praktische Durchführung, der Gegensatz von Papst und Kaiser, die Investiturstreitigkeiten. Der Kalif als Nachfolger des Propheten ist religiöses und staatliches Oberhaupt zugleich. Wie schon bemerkt, ist die Einheit von Religion, Politik und praktischem Leben im Islam viel unmittelbarer als im spiritualistischen Christentum.

Auch die arabischen Philosophen sind durch ihre Tätigkeit als Ärzte, als Rechtsgelehrte, als Astronomen und Astrologen, als Mathematiker und Logiker eng mit der realen und wissenschaftlichen Praxis verbunden. Die Aufnahme der griechischen Wissenschaft und Philosophie ist frisch und unmittelbar. Sie ist nicht durch eine umfangreiche und widerspruchsvolle »Väterliteratur« gebrochen.

All das verleiht dem Verhältnis von Religion und Philosophie ein anderes Kolorit, ohne daß dadurch der Gegensatz aufgehoben würde. Es steht am Anfang der arabischen Philosophie; genau so wie die Rezeption antiker Philosophie und Wissenschaft ihren Beginn bezeichnet.

Abu Jusuf Jakub ibn Ishak al-Kindi (um 800 bis um 879) eröffnet den Reigen, der von einer Plejade enzyklopädisch gebildeter, vorwiegend arabisch schreibender Denker angeführt wird. In der Familie eines Emirs geboren, erhält er seine Bildung im Zentrum der östlichen arabischen Kultur, in Bagdad. Im Serail des Kalifen glänzte er durch Gelehrsamkeit und Scharfsinn. Das machte ihm nicht nur Freunde; zumal er die Grenzen, innerhalb derer abstrakte Fragen der islamischen Theologie diskutiert wurden, überschritt. Als nach einem Wechsel im Kalifenamt Verfolgungen gegen die Mutaziliten[7] begannen, geriet auch al-Kindi in arge Bedrängnis. Nur mit Mühe rettete er sein Leben und seine Bibliothek.

Da sein Wirken durch Streben nach Wahrheit charakte-

---

7 *Mutaziliten* – Anhänger einer theologischen Richtung im Islam, die zu einer »negativen Theologie« tendierten, indem sie Gott als das Eine, das Existierende faßten, dem keine Attribute zugeschrieben werden können.

risiert war, die er keineswegs ausschließlich im Koran suchte, wurde ihm die ehrenvolle Bezeichnung »Wahrheitssucher« beigelegt. Für al-Kindi war es unerheblich, von welchen Stämmen oder Völkern Einsichten kommen, wenn sie nur die Wahrheit trafen. Diese aufgeschlossene Haltung ist eine wesentliche Voraussetzung für seine Rezeption der griechischen Philosophie und Wissenschaft wie auch der indischen Mathematik.

Neben dem Studium der Mathematik galt sein besonderes Interesse den Schriften des Aristoteles, deren Übersetzung er anregte, die er redigierte und kommentierte. Durchaus möglich, daß er in seinem Eifer auch die Übersetzung einer Schrift anregte, die unter dem Titel »Die Theologie des Aristoteles« in der arabischen Geisteswelt große Wirkung erzielte. Der Text dieses Buches stammt jedoch nicht von Aristoteles, sondern geht auf die »Enneaden« von Plotin (204 bis 270) zurück. Es war dies ein folgenreicher Irrtum, der dem arabischen Aristotelismus schon am Startpunkt eine neuplatonische Färbung gab.

Andererseits ist dieser Irrtum so unerklärlich nicht, wie er vom Standpunkt einer abstrakten Alternative: Aristotelismus oder Neuplatonismus erscheinen könnte. In unserer Vorlesung über Plotin wurde bereits auf die Bemerkung Hegels verwiesen daß man den Neuplatonismus auch mit einigem Recht als Neuaristotelismus bezeichnen könnte.[8] Außerdem gaben die Plotinischen Gedanken, insbesondere die Emanationsthese, die Möglichkeit, einer historisch kaum denkbaren direkten Konfrontation von Philosophie und islamischer Theologie aus dem Wege zu gehen. In gewisser Weise war der Neuplatonismus der Araber das Schild, unter dessen Schutz rationalistische Philosophie und Wissenschaft betrieben werden konnte. Damit ist ein Funktionswandel des Neuplatonismus schon bezeichnet. War diese philosophische Konzeption bei Plotin durch ein Überschreiten der rationalistischen, wissenschaftlichen Denkweise gekennzeichnet, so bildet sie bei den arabischen Denkern – von al-Kindi bis Ibn Sina – den

8 Siehe Helmut Seidel: Aristoteles und der Ausgang der antiken Philosophie, S. 180.

Rahmen, innerhalb dessen sich die rationalistische, wissenschaftliche Denkweise entfaltete.

Es ist immer die konkrete historische Situation zu bedenken, vor der al-Kindi und die ihm nachfolgenden Denker standen: Auf der einen Seite der Koran, in dem Logik, Systematik und harmonische Komposition wahrlich keine Triumphe feiern, der aber nicht nur die religiöse, sondern die moralische, rechtliche und politisch-ideologische Grundlage des gesellschaftlichen Lebens war; auf der anderen Seite die Werke der Mathematiker, Logiker, Naturforscher und Philosophen, die der rationalistischen Denkweise mit ihren Forderungen nach Klarheit, Deutlichkeit und Folgerichtigkeit, mit ihrem Gebot, logische Widersprüche auszuschließen, mit ihrem Anspruch, nur beweisbare Thesen als wahre zuzulassen, verpflichtet waren. Al-Kindi hat diesen Gegensatz durchaus gesehen und auch gelegentlich ausgesprochen. Lösbar war er zu dieser Zeit allerdings nicht.

Versuche al-Kindis, den Widerspruch zur Auflösung zu bringen, fallen selber widersprüchlich aus. Wenn er Allah als End- und Zweckursache faßt, dann steht er in aristotelischen Traditionen. Wenn er aber Gott Weisheit zugesteht, die prinzipiell alles menschliche Wissen übersteigt, die weder Logik noch Mathematik und auch keiner Zeit bedarf, dann wandelt er auf neuplatonischen Pfaden.

Für das menschliche Leben allerdings sind rationalistische Denkweise, Wissenschaft unerläßlich. Diese zu fördern, ist das Anliegen al-Kindis. Sein Bildungsprogramm sieht drei Stufen vor: Ausgangspunkt jeder wissenschaftlichen Bildung sind ihm die Mathematik und die Logik. Erst wenn der Intellekt mathematisch und logisch geschult ist, kann zu den Wissenschaften über die Natur aufgestiegen werden. Werden diese beherrscht, dann kann zur höchsten und ersten Wissenschaft übergegangen werden, zur Metaphysik. Damit war ein Weg vorgezeichnet, dem die al-Kindi nachfolgenden Denker im großen und ganzen gefolgt sind.

In der Metaphysik folgt nun al-Kindi weitgehend dem Aristoteles. Die Kategorien, die ja für den Stagiriten das

Höchste und Letzte in der Erkenntnis, das Tiefste und Erste im Sein waren, reduziert er auf fünf: Materie, Form, Bewegung, Raum und Zeit. Von grundlegender Bedeutung sind nun die ersten beiden Kategorien und ihr Verhältnis zueinander.

Erinnern wir uns. In des Aristoteles Schrift »Über die Seele« hieß es: »Wir fassen als eine Aussagegattung der Dinge die Wesenheit, von dieser das eine als Materie, das an sich allerdings kein bestimmtes Etwas ist, das andere als Gestalt und Form, vermöge der nun von einem bestimmten Etwas gesprochen wird, und das dritte als beider Zusammensetzung.«[9] Also: Materie ist Potentialität, Form ist Aktualität, das aus Stoff und Form Zusammengesetzte ist Realität.

In dieser Position liegen nun selbst zwei Möglichkeiten, die in Fortbildung derselben realisiert werden konnten. *Erste* Möglichkeit: Ich nehme die Materie, den Stoff als alle Möglichkeiten in sich enthaltend als Ausgangspunkt. Materie ist damit Bedingung alles Werdens und Vergehens, kann also nicht aus dem Nichts geschaffen sein. Ich gehe einen Schritt weiter: Materie als Möglichkeit aller Möglichkeiten ist auch die Möglichkeit aller Formen. Die Formen erscheinen dann nicht mehr als der Materie transzendente, sondern als ihr immanente. Es bedarf dann nur noch eines ersten Bewegers. Gehe ich noch einen Schritt weiter und fasse Materie und Bewegung als untrennbare Einheit, dann erscheint der Naturprozeß als Selbstformierungsprozeß der Materie. *Dynamoi on* ist dann zur Dynamik der Natur, zu ihrem unendlichen Schöpfungsprozeß geworden.

Diese pantheistisch-materialistische Tendenz, die Ernst Bloch nicht unübel als »aristotelische Linke« bezeichnet hat[10], nahm bei Straton dem Physiker (um 350 v. u. Z.) ihren Ausgang, setzte sich in den Aristoteleskommentaren

---

9 Aristoteles: Über die Seele, II 1. 412a 5–10. In: Aristoteles. Werke in deutscher Übersetzung, Bd. 13, übersetzt von Willy Theiler, Berlin 1979.
10 Siehe Ernst Bloch: Avicenna und die Aristotelische Linke, Berlin 1952.

des Alexander von Aphrodisias (um 200 v. u. Z.) fort, wurde weitergeführt von arabischen und jüdischen mittelalterlichen Denkern (Ibn Sina, Ibn Ruschd und Salomo ibn Gabirol) und fand ihren Höhepunkt in der Renaissance, bei Giordano Bruno.

Die *andere* Möglichkeit verwirklichte sich dadurch, daß die Form, und vorzüglich die Form der Formen, als Ausgangspunkt genommen wurde. Der nächste Schritt bestand dann darin, daß die nur als Möglichkeit ewig existierende Materie als selbständige Wesenheit aufgehoben und als Möglichkeit in die Form der Formen, also in Gott hineingenommen wird. Nun kann man natürlich die Welt aus Gott emanieren lassen, also einen wie auch immer gearteten Schöpfungsprozeß postulieren.

Diese Skizze zweier gegenläufiger Tendenzen ist selbstverständlich eine höchst abstrakte, idealisierte. Bei den einzelnen Denkern erscheint alles weit widerspruchsvoller, konkreter. Al-Kindi greift die These von der göttlichen Schöpfung keineswegs direkt an. Er vertraut dem Propheten, dem die alles menschliche Wissen übersteigende Weisheit Allahs offenbart wurde. Kommt er jedoch als Philosoph auf das Stoff-Form-Problem zu sprechen, so legt er zwar – wie sein großer Meister – Gewicht auf die Formen, akzentuiert jedoch in gleicher Weise die eigenständige Bedeutung der Materie. In seinem Buch »Über die fünf Wesenheiten« faßt er eben die Materie als grundlegende. »Aus Materie besteht jedes Ding.« Und weiter: »Materie ist derart, daß im Falle ihres Verschwindens alles übrige verschwinden würde. Verschwände aber alles übrige, so würde Materie keineswegs verschwinden.«[11]

Al-Kindi, so ließe sich vielleicht sagen, ist die Ouvertüre zur Symphonie »Arabische Philosophie«, die – von Zwischenspielen abgesehen – aus den Sätzen al-Farabi, Ibn Sina und Ibn Ruschd besteht.

11 Die Zitate von al-Kindi sind entnommen aus: Избранные произведения мыслителей стран Ближнего и Среднего Востока IX–XIV вв., Москва 1961. Sie wurden von mir aus dem Russischen übertragen. Siehe auch В. В. Соколов: Средневековая Философия, Москва 1979, с. 217.

Abu Nasr Ibn Muhammad al-Farabi (um 870 bis 950), der als »zweiter Lehrer« bezeichnet wurde (Aristoteles als »Erster«, Ibn Sina als »Dritter«, Ibn Ruschd als »Kommentator«), kommen vor allem zwei Verdienste zu: Er hat die Aristotelische Logik für die arabische Welt voll erschlossen und weitergeführt, damit die rationalistische Denkweise wesentlich verstärkt; und er war der erste arabische Denker, der sozial-philosophische Fragen zum Gegenstand seines Nachdenkens machte.

Geboren wurde er in der am Syrdarja gelegenen Stadt Farabe. Seine naturwissenschaftlich-medizinische und philosophische Ausbildung erhielt er – wie al-Kindi – in Bagdad. Im Zentrum dieses Zentrums der arabischen Kultur befand sich das »Haus der Weisheit«, dessen Bedeutung für die Entwicklung der Wissenschaften, für die Rezeption des antiken Bildungsgutes und für die Förderung der rationalistischen Denkweise durchaus mit der Platonischen Akademie oder dem Aristotelischen Lykeion verglichen werden kann. Nicht uninteressant, daß al-Farabis erste Lehrer Christen, und zwar Nestorianer[12], waren. Die Berichte, wonach al-Farabi nicht nur in den Wissenschaften und in der Philosophie glänzte, sondern ebenso als Rhetor und Rhetoriker, als Musikant und Musiktheoretiker, bezeugen eine weiteres Mal den Reichtum arabischer Kultur.

Sein Hauptinteresse galt jedoch der Logik des Stagiriten. Er sammelte und ordnete den ganzen Komplex des »Organons«, kommentierte die einzelnen Bücher und schrieb eigene logische Traktate, die noch heute ob ihrer Scharfsinnigkeit beeindrucken. Von philosophischem Interesse sind besonders al-Farabis Bemerkungen zum Verhältnis von Grammatik und Logik sowie seine Stellung zum Universalienproblem.

Al-Farabi kann durchaus als Nachfolger jener antiken

---

12 *Nestorianer* – Anhänger einer christlichen Sekte, die ihren Begründer in Nestorios (um 381 bis 451) sieht. Dieser war 428 Patriarch von Konstantinopel geworden, bald aber der Ketzerei angeklagt, abgesetzt und verbannt worden. Seine Ketzerei bestand darin, daß er Maria zwar als Christus-Gebärerin anerkannte, nicht aber als Gottes-Mutter.

Philosophen verstanden werden, für die die Philosophie mit der »Untersuchung der Wörter«[13] beginnt. Die »Wissenschaft von der Sprache« steht in seiner Klassifikation der Wissenschaften, worüber al-Farabi eine spezielle Abhandlung schrieb, an erster Stelle. Dann folgen Logik, Mathematik, Physik und Metaphysik. Grammatik steht deshalb an erster Stelle, weil alle Wissenschaft die Sprache als Ausdrucksmittel zur Voraussetzung hat. Die Regeln und Gesetze der Wortbildungen und Wortverbindungen sind für alle Wissenschaften, also universell gültig. Die Logik nun, so al-Farabi, »hat mit der Grammatik das Gemeinsame darin, daß sie die Gesetze für die Wörter gibt, aber sie unterscheidet sich darin von ihr, daß letztere die Gesetze für Wörter gibt, die nur einem Volke (mit einer bestimmten Sprache) zukommen, während die Logik die allgemeinen Regeln lehrt, die für alle Völker (und alle Sprachen) gelten«.[14]

Die Haltung, die al-Farabi zum Universalienproblem einnimmt, ist von Hans-Ulrich Wöhler so beschrieben worden: »Umfangreiche Äußerungen zur Universalienproblematik sind in seiner Paraphrase zu Aristoteles' ›Kategorien‹ enthalten. Er behandelt die 10 Aristotelischen Kategorien als oberste Genera, denen jeweils eine Hierarchie von subalternen Genera mit unterster Spezies als Basis zugeordnet sind. Er teilt die Universalien in zwei Typen ein: in diejenigen, die zu der Hierarchie mit der ›Substanz‹ (dem ›Wesen‹) als oberstem Genus gehören; und in diejenigen, die eine von den restlichen 9 Kategorien als oberstes Genus haben. Die ersteren bezeichnet Al-Farabi als ›Universalien der Substanz‹, die letzteren als ›Universalien der Akzidens‹. Auch die Individuen werden in ›Individuen der Substanz‹ und ›Individuen der Akzidens‹ geteilt. Die Universalien der Substanz setzt Al-Farabi mit den ›zweiten Substanzen‹ des Aristoteles gleich, während er die

13 Siehe: Die Sokratiker. In Auswahl übersetzt und herausgegeben von Wilhelm Nestle, Jena 1922, S. 79.
14 Аль Фараби: Философские трактаты, Алма-Ата 1970, с. 128. Die Zitate wurden von mir aus dem Russischen übertragen. Siehe auch В. В. Соколов: Средневековая Философия, с. 221.

Individuen der Substanz mit den ›ersten Substanzen‹ bei Aristoteles gleichsetzt.«[15] Auf die sich hieraus ergebende Frage nach der Priorität der einen gegenüber den anderen gibt al-Farabi eine eindeutige Antwort: »Die Individuen der Substanz benötigen somit die Universalien, um vernünftig erkannt zu werden, während ihre Universalien die zu ihnen gehörigen Individuen benötigen, um zu existieren; denn wenn die zu ihnen gehörigen Individuen nicht existierten, wäre das von ihnen im Geiste Erfaßte nur erfunden und falsch, und was falsch ist, existiert nicht. Folglich gelangen die Universalien nur vermittels ihrer Individuen zur Existenz, und die Individuen werden vermittels ihrer Universalien vernünftig erkannt. Die Universalien der Individuen sind also auch Substanzen, da sie die Intelligibilas der Substanzen sind, welche offenkundig Substanzen sind; und in der Ordnung des In-Erscheinung-Tretens sind sie an zweiter Stelle, da ihre Existenz von der Existenz ihrer Individuen abhängt.«[16] Insofern also al-Farabi die Priorität der Individuen gegenüber den Universalien der Substanz akzentuiert, initiiert er in der arabischen Philosophie Nominalismus.

Es hört sich für uns Heutige gut an: Rationalität und Nominalismus. Es hört sich noch besser an, wenn bedacht wird, daß al-Farabi in einer Zeit lebte, die einerseits durch die Entwicklung der arabischen Stadtkultur, andererseits aber durch eine Verstärkung religiöser Unduldsamkeit charakterisiert war. Al-Farabi sah sich gezwungen, eine »Apologie der Logik« zu schreiben, in der er selbst Mohammed als Zeugen für die Notwendigkeit logischer Studien anruft. Wir sollten über diesen schreienden Widerspruch nicht allzu erstaunt sein, plante doch noch René Descartes eine Wallfahrt, um für eine wissenschaftliche Entdeckung zu danken.

In der al-Farabi gewidmeten Literatur ist die Vermutung

---

15 Hans-Ulrich Wöhler: Geschichte und Vorgeschichte des mittelalterlichen Universalienstreites, dargestellt anhand ausgewählter übersetzter und kommentierter Originaltexte. Technische Universität Dresden, Dissertation B, 1984, S. 52.
16 Zit. in ebenda, S. 53.

ausgesprochen worden, daß er eine der Quellen der Theorie von der doppelten Wahrheit gewesen sei. In der Tat drängt sich dieser Gedanke auf; und nicht nur weil er Mohammed als Zeugen für die Notwendigkeit logischer Studien anrief, sondern vor allem deshalb, weil für uns die rationalistische Denkweise des Logikers lebhaft mit der des Theologen zu kontrastieren scheint. Al-Farabi soll dem Sufismus nahegestanden haben, also einer Strömung innerhalb des Islams, der sich durch stark asketisch-mystische Züge auszeichnete. Vielleicht ließe sich überhaupt sagen, daß die Tendenz, philosophische und theologische Wahrheiten nebeneinander zu stellen, für die progressiven Geister der arabischen Philosophie charakteristisch war.

Gegenläufige Tendenzen, die wie ein Vorgriff auf Thomas erschienen, zeigen sich besonders in seinem Gottesbeweis. Al-Farabi geht davon aus, daß die Dinge dieser Welt, deren Wesen zu erkennen Aufgabe der Wissenschaften ist, entstehen und vergehen. Demzufolge – so schließt er – ist ihr Wesen nicht notwendig mit der Existenz verbunden. Da nun die Dinge nicht wesenhaft mit dem Dasein verbunden sind, also kontingenten, zufälligen Charakter tragen, dennoch aber die uns umgebende wirkliche Welt ausmachen, müssen sie ihr Dasein aus einer Quelle empfangen, der nicht Kontingenz, sondern Identität von Wesen und Existenz zukommt. Diese Quelle ist Gott.

Auch in seiner Konzeption von der aktiven Weltvernunft und der damit verbundenen Erleuchtungslehre, die den neuplatonischen Gottesbegriff und die Emanationslehre zur Voraussetzung haben, verquicken sich erkenntnistheoretische und theologische Probleme. Das erkenntnistheoretische Problem besteht für al-Farabi darin, zu begründen, wie den Einzeldingen Allgemeinbegriffe beigelegt werden können und woraus sich die Übereinstimmung von Allgemeinbegriffen und Wesen der Welt ergibt. Aus den Einzeldingen und ihrer sinnlichen Wahrnehmung wie auch aus der abstrahierenden Tätigkeit des Verstandes ist dies für unseren Philosophen nicht hinreichend erklärbar. Diese Übereinstimmung – ohne die ja die Logik bloßes Gedankenspiel, aber keine Erkenntnis wäre – wird nach al-Farabi dann erklärbar, wenn vorausgesetzt wird, daß unser passiver, weil erschaffener Geist von der aktiven Weltvernunft getroffen und erleuchtet wird, wenn in diesem Licht die Erkenntnis erscheint, daß Wesenheiten und Allgemeinbegriffe der gleichen Quelle entspringen.

Aristoteles hatte gesagt, daß erst das Licht »die möglichen Farben zu wirklichen Farben« macht.[17] Plotin sprach davon, daß das Auge, das die Sonne sehen will, selber erst sonnenhaft werden muß.[18] Al-Farabi aber redet so: »Bevor nicht die Strahlen der aktiven Weltvernunft unseren Verstand treffen, ist er blind.«[19]

Ein blinder Verstand vermag nun ebensowenig wie ein Wille, der nur durch äußere Reize bestimmt ist, das Ziel menschlichen Lebens, Glückseligkeit zu erreichen. Voraussetzung hierfür ist ein erleuchteter Verstand, der auch den Willen zum freien macht, insofern erst dieser die Möglichkeit zur Wahl des Guten eröffnet. Das glückliche Leben des Individuums ist nun aber untrennbar verbunden mit dem seiner Gesellschaft. Wenn also in der Ethik über das menschliche Glück nachgedacht wird, dann muß unter diesen Voraussetzungen über die Formen des Zusammenlebens der Menschen nachgedacht werden. Genau dies tut al-Farabi in seinen Schriften »Der Musterstaat« und »Die Staatsleitung«. Aus den ethischen Schriften des Aristoteles entnimmt er dessen große These vom Menschen als *zoon politikon*. Seine Beschreibung eines Musterstaates enthält viele Momente, die mit den Anschauungen übereinstimmen, die Platon in seinem »Staat« entwickelt hat. Nur ist dabei zu beachten, daß al-Farabis Bezugspunkt natürlich nicht die Krise der antiken Polis, sondern das aufblühende sarazenische Stadtwesen ist, das er für die höchstentwickelte Form menschlichen Zusammenlebens hält. Das dürfte unter historischem Gesichtspunkt wohl auch gerechtfertigt sein.

Menschliche Gemeinschaften – so lehrt al-Farabi mit

17 Aristoteles: Über die Seele, III 5. 430a 15–20.
18 Siehe Plotin: Das Schöne. In: Plotins Schriften. Übersetzt von Richard Harder, Bd. 1, Leipzig 1930, S. 12/13.
19 Аль Фараби: Философские трактаты.

Platon – haben ihren Grund in dem Widerspruch zwischen der Begrenztheit menschlicher Fähigkeiten und der Unbegrenztheit menschlicher Bedürfnisse. Die Lösung dieses Widerspruchs liegt in der Teilung der Arbeit. Die Überlegenheit der Städte über die nomadisierenden Beduinen und über die Dörfer der Bauern ergibt sich für al-Farabi gerade aus der Entwicklung der Arbeitsteilung, aus dem organischen Zusammenwirken der einzelnen menschlichen Fähigkeiten.

Al-Farabi wendet sich gegen jene »Raubtierkrankheit«, die in der Leugnung der Möglichkeit eines friedlichen und gedeihlichen Zusammenlebens der Menschen – im großen wie im kleinen – besteht. Flucht aus der Gesellschaft, Eremitendasein sind weitere Gegenstände seiner Kritik.

Eremiten wie Nomaden und Bauern entwickeln keine Wissenschaft. Diese entsteht in der Stadt. Einmal entstanden, übt Wissenschaft höchst wichtige Funktionen im Zusammenleben der Menschen aus. Die Gelehrten der Stadt haben durch ihre eigene Tätigkeit erworbene Kenntnisse über Gott und die Welt, sie kennen die Ordnung der aktiven Vernunft wie den Lauf der Gestirne, sie wissen um den Weg zum Glück. Daher soll der Gelehrteste der Gelehrten, der Erleuchtetste der Erleuchteten Herrscher der Stadt sein, dessen Autorität fest zu vertrauen ist. Die Bewohner der Stadt, die nicht die »Beschaffenheit in ihrem Geist« haben, »die Dinge, so wie sie vorhanden sind, zu verstehen«[20], sind durch Gleichnisse zu belehren.

Den Musterstaaten stellt al-Farabi die Torheitsstaaten gegenüber, die dort sind, wo falsche und schlechte Satzungen gelten, wo nicht die Vernunft regiert, wo die Meinung vorherrscht, daß gegensätzliche Interessen nur durch unaufhörliche Kriege, durch Eroberungen, durch Beutezüge und Versklavung anderer Völker ausgetragen werden können. »Dann genießen sie viel Speise und Trank, haben viele Weiber und suchen, mit Gewalt und Unterwerfung

---

20 Der Musterstaat von Alfarabi. Aus dem Arabischen übertragen von Dr. Friedrich Dieterici, Leiden 1900, S. 111.

aller Güter und aller Dinge und aller Einzelnen Herr zu werden.«[21]

Der auf Philosophie gegründete Staat aber hat gerade die Überwindung von Gewalt und Unterwerfung zum Ziel. So entwickelt al-Farabi eine »humanistische Utopie friedlicher Verhältnisse, die er schon für den ganzen Erdkreis ins Auge faßt«.[22]

Die an Aristoteles geschulte rationalistische Denkweise findet bei den Arabern ihren Höhepunkt im Schaffen *Ibn Sinas* (980 bis 1037). Wir begegnen hier einer welthistorischen Persönlichkeit, die Wissenschaft und Philosophie stark zu fördern vermochte. Dante Alighieri hatte guten Grund, ihn in seiner »Göttlichen Komödie« dem Kreis der Weisen und Würdigen zuzuordnen. In der Tat fällt es schwer, unter den bedeutenden Denkern des Mittelalters einen Mann zu finden, der ihm hinsichtlich enzyklopädischer Gelehrsamkeit das Wasser reichen könnte. Mathematik, Astronomie, Botanik, Geologie, Linguistik, Poesie und Musik waren seine Gegenstände. Sein Ruhm aber gründete sich vor allem auf seine herausragenden Werke zur Medizin und zur Philosophie. Im Jahre 1980 feierten alle, denen Vernunft und humanistische Wissenschaft am Herzen liegt, den 1000. Geburtstag von Ibn Sina. Das Jubiläum, von der UNESCO initiiert, hat die Forschungen weiter stimuliert. Sie sind heute – wie sich im weiteren zeigen wird – im Fluß.

Abu Ali al Husain Ibn Abdallah Ibn Sina (die Hebräer sprachen den Namen Aven Senna aus; latinisiert: Avicenna) wurde in Afchana bei Buchara geboren. Liest man seine »Lebensbeschreibung«, so fallen einem sofort drei Besonderheiten auf. Das erste, was in die Augen springt, ist die erstaunliche Frühreife des Knaben Abu Ali. Mit zehn Jahren – so wird berichtet – kannte er den Koran auswendig, fand sich in den wichtigsten islamischen

---

21 Die Staatsleitung von Alfarabi. Aus dem Nachlasse des geh. Regierungsrats Dr. Friedrich Dieterici herausgegeben mit einem Gedenkblatt von Dr. Paul Brönnle, Leiden 1904, S. 79.
22 Hermann Ley: Geschichte der Aufklärung und des Atheismus, Bd. 2/1, Berlin 1970, S. 193.

Rechtssatzungen zurecht und beherrschte die Grammatik mehrerer orientalischer Sprachen. Als Jüngling studierte er Mathematik, Logik und Philosophie. Danach wandte er sich der Medizin zu. Sein Ruf als Arzt wuchs derart schnell, daß der erst 17jährige Ibn Sina zum Leibarzt des Sultans von Buchara berufen wurde.

Auffällig weiter, wie stark sein Leben von den gegebenen politischen Verhältnissen abhängig war. Als kurz vor der Jahrtausendwende die Dynastie der Samaniden gestürzt, Buchara zerstört und die wunderbare Bibliothek ein Opfer der Flammen wurde, war Ibn Sina gezwungen, die Stadt, der er die Grundlagen seiner wissenschaftlichen Bildung verdankte, zu verlassen. Nicht zufällig wandte er sich nach Urgentsch, der Hauptstadt des am Unterlauf des Amudarja gelegenen Staates Choresmien. Er fand dort einen Kreis von Gelehrten, die gleich ihm in ernsthafter und freimütiger Weise wissenschaftliche und philosophische Studien trieben. Allein das Glück währte auch hier nicht lange. Die politischen Verhältnisse änderten sich, die Intoleranz religiöser Fanatiker nahm zu. Ibn Sina war gezwungen, aus seinem Zufluchtsort wiederum zu flüchten. In den folgenden Jahren finden wir ihn in verschiedenen Städten und an verschiedenen Höfen nordiranischer Sultanate. Die längste Zeit war er in Hamadan, wo er starb und begraben wurde.

Ibn Sina war den Sultanen ein willkommener, wenn auch unbequemer Gast. Wer hat schon nicht gerne den berühmtesten Mediziner seiner Zeit als Leibarzt bei sich? Außerdem strahlt der Ruhm des Gelehrten auch auf den Herrscherstuhl aus. Der Sultan von Hamadan machte Ibn Sina gar zu seinem Wesir. In dieser Funktion mußte unser Philosoph allerdings die Erfahrung machen, daß der philosophische Begriff von Gerechtigkeit und die Interessen der Mächtigen keineswegs deckungsgleich sind. Ibn Sina hatte politische Schriften verfaßt, in denen Verwaltungsirrtümer, Unregelmäßigkeiten in der Truppenbesoldung und ähnliches aufgedeckt wurden. Das kostete ihn nicht nur das Amt, sondern beinahe auch das Leben. Nur dadurch, daß er den Sultan von einer Krankheit heilte, hob dieser das schon ausgesprochene Todesurteil auf.

Wie bewegt das äußere Leben von Ibn Sina auch gewesen sein mag, kontinuierlich blieben seine wissenschaftlichen und philosophischen Studien und sein literarisches Schaffen. Die Zahl seiner hinterlassenen Werke wird in verschiedenen Berichten und von verschiedenen Forschern unterschiedlich angegeben. Sie schwankt zwischen ein- und dreihundert. Selbst wenn wir Übertreibungen einkalkulieren, so bleiben doch die Anzahl der Schriften und vor allem die Vielfalt der behandelten Themen höchst eindrucksvoll.

Sein erfolgreichstes und historisch wirksamstes Werk war ohne Zweifel sein »Kanon der medizinischen Wissenschaften«, das über ein halbes Jahrtausend Handbuch der Ärzte im Orient und – nach seiner Übersetzung ins Lateinische – in Europa war. Sein philosophisches Hauptwerk ist das »Buch der Genesung der Seele«. Sein Titel zeigt schon an, daß es Ibn Sina gleichermaßen um die Gesundheit des Körpers wie um die des Geistes ging. In 18 Bänden werden hier Logik, Physik, Mathematik und Metaphysik abgehandelt. Man könnte dieses Werk, das bisher allerdings in noch keiner Sprache vollständig herausgegeben wurde, die »Große philosophische Enzyklopädie« des Ibn Sina nennen. Das »Buch des Wissens« dagegen, das uns nun glücklicherweise vollständig vorliegt, könnte als »Kleine philosophische Enzyklopädie« bezeichnet werden. Letztere unterscheidet sich von der ersten dadurch, daß in ihr auf die Darstellung der Mathematik verzichtet und die Metaphysik vor der Physik abgehandelt wird.

Der gesamte literarische Nachlaß Ibn Sinas ist nur unvollständig auf uns gekommen; und das, was überliefert ist, ist keineswegs schon vollständig aufbereitet. So scheint das Buch »Einige Thesen der östlichen Weisheit«, in dem Ibn Sina seine philosophischen Anschauungen in der offensten und freiesten Weise dargelegt haben soll, verlorengegangen zu sein; nur einige Fragmente sind erhalten. Im Literaturbericht, der in die »Lebensbeschreibung« eingefügt wurde, ist von einem 20bändigen Werk »Über die Gerechtigkeit« die Rede, von dem aber in der mir bekannten Avicennaliteratur – die freilich beschränkt ist – nirgends gesprochen wird. Ganz ohne Zweifel, daß hier von der philosophiehistorischen Forschung noch ein großes Feld zu bearbeiten ist.

Wo versucht wird, aus den vorliegenden aufbereiteten Quellen die philosophische Position von Ibn Sina in allgemeiner Form zu bestimmen, dort tauchen in der Regel zwei Begriffe auf: Aristotelismus und Neuplatonismus. Nur bei einigen Interpreten, die die »Originalität« des Denkers über Gebühr strapazieren, wird versucht, den Einfluß des Stagiriten, die Einflüsse von Plotin und Proklos herabzumindern. Als ob die »Originalität« in der Ignorierung bisheriger geistiger Kultur bestände! Andererseits freilich ist es nicht sehr aussagekräftig, wenn die philosophischen Leistungen von Ibn Sina mit den genannten beiden Begriffen abgetan werden.

Aus dem Studium einiger Quellenschriften und der mir zugänglichen Interpretationsliteratur ergibt sich folgendes, natürlich fragmentarisch und hypothetisch bleibendes Bild von den philosophischen Grundpositionen des »Königs der Ärzte«:

Zunächst scheint es mir, daß es die Denkweise des Aristoteles war, die Ibn Sina auf das stärkste beeindruckte, also nicht nur, *was* der Stagirit dachte, sondern *wie* er dachte. Scharfe Beobachtung, definierte Begriffe, richtiges Folgern (Logik ist für Ibn Sina vornehmlich die Wissenschaft, die lehrt, wie aus dem Erkannten auf neue Erkenntnis geschlossen werden kann), strenges Beweisen, Klassifizieren – das sind Merkmale, die dem Denken des Aristoteles ebenso zukommen wie dem des Ibn Sina. Liest man Ibn Sina, dann fühlt man sich ganz und gar in wissenschaftlichen Gefilden. Daran ändern die einzelnen Büchern vorausgeschickten Anrufe an Allah und seinen Propheten nur wenig. Sie kontrastieren aufs schärfste mit der nüchternen wissenschaftlichen Darstellungsweise. Wissenschaft methodisch bewußt zu befördern, ist ohne Zweifel das Hauptanliegen Ibn Sinas. Kein Wunder daher, daß er die Wissenschaft selber zum Gegenstand seines Philosophierens macht. Davon zeugt seine berühmte, auch seine Methode charakterisierende Klassifikation der Wissenschaften. »Die philosophischen Wissenschaften zerfallen in theoretische und praktische. Die *theoretischen* (sie zerfallen in Mathematik, Naturwissenschaft und Metaphysik) verfolgen das Ziel, die Denkfähigkeit der Seele dadurch zu vervollkommnen, daß sie den Verstand aktuell denkend machen. Dies wird dadurch erreicht, daß der Verstand die begrifflich auffassende und über die Außenwelt urteilende Wissenschaft von den Dingen erlangt, die nicht unsere Handlungen und Verhältnisse sind. Die *praktische* Philosophie (Ethik) ist diejenige, die zunächst die Vollendung der theoretischen Denkfähigkeit erstrebt, indem durch sie ein begrifflich auffassendes und urteilendes Wissen von den Dingen auftritt, die unsere Handlungen selbst sind.«[23] Ein bemerkenswerter Gedanke, dessen Konsequenzen uns – unter veränderten historischen Bedingungen – in der europäischen Philosophie des 17. Jahrhunderts, namentlich bei Thomas Hobbes, begegnen werden.

Die Stellung der Metaphysik im System der philosophischen Wissenschaften charakterisiert Ibn Sina so: »Die Metaphysik aber (der Schlußteil der theoretischen Wissenschaften) ist diejenige Wissenschaft, welche die ersten Ursachen des unter Naturwissenschaft und Metaphysik fallenden Seins (als *Problem*) untersucht. Diese Wissenschaft muß nun notwendigerweise in viele Teile zerfallen. Der eine untersucht die erste Ursache, von der jedes bewirkte Sein abhängt. Ein anderer Teil untersucht die Akzidenzien des Seins (Früher – Später, Potenz und Aktus, das Ganze und der Teil, die Individualität, das Verschiedensein, die Gegensätze und mehr), ein dritter die ersten Prinzipien der partikulären Wissenschaften. Denn die ersten Prinzipien einer jeden Wissenschaft, die geringeren Umfang besitzt, bilden die Probleme für die Wissenschaft, die einen

---

23 Avicenna: Das Buch der Genesung der Seele. Eine philosophische Enzyklopädie. II. Serie. Die Philosophie; III. Gruppe, XIII. Teil: Die Metaphysik, Theologie, Kosmologie und Ethik, übersetzt und erläutert von Max Horten, Halle a. S. und New York 1907, S. 2.

weiteren Umfang besitzt. So sind zum Beispiel die Prinzipien der Medizin (der lebende Körper und die Gesundheit) Probleme der Naturwissenschaft und ebenso die Prinzipien der Planimetrie Probleme der Geometrie. So erläutert die Metaphysik ... die ersten Prinzipien der partikulären Wissenschaften.«[24]

Es war gerade das Nachdenken über die Möglichkeit von Wissenschaft, die Aristoteles in Gegensatz zur Platonischen Ideenlehre brachte. Ibn Sina folgt dem Stagiriten in der Kritik des Platonismus. Mit diesem verwirft er auch Pythagoreismus und Skeptizismus. Wissenschaft wird dann möglich, wenn die Dinge, deren Erkenntnis das Ziel ist, als Einheit von Stoff und Form gefaßt werden, wobei die Form das Allgemeine und Notwendige in den Dingen repräsentiert. Wissenschaft hat nicht das Einzelne und Zufällige zum Gegenstand; sie ist Formerkenntnis, Erkenntnis des Allgemeinen. »Die Männer der Wissenschaft« gebrauchen daher »nicht einzelne Worte und Begriffe; umgekehrt: ihre Tätigkeit ist mit allgemeinen Begriffen verbunden, obgleich unzweifelhaft jeder allgemeine Begriff eine Vielzahl von einzelnen impliziert.«[25]

Das Allgemeine schwebt also nicht über der Vielheit des Einzelnen, sondern die Form wirkt in den Dingen. Formerkenntnis führt daher nur über die Kenntnis des Einzelnen. Damit wird den Wissenschaften Raum und Impuls für empirische und experimentelle Forschung gegeben und das Universalienproblem tendenziell einer nominalistischen Lösung zugeführt. Solange Ibn Sina als Wissenschaftler denkt, solange faßt er die Universalien ihrer Existenz nach *in rebus*, ihrer Erkenntnis nach *post re*.

Materie, Stoff, ist für Ibn Sina wie für Aristoteles das In-Möglichkeit-Seiende. Der arabische Philosoph akzentuiert nun besonders die Selbständigkeit der Materie und ihre Ewigkeit, weil er gegen Auffassungen Front machen muß, die aus der Potentialität die Existenz auszuschließen versu-

---

24 Ebenda, S. 2.
25 Zitiert und übersetzt aus Ibn Sinas »Buch des Wissens« in: Ибн-Зина: Избранные философские произведения, Москва 1980, c. 63.

chen. »Die Natur dessen, was in der Potenz existiert, befindet sich ausschließlich in der Materie als seinem Substrat. Daher ist die Materie so beschaffen, daß man sagen kann, sie bestehe in sich selbst der Potenz nach und sei existierend.«[26] Bei der Erörterung der *causa materialis* wird er noch deutlicher: »Wenn es sich jedoch so verhält, daß es nur durch das formelle Prinzip, das in das Substrat eintritt, zum selbständigen Bestande gelangt, dann war vor dem Auftreten dieses zweiten, formellen Prinzipes in dem Substrate etwas anderes vorhanden, und dieses verleiht ihm den Bestand.«[27] Damit korrespondiert der Satz des Ibn Sina, wonach jedes Ding, das neu entsteht, vor seinem Werden entweder die stoffliche Möglichkeit zur Existenz in sich hat oder aber unmöglich ist.

Nun schließt allerdings die selbständige und ewige Existenz der Materie als Potenz die Existenz Gottes bei Ibn Sina keineswegs aus. Im Gegenteil: Die Welt als ewige Dauer in der Zeit und als durchgängig kausal wirkend ist bedingt durch die Existenz Gottes, der außerhalb der Zeit existiert. Gott erscheint vornehmlich als »erster Beweger«.

Gott erscheint weiter als Ursache der Formen, weil – nach Ibn Sinas Auffassung – die Formen ihre Ursache nicht in der Materie haben können. »Die Materie kann nicht die Ursache für die Existenz der Formen sein. Dies ist aus folgenden Gründen einleuchtend: Erstens ist die Materie nur in dem Sinne Materie, daß sie die Fähigkeit hat, etwas in sich aufzunehmen und für etwas disponiert zu sein. Dasjenige aber, was disponiert ist, kann als solches nicht Ursache sein für die Existenz dessen, für das es disponiert ist (die Form). Wenn es Ursache wäre, so ergäbe sich notwendig, daß jenes andere (die Form) immer in ihm zugegen sein müßte, auch ohne vorherige Disposition. Zweitens ist es unmöglich, daß das Wesen eines Dinges in aktueller Weise Ursache für ein anderes Ding sei, während es selbst noch in der Potenz verharrt.«[28]

Ewigkeit der Materie wie Ewigkeit der Formen haben

26 Avicenna: Das Buch der Genesung der Seele, S. 147.
27 Ebenda, S. 407.
28 Ebenda, S. 138.

ihre Bedingung in der Existenz Gottes. Die neuplatonische Emanationslehre kann nun hier als Brücke fungieren, über die der Weg zu einer materialistisch orientierten Naturforschung führt.

In einer neueren Untersuchung der Naturphilosophie des Ibn Sina wurde diese Position als »deistischer Materialismus« bezeichnet.[29] Wenn mir dieser Begriff auch nicht sehr glücklich gewählt zu sein scheint – Friedrich Engels' Charakterisierung des Deismus als »verschämten Materialismus« ist da wohl präziser –, so ist doch dem Inhalt dieser These zuzustimmen.

Inwieweit Ibn Sinas Deismus »verschämter Materialismus« war und vor allem als solcher gewirkt hat, davon zeugt eine Gegenschrift, die zwar nicht ausschließlich gegen ihn, sondern gegen die ganze hellenisierende Richtung, gegen die sogenannte Falsafa Front machte, deren Hauptexponent Ibn Sina war. Die Schrift heißt »Widerlegung der Philosophen«. Ihr Autor war *al-Gazzali* (1059 bis 1111), der sich in verschiedenen philosophischen Systemen herumgetrieben hatte, dabei Skeptiker geworden war, bis er schließlich im religiösen Mystizismus landete. Al-Gazzali wendet sich gegen jene Philosophen, die mit Aristoteles die These von der Ewigkeit der Welt vertreten, die die durchgängige Kausalität des Weltgeschehens annehmen, die daher der rationalen Erkennbarkeit der Welt das Wort reden und schließlich sogar die Unsterblichkeit der individuellen Seele in Zweifel ziehen. All das stehe natürlich im krassen Gegensatz zu Mohammeds Lehre, wonach die Welt nicht ewig, sondern durch Allah aus dem Nichts geschaffen wurde, wonach die göttliche Allmacht nicht auf Kausalität zu beschränken sei, sondern das Vollbringen von Wundern einschließe, wonach die Unsterblichkeit der individuellen Seele ein Grunddogma der offenbarten Religion sei, auf das sich deren ganze Morallehre stützt. Die Lehre von der Erkennbarkeit der Welt aber leugne nicht nur den qualitativen Unterschied zwischen göttlicher und

---

29 М. Диноршоев: Натурфилософия Ибн Сины, Душанбе 1985, с. 236.

menschlicher Weisheit, sie sei auch Ausdruck eines verwerflichen Hochmuts der Philosophen.

In dieser geifernden Kritik erscheint die allgemeine philosophische Position von Ibn Sina und die von ihr ausgehende Wirkung ziemlich genau.

Derjenige nun, der eine »Widerlegung der Widerlegung« schrieb, war Abu-l-Walid Muhammad ibn Ahmad ibn Muhammad *ibn Ruschd* – auch Ibn Roschd, lat. *Averroës* (1126 bis 1198). Mit ihm tritt uns der bedeutendste Repräsentant im *westlichen* Herrschaftsbereich des Islam (Libyen, Marokko, Südspanien) entgegen. Der Geburtsort von Ibn Ruschd war das kulturell hochentwickelte Córdoba, das eine ähnliche Rolle spielte wie Bagdad im ostarabischen Raum. Der Familientradition entsprechend – Großvater und Vater waren hochgestellte Richter –, studierte er die Rechte, aber natürlich auch Mathematik, Naturwissenschaft, Medizin, Philosophie und Theologie. Das Bildungsprogramm al-Kindis war in der Blütezeit arabischer Kultur Realität geworden.

Der weitere Lebensweg von Ibn Ruschd wird nicht unwesentlich durch eine Begegnung mit dem gebildeten Kalifen Jusuf bestimmt. Die Begegnung war durch *Ibn Tofail* (gest. 1185) vermittelt worden. Ibn Tofail war der ältere Freund Ibn Ruschds, Leibmedikus und Wesir des Kalifen, ein Mann von hoher Gelehrsamkeit, Anhänger des Ibn Sina und Verfasser eines bedeutenden philosophischen Romans. Diese Begegnung hatte zum Ergebnis: Ibn Ruschd erhielt vom Kalifen den hohen Auftrag, das gesamte bis dahin überkommene Werk des Aristoteles zu kommentieren. Ein ehrenvoller Auftrag, der aber auch dem Auftraggeber Ehre macht.

Ibn Ruschd erfüllte den Auftrag in einer Weise, die ihm nicht nur in der Geschichte des Aristotelismus einen Ehrenplatz sicherte, sondern die auch erheblichen Einfluß auf die Aristotelesrezeption im 13. Jahrhundert in Westeuropa ausübte und deren Wirkung bis hin zur Renaissance, bis zu Giordano Bruno und Francis Bacon spürbar ist.

Je tiefer sich Ibn Ruschd in das Werk des Aristoteles vertiefte, um so höher wuchs seine Achtung vor dem Stagiriten. Aristoteles ist ihm schließlich die Regel und das Muster, das die Natur erfand, um die höchste menschliche Vollendung zu zeigen. Daher seine Devise: Aristoteles kommentierte die Natur; ich kommentiere den Aristoteles!

Bei einer derartigen Wertschätzung eines Hellenen erhob sich natürlich die Frage nach dem Verhältnis von Aristoteles zu Mohammed, also die Kardinalfrage nach dem Verhältnis von Philosophie und Wissenschaft einerseits und islamischer Religion andererseits. War doch der springende Punkt in der Anklage gegen Ibn Ruschd, die unter veränderten politischen Bedingungen von orthodoxen Theologen erhoben wurde und die zu seiner Verbannung führte, gerade der, daß die Erhöhung der hellenischen Philosophie zu einer Herabminderung der islamischen Religion geführt habe.

Für Ibn Ruschd allerdings stellte sich das Problem ganz anders. Im Hinblick auf ihren Gegenstand unterscheiden sich Religion und Philosophie nicht. Beide machen Gott, die höchste und erste Ursache alles Seienden und Erkennbaren, zum Objekt ihres Nachdenkens. Was Religion und Philosophie allerdings unterscheidet, ist die Art und Weise, wie gedacht wird. Die Denkweise der Philosophie bezeichnet Ibn Ruschd als apodiktische, die der Religion als rhetorische. *Apodiktisch* ist die Denkweise der Philosophie deshalb, weil sie auf apodiktischen Schlüssen beruht, die allein – gemäß Aristotelischer Logik – zuverlässiges, wahres Wissen garantieren kann. *Rhetorische* Denkweise aber ist die, die nicht auf definierten Begriffen und strengem Schließen beruht, sondern in Bildern und Gleichnissen denkt. Rhetorische Denkweise manifestiert sich besonders im Koran. Mohammed sprach zum ungebildeten Volk, mußte sich also der Rhetorik bedienen. Ibn Ruschd greift den Koran in keiner Weise an; im Gegenteil: Seine Forderung ist, daß die im Koran enthaltenen *praktischen Wahrheiten* fest zu glauben und die sich daraus ergebenden Gebote streng zu befolgen sind.

Widersprüche zwischen der rhetorischen und der apodiktischen Denkweise können nur dann auftreten, wenn nicht zwischen den Buchstaben und dem Sinn der Rhetorik unterschieden wird. Der »innere Sinn« der Rhetorik aber erschließt sich den Apodiktikern, an deren *theoretischen Wahrheiten* ebensowenig zu zweifeln ist.

Auf diese Weise glaubt Ibn Ruschd, die Notwendigkeit der Wissenschaft wie die Notwendigkeit der Religion erwiesen zu haben. Nicht zwei prinzipiell unterschiedene Wahrheiten läßt er zu, sondern nur zwei verschiedene Ausdrucksformen der einen Wahrheit. Es ist sehr interessant zu sehen, wie sich in seiner Unterscheidung von Rhetorik und Apodiktik, von theoretischer und praktischer Wahrheit der für seine Zeit unauflösbare Gegensatz von körperlicher und geistiger Arbeit reflektiert.

Es ist nun verhängnisvoll sowohl für die Wissenschaft wie für die Religion – so folgert Ibn Ruschd weiter –, wenn beide Denkweisen miteinander vermengt werden. Gerade eine solche Vermengung ist bei den »Dialektikern« anzutreffen. Unter Dialektik versteht Ibn Ruschd allerdings nicht die Aristotelische Logik (wie dies im lateinischen Mittelalter der Fall) und natürlich erst recht nicht Entwicklungslehre (wie bei Hegel und Marx); er rückt die Dialektiker in die Nähe der Sophisten, deren Schlüsse Aristoteles der Kritik unterworfen hatte.

Den Prototyp eines Dialektikers sieht Ibn Ruschd gerade in al-Gazzali, weil dieser die Unterscheidung von Apodiktik und Rhetorik ignoriert und mit seiner Vermengung beider Denkweisen Widersprüche aufreißt, die sowohl die Wissenschaft wie die Religion diskreditieren. Die Wissenschaft wird insofern diskreditiert, als die streng logische Denkweise nicht durchgehalten wird; die Religion aber insofern, als die Vermengung beider Denkweisen die Ursache dafür ist, daß die einheitliche islamische Religion in verschiedene Richtungen und einzelne Sekten zerfällt. Dem eifernden Theologen tritt Ibn Ruschd als Bewahrer der einheitlichen Religion entgegen.

Die apodiktische Denkweise, die Ibn Ruschd sowohl in seinen Aristoteleskommentaren wie in seiner Widerlegung des al-Gazzali glänzend durchführt, zeitigt nun bei ihm wichtige und folgenreiche Resultate.

Zunächst führt die Hochachtung dem Stagiriten gegenüber, die Konzentration auf seine Werke, das Bemühen, ihren tiefen Sinn zu erfassen und sie genau zu rekapitulieren, zu einem Aristotelismus, der »reiner« ist als der seiner Vorgänger. Die neuplatonischen Elemente treten stark zurück, obwohl sie nicht völlig verschwinden. Die Nähe zur fortgeschrittenen wissenschaftlichen Praxis wie die Notwendigkeit, Aristotelische Positionen verteidigen zu müssen, führen weiter zu einer starken Akzentuierung materialistischer Momente im Aristotelismus.

Die These, wonach die Welt von Ewigkeit her ist – und nicht nur die Welt, sondern auch ihre Bewegung – und von Kausalität durchwaltet wird, verteidigt Ibn Ruschd entschieden. Die Kreationisten hatten aus dieser These die Alternative abgeleitet, daß entweder die Welt ewig sei und es dann keine Gottesschöpfung gäbe, oder aber Gott habe die Welt geschaffen, und dann ist die Welt nicht von Ewigkeit her. Genau diese Alternative, mittels derer die Kreationisten die Aristoteliker festzunageln versuchten, stellt Ibn Ruschd in Frage. In der »Widerlegung des al-Gazzali« unterzieht er zunächst den Kreationismus vom Standpunkt der Kausalität aus einer kritischen Analyse. Wenn Gott die Welt in der Zeit geschaffen haben soll, dann bedarf es hierfür einer äußeren Ursache. Eine solche aber kann nicht angegeben werden. Man beruft sich deshalb auf den Willen Gottes. Gott aber ist ein ewiges, unveränderliches Wesen. Muß nicht der Wille eines solchen Wesens selber ewig und unveränderlich sein? Wird dies aber angenommen, dann bleibt das »Moment des Anfangs« unerklärlich. Außerdem: Gottes Wille wird von den Anhängern der Schöpfungsidee in Analogie zum menschlichen Willen gedacht.

Dies aber ist Anthropomorphismus, der gerade Ausdruck der Vermengung rhetorischer und apodiktischer Denkweise ist. Daher das Bestreben von Ibn Ruschd, anthropomorphe Gottesvorstellung systematisch abzubauen. Die Schöpfungsidee und die Leugnung der Ewigkeit der Welt ergeben sich für Ibn Ruschd aus einem verfehlten Gottesbegriff.

Es geht dem Denker aus Córdoba keineswegs um die Negierung des Gottesbegriffes, vielmehr um seine rein apodiktische Fassung, die rhetorische Gottesvorstellung zwar nicht einfach verwirft, aber aus einer strengen Begriffsbestimmung ausschließt.

Gott erscheint dem Aristoteliker natürlich vor allem als erster Beweger, als erste Vernunft, als erste Ursache. Gott ist die erste, ewig wirkende Ursache der ewig bewegten Welt.

Eine Ursache aber, die nicht wirken kann – so Ibn Ruschd –, ist eine Unmöglichkeit. Also müssen Ursache und Wirkung stets in Einheit gedacht werden. Also müssen auch Möglichkeit und Wirklichkeit, Stoff und Form in Bezug aufeinander gedacht werden. Die Selbständigkeit der Formen tritt dabei merklich zurück. Die Materie wird zwar aristotelisch als das In-Möglichkeit-Seiende gefaßt, aber Möglichkeit erscheint nicht nur passiv, sondern auch aktiv, als *Vermögen*. Nach Ibn Ruschd liegen Formen *keimartig* in der Materie selber, die durch Einwirkung höherer Formen ans Licht gebracht werden. So bleibt zwar der Weltprozeß in die Pole Wesensform und materielles Substrat eingespannt, aber der Hauptakzent liegt auf den realen Naturprozessen, auf dem Entstehen und Vergehen der Dinge, die eben als ständiges Hinüberführen der Möglichkeiten in Realitäten gefaßt werden.

Unter diesem Gesichtspunkt ist jede einzelne Möglichkeit an ein reales Ding gebunden, dem sie inhärent ist; genauso wie die Wirkursache das aufnehmende Prinzip zur Bedingung hat. Denn »die Ursache, die nicht wirken kann, ist unmöglich. ... Es muß also (in der ewigen Materie) eine ewige Bewegung vorhanden sein, die jene Aufeinanderfolge in der Materie bewirkt von entstehenden und vergehenden Dingen in anfangsloser Kette; denn unter Entstehen versteht man die Veränderung und Umgestaltung eines Dinges aus einer Potentialität zum Akte. ... Folglich ergibt sich, daß im Werdeprozeß eine (anfanglose) Potentialität vorhanden ist als Substrat der konträren, sich an ihm abwechselnden Wesensformen.«[30] Die Tendenz zu ei-

30 Averroes: Die Hauptlehren des Averroes nach seiner Schrift Die Widerlegung des Gazali, aus dem arabischen Originale übersetzt und erläutert von Max Horten, Bonn 1913, S. 104.

ner pantheistisch gefaßten *natura naturans* ist hier unübersehbar.

Wie für Ibn Ruschd im einzelnen Ding Materie und Form untrennbar verbunden sind, so auch im menschlichen Individuum Seele und Körper. Was nun für die islamische wie für die christliche Religion unannehmbar war, ist nicht sosehr die Konstatierung dieser Einheit, sondern die Folgerung, die daraus gezogen wird: Individueller Körper *und individuelle Seele* unterliegen dem Entstehen und Vergehen, sind also sterblich. Es ist für Ibn Ruschd unmöglich, die individuelle Seele mit ihren Vorstellungen, mit ihrem Gedächtnis, mit all ihren Leidenschaften als vom Körper losgelöst zu denken. »Die Annahme von Seelen ohne Stoff, die trotzdem viele sein sollen, ist etwas Unerhörtes. Denn die Ursache der Vielheit ist die Materie, während die Ursache des Übereinstimmens in der Vielheit die Form bildet. Daß also numerisch viele Dinge, die in der Form übereinstimmen, ohne Materie existieren sollen, ist unmöglich.«[31]

Ganz anders allerdings verhält es sich mit der *Vernunft des Menschen*. Das theoretische Denken als höchste Fähigkeit der menschlichen Seele ist für den Aristoteliker aus Córdoba eben nicht durch Individualität ausgezeichnet. Die Vernunft ist überindividuell, gottähnlich, gleicht den himmlischen Intelligenzen. Sie unterliegt nicht dem Werden und Vergehen, ist also ewig und unsterblich.

Insofern Ibn Ruschd der Vernunft einen ontologischen Status zuschreibt, verbleibt er natürlich in aristotelisch-neuplatonischer Tradition. Sein kühner Angriff auf die Unsterblichkeit der individuellen Seele allerdings war folgenreich.

Mit Ibn Ruschd hatte das arabische Philosophieren im Mittelalter seinen letzten Höhepunkt erreicht. Das Philosophieren im Kalifat wäre jedoch einseitig charakterisiert, wenn nicht Denker Erwähnung finden würden, die nicht im Rahmen der islamischen, sondern *im Rahmen der jüdischen Religion* dachten. Da erst kürzlich bei uns eine »Ge-

31 Ebenda, S. 30.

schichte der jüdischen Philosophie«[32] erschienen ist, kann ihre Betrachtung kurz ausfallen und auf drei Repräsentanten beschränkt werden.

Der erste originelle Denker, der im westarabischen Kulturbereich, nämlich in Spanien wirkte, war *Salomo ibn Gabirol,* lat. *Avicebron* (um 1020 bis 1058). In seinem, in arabischer Sprache verfaßten philosophischen Hauptwerk »Quelle des Lebens«, das 1150 in Toledo ins Lateinische (Fons vitae) übertragen und im lateinischen Mittelalter wirksam wurde, tritt die Spezifik der jüdischen Religion so stark zurück, daß er bis ins 19. Jahrhundert hinein für einen Muselmanen, ja auch für einen Christen gehalten wurde. Die spärlichen Zeugnisse über sein Leben – wir wissen nur, daß er in Malaga geboren wurde und in Saragossa gewirkt hat – begünstigten dieses Fehlurteil.

Gabirol gehört in die Reihe jener Denker, die, von aristotelisch-neuplatonischer Tradition ausgehend, dieses Gedankengut in einer die Materie erhöhenden Weise fortbilden und damit die Tendenz zum Pantheismus fördern. Keineswegs zufällig, daß sich noch Giordano Bruno auf den »Mauren Avicebron« beruft.

An Gelehrsamkeit Ibn Sina, der ihm zeitlich vorausgeht, unterlegen, die Geschlossenheit der Gedankenwelt des Ibn Ruschd, der ihm zeitlich folgt, nicht erreichend, durchbricht Gabirol doch ein neuplatonisches Dogma, dem die beiden großen Araber noch verhaftet waren. Gabirol faßt nämlich nicht die Materie als Prinzip der Individuation, sondern die Formen. »Bei ihm gewinnt die Materie Gewicht, sie wird zum Beständigen im Wechsel der Erscheinungen, ist das Tragende, in dem die Formen gründen. Das Gemeinsame ist das Ursprüngliche, alle Besonderungen haben am Wesen des Gemeinsamen teil. So stellt sich für Gabirol die Materie als das Prinzip der Gemeinsamkeit der Dinge, die Form hingegen als das der Individuation dar. Gegenüber der Form ist folglich die Materie das Höhere ...«[33]

32 Siehe Heinrich und Marie Simon: Geschichte der jüdischen Philosophie, Berlin 1984.
33 Ebenda, S. 70.

Wenn die Gemeinsamkeit der gesamten Welt in ihrer Materialität gründet, wenn Materie Ausgangspunkt und Wesensgrund alles Seienden darstellt, dann kann ihr auch keine – wie so oft in der christlich-neuplatonischen Tradition geschehen – negative ethische Bewertung zugeschrieben werden. Gabirols Materiebegriff verbleibt denn auch konsequent im ontologischen Bereich.

Merkwürdig ist freilich, daß Gabirol zu diesem Materiebegriff auch deshalb gelangt, weil er den prinzipiellen Unterschied von Gott und Welt, von Schöpfer und Geschöpf, von Einheit und Vielheit deutlich zu machen bestrebt ist und eben dabei die von den Neuplatonikern gedachten Vermittlungen verwirft.

Abraham ibn Esra (1089 bis 1164) aus Tudela ist vor allem durch seine Bibelkommentare bekannt geworden. Diese durchbrechen zwar nicht den orthodox-jüdischen Rahmen, enthalten aber im einzelnen manche kritische Momente. Der scharfsinnige Denker, der auch Schriften zur Mathematik, zur hebräischen Grammatik, zur Astronomie und Astrologie verfaßte, sieht durchaus Ungereimtheiten im Pentateuch. So etwa, wenn er Sätze aufspürt, die dem Moses zugeschrieben werden, aber unmöglich von ihm stammen können; so, wenn er in Zweifel gerät, ob das Buch des Jesaja wirklich nur das Werk eines einzelnen Autors ist. Er mag vielleicht noch mehr gesehen haben, aber – so berichtet Spinoza, der von ihm Anstöße zu seiner revolutionierenden Bibelkritik empfing – seine Devise war: »Wer klug ist, schweigt.«

Der Denker, der innerhalb des Judentums und über dieses hinaus den größten Einfluß gewann, war *Moses ben Maimon* (1135 bis 1204), auch *Maimonides*. Er stammte aus Córdoba – wie Ibn Ruschd, dessen Zeitgenosse er auch war. Zwar verließ er Córdoba aus Glaubensgründen, doch für seine Bildung war diese Stadt wohl bedeutungsvoll. Hier vermochte Maimonides sich nicht nur das jüdisch-religiöse Schrifttum anzueignen, sondern auch die ihm zeitgenössische Wissenschaft, also Philosophie, Naturwissenschaft und Medizin. In Sachen Wissenschaft wurde und blieb sein Gewährsmann Aristoteles, den er höher schätzte als Platon und andere griechische Denker. Von den Arabern stand er wohl al-Farabi am nächsten.

Jüdische Religion und aristotelische Wissenschaft – wie geht das zusammen? Diese Frage beschäftigte offensichtlich nicht nur Maimonides, sondern auch andere, wissenschaftlich gebildete Juden. Schon *Abraham ibn Daud* (um 1110 bis 1180), der in Toledo, dem Übersetzungszentrum arabischer Werke ins Lateinische, gewirkt hat, versuchte eine völlige Übereinstimmung von Aristotelismus und jüdischer Religion nachzuweisen. Das gelang natürlich nicht; aber die Frage blieb.

Maimonides versucht nun seinerseits, eine Antwort auf diese Frage zu finden. Sein Ziel ist Vermittlung, die er dadurch zustande zu bringen versucht, daß er einerseits die jüdische Religion weitgehend rationalisiert, andererseits die Wissenschaft auf den irdischen Bereich begrenzt. Obwohl es wesentliche Unterschiede gibt, ähnelt dieser Versuch der Vermittlung von rationalistischer Philosophie und Offenbarungsreligion nicht wenig dem späteren Versuch des Thomas von Aquino, auf den Maimonides nicht ohne Einfluß geblieben ist.

Der Titel des Werkes, in dem Maimonides die genannte Vermittlung zu vollziehen versucht, ist aufschlußreich: »Leitung der Zweifelnden« oder »Führer der Unschlüssigen«. Der Autor wendet sich dem Wesen der Sache nach an seinesgleichen, nämlich an jene, die aufgrund ihrer Beschäftigung mit Philosophie und Wissenschaft den Glauben in Zweifel ziehen oder gar verloren haben. Ihnen soll gezeigt werden, wie eine Rückkehr zu ihm möglich ist. Diese Rückkehr aber ist nicht dadurch möglich, daß rationalistische Philosophie und Wissenschaft ignoriert oder einfach verworfen werden, sondern dadurch, daß man den wissenschaftlichen Weg bis an seine Grenze verfolgt. Wo die Wissenschaft einleuchtende und nicht zu widerlegende Beweise vorlegt, dort kann nicht gezweifelt werden; selbst dann nicht, wenn die bewiesenen Sätze einzelnen Sätzen der Heiligen Schrift widersprechen. Letztere sind dann als allegorische zu fassen und so zu interpretieren, daß kein Widerspruch zwischen Wissenschaft und Offenbarung herauskommt. Dort aber, wo Wissenschaft keine stringenten Beweise zu liefern vermag, dort ist der Offenbarung fest zu glauben. So scheinen etwa die Aristotelischen Sätze von der Ewigkeit der Welt und ihrer Bewegung keineswegs zweifelsfrei und unwiderlegbar bewiesen zu sein.

»Daß die Lehren des Aristoteles nur für die irdische Welt Gültigkeit besitzen, während die darüber hinausgehenden Probleme im Einklang mit dem geoffenbarten Gotteswort erklärt werden müssen, vereint die christliche Aristotelesrezeption mit Maimonides. Dabei soll allerdings eine wesentliche Differenz nicht übersehen werden, die die Bestrebungen des Maimonides von denen der christlichen Scholastiker grundsätzlich unterscheidet. Für ihn ist die Philosophie nicht eine bloße Vorstufe des Glaubens (wie wir bei Thomas von Aquino sehen werden – *H. S.*), sondern auch dieser ist rational. Was sich vor der Vernunft als sinnlos ausweist, hat auch im Religiösen keinen Platz, und das Widervernünftige wird von ihm nicht als übervernünftig gerechtfertigt.«[34]

Ob seiner Konzessionen sowohl an die Wissenschaft wie an die Religion, ob seines ausgeprägten Rationalismus wurde Maimonides von orthodoxer Seite zunächst heftig angegriffen. Seine Position der Mitte setzte sich allerdings durch, weil sie die Gegensätze längere Zeit im Zaume zu halten vermochte.

Daß Philosophie und Wissenschaft in der arabischen Welt keine prozessierende Fortsetzung fanden, hat sicherlich viele historische Gründe. Eine Ursache dafür liegt darin, daß das in den Händen der Ulemas liegende Schulsystem in zunehmendem Maße rationalistische Tendenzen abblockte und dem religiösen Traditionalismus Tür und Tor öffnete. Da es kein korporatives Universitätssystem und keine Lehrfreiheit an einer Artistenfakultät (wie dann im katholischen Westeuropa) gab, verkümmerten Philosophie und Wissenschaften.

---

34 Ebenda, S. 155/156.

EINUNDZWANZIGSTE VORLESUNG
Scholastik im Zenit. Keime einer neuen Denkweise

Unser Streifzug durch die Philosophie der arabischen Welt war kein Kreuzzug. Mit den Kreuzzügen, die schon am Ende des 11. Jahrhunderts begannen und bis ins 13. Jahrhundert dauerten, hatte er nur das Kennenlernen sarazenischer Kultur gemein. Das war allerdings auch das Beste, was die aufwendigen, unter der Flagge religiösen Fanatismus veranstalteten, machtpolitische Interessen verfolgenden und ökonomischen Nutzen anstrebenden Unternehmungen – die italienischen Handelsstädte hätten lieber Konstantinopel zerstört als das Heilige Grab befreit gesehen – einbrachten.

Wir kehren in das christliche Europa des 13. Jahrhunderts zurück, in eine Zeit und Gegend also, in der die römisch-katholische Kirche auf dem Gipfel ihrer geistlichen und weltlichen Macht stand. Es war vor allem Innocenz III., von 1198 bis 1216 Papst in Rom, der das Machtstreben der Kirche weit über sein Pontifikat hinaus prägte. Programmatisch, daß er bei seiner Konsekration über den Text predigte: »Siehe, ich setze dich heute dieses Tages über Völker und Königreiche, daß du ausreißen, zerbrechen, zerstören und verderben sollst und bauen und pflanzen.« (Jer. 1, 10)

Nach außen hin richtete sich das Machtstreben in erster Linie gegen die moslemische Welt. Wenn dem berühmtesten Reisebericht des 13. Jahrhunderts, den wir von Marco Polo (1254 bis 1324) erhalten haben[1], zu trauen ist, dann wurde ein Bündnis gegen die Sarazenen sogar mit den Enkeln Tschinggis-Chans (1155 bis 1227) angestrebt. Dieser gewaltige Eroberer hatte ja Anfang des 13. Jahrhunderts das riesige Mongolenreich geschaffen, das alle Völker Asiens und Europa einzunehmen drohte.

Nach innen zielte das Machtstreben auf die Unterwerfung unbotmäßiger weltlicher Herrscher und auf die Liquidierung der Ketzerbewegungen.

Über der Machtpolitik wurde jedoch das Bauen nicht vergessen; ja es war selber beeindruckender Ausdruck der Macht der Kirche. Notre-Dame in Paris, deren Bau Anfang des Jahrhunderts abgeschlossen wurde, der Dom zu Magdeburg, der zur gleichen Zeit begonnen wurde, der Kölner Dom und der Dom in Naumburg mit seinen berühmten Stifterfiguren (Mitte des Jahrhunderts) sind allerdings mehr als Dokumentationen von Macht. In diesen und anderen sakralen Kunstwerken inkarnieren sich Geist und Gefühl, Wissen und Können der Zeit.

Wie hoch man auch den Einfluß der Papstkirche veranschlagen mag, unproblematisch war die Macht – wie seit je in der Geschichte – nicht. Je mehr sich die Kirche in weltliche Händel einließ, um so mehr wurde sie in die Widersprüche der Zeit verstrickt. Die Kreuzzüge verliefen zwar nicht folgen-, von der Zielstellung her aber ergebnis-

---

1 Siehe Marco Polo: Von Venedig nach China. Die größte Reise des 13. Jahrhunderts. Neu herausgegeben und kommentiert von Theodor Knust, Rostock 1972.

los; der Konflikt zwischen Kaiser und Papst, der besonders während der Herrschaft Friedrichs II. (1194 bis 1250) entbrannte, schwelte weiter; mit der weiteren Entwicklung der Städte brachen soziale Gegensätze auf, entwickelte sich ein Selbstbewußtsein von Stadtbürgern, das in christlich-religiöser Form sich gegen die Papstkirche richtete und in den Bewegungen der Katharer, der Waldenser und Albigenser seinen Ausdruck fand; und schließlich wurde das geistige Leben von einer Aristoteleseuphorie erfaßt, mit der die Kirche nur sehr schwer zu Rande kam.

Unmittelbar sind es die Gründungen und Wirkungen des Dominikaner- und des Franziskanerordens und die Entstehung und Entwicklung der Universitäten, die der Philosophieentwicklung im 13. Jahrhundert ein neues historisches Gepräge geben. Die erdrückende Mehrheit der Männer, die im 13. und 14. Jahrhundert philosophierten, waren Mönche, die einem der beiden Orden angehörten. Die philosophischen Auseinandersetzungen aber verlagerten sich zunehmend an die Universitäten, namentlich an die Pariser und die Oxforder, die zu Zentren der Scholastik wurden.

Die Gründung des Franziskanerordens geht auf das Wirken des Buß- und Wanderpredigers *Franz von Assisi* (1181/1182 bis 1226) zurück. Ordensgründer der Dominikaner war der aus Spanien stammende *Dominicus* (um 1170 bis 1221): Diese beiden, tief religiösen, in der Nachfolge Christi stehenden Männer sahen in der Askese, in der Befolgung des Armutsgebots einen Kernpunkt christlicher Tugend. Die Mitglieder beider Orden waren demzufolge Bettelmönche. Die Statuten beider Orden waren so unterschiedlich nicht; um so stärker war daher die Konkurrenz zwischen ihnen, die bei der Beurteilung der philosophischen Auseinandersetzungen zwischen Dominikanern und Franziskanern mit ins Kalkül zu ziehen ist.

Auf den ersten Blick scheint es, als ob das Armutsgebot, das sich Dominikaner wie Franziskaner auferlegten, dem Armutsideal der Ketzerbewegungen nahekommt. Das Wort Ketzer leitet ja – wie schon in der Einleitungsvorlesung zur mittelalterlichen Philosophie angedeutet – seinen

Ursprung aus dem Wort »Katharer« ab, mit dem die Anhänger jener Bewegung bezeichnet wurden, deren religiöses Ziel die Katharsis, die Reinigung war. Die Reinigung der Seele aber war untrennbar mit entschiedener Absage an Reichtum und Prunk, mit strenger Askese verbunden. Während aber bei den Katharern das aus dem Urchristentum geschöpfte Armutsideal Ausdruck der religiösen *und sozialen* Empörung gegen die Macht und den Reichtum der Papstkirche und ihrer geistlichen und weltlichen Prälaten war, wurde das Armutsgebot der Orden in ein Instrument umfunktioniert, das helfen sollte, das Ketzertum ideell auszurotten, so wie es der Kreuzzug gegen die Albigenser materiell demonstriert hatte. Die antiketzerische Funktion insbesondere des Dominikanerordens zeigt sich am deutlichsten darin, daß in seiner Hand die Inquisition lag. Das Wortspiel *dominicani – Domini canes* (Dominikaner – Hunde des Herrn) war nicht aus der Luft gegriffen.

Einseitig und der historischen Wahrheit zuwider wäre es jedoch, würde man die Tätigkeit der Orden ausschließlich vom antiketzerischen Aspekt her beurteilen. Zu den Glanzseiten der Geschichte beider Orden gehört, daß in ihrer Tätigkeit Studium und Lehre einen hervorragenden Platz einnahmen. Die Bedingungen hierfür waren ja nicht ungünstig: Die Statuten verboten nicht, sondern forderten Studien; materielle Arbeit hatten die Ordensbrüder nicht zu verrichten; sie lebten im Zölibat; in der Regel übten sie keine ständigen kirchlichen Amtsgeschäfte aus; und ihr Wirkungsfeld war vornehmlich in geistig-kulturellen Zentren, also in den Städten. Resultat der Konzentration auf Studium und Lehre waren Schriften, die noch heute allein durch ihren Umfang in Erstaunen setzen.

Die Inaugurierung der Universitäten in Europa war ein herausragendes Ereignis in der Geschichte der Philosophie und der Wissenschaften. Sicherlich wird man die mittelalterlichen Universitäten nicht mit der Platonischen Akademie oder dem Aristotelischen Lykeion gleichsetzen können; zu unterschiedlich sind die historischen Bedingungen, der Zeitgeist, Freiheit und Niveau theoretischen Denkens. Trotzdem: Mit den Universitäten war eine Institution in Existenz getreten, in der sich philosophischer und wissenschaftlicher Fortschritt zu vollziehen, die wesentlich zur Herausbildung einer weltlichen Intelligenz beizutragen vermochte.

In Italien, wo mittelalterliche Handelsstädte am frühesten erblühten, entstehen die ersten Universitäten; so schon im ersten Drittel des 12. Jahrhunderts in Bologna, so in Salerno, wo bereits im 11. Jahrhundert eine bekannte Ärzteschule wirkte. Die Berühmtheit erlangende Universität von Padua wird 1222 gegründet. Zwei Jahre später erhält Neapel eine Universität. Die zu Zentren der Scholastik aufsteigenden Universitäten von Paris und Oxford werden in der Mitte des 12. Jahrhunderts gegründet. Die Universität von Cambridge wirkt seit 1209. Im Raum nördlich der Alpen und östlich des Rheins erfolgen Universitätsgründungen erst im 14. Jahrhundert: so 1348 in Prag, 1364 in Krakow, 1365 in Wien, 1385 in Heidelberg. Auf dem Gebiet der Deutschen Demokratischen Republik ist es Erfurt, die die erste Universität erhält. Leider hat diese im Jahre 1392 gegründete Universität 1816 ihr Wirken eingestellt. Die älteste Universität der DDR ist daher unsere 1409 gegründete Leipziger Universität.

Der glückliche Gedanke, die einzelnen Wissenschaften in einer *Universitas litterarum* zusammenzufassen, wurde – wie glückliche Gedanken zumeist – von gesellschaftlichen Bedürfnissen hervorgetrieben. Die Dom- und Stadtschulen, die Ausbildungszentren für Mediziner und Juristen, aus denen ja die Hohen Schulen zumeist hervorgingen, vermochten den neuen Anforderungen, die sich aus der Entwicklung des Handels und des ihm zugrunde liegenden Handwerks, aus der Entwicklung der Städte und ihrer Kultur, aus den Bedürfnissen der zunehmenden Organisation des staatlichen und kirchlichen Lebens ergaben, nicht mehr gerecht zu werden.

Wenn es auch die Städte waren, die ihren Interessen gemäß auf eine Erhöhung und Verbreitung der Bildung drängten, ohne die Oberhoheit des Papstes oder des Kaisers ging nichts. Die Universitäten waren daher zumeist päpstliche oder kaiserliche Gründungen, die Lehrende und

Lernende zu einer Gemeinschaft vereinigten, die mit Privilegien (Grundbesitz und eigene Gerichtsbarkeit) ausgestattet war. Für das philosophische und wissenschaftliche Leben an den Universitäten war es mitunter nicht unwesentlich, ob sie unter der Hoheit des Papstes oder des Kaisers standen. So konnten etwa in der ersten Hälfte des 13. Jahrhunderts die Scholaren der kaiserlichen Universität in Neapel frei und ungehindert alle vorliegenden Werke des Aristoteles studieren, während päpstliche Dekrete dieses Studium an der Pariser Universität zu verhindern oder zumindest zu beschränken versuchten.

Erstaunlich ist die Konstanz der an den Universitäten bevorzugten Lehrformen (*lectionis et disputationis*). Der im Aristotelischen Lykeion bevorzugte Lehrvortrag und der in der Platonischen Akademie gepflegte – in seiner künstlerischen Qualität nie wieder erreichte – Dialog wurden aufgenommen und den veränderten Bedingungen entsprechend fortgesetzt. Vorlesungen und Seminare bestimmen ja noch heute die Lehre an der Universität.

Von großer Konstanz erwies sich auch die Struktur der Universität. Ihre Gliederung in vier Fakultäten hat sich sehr lange gehalten und ist eigentlich erst im 20. Jahrhundert durch die stürmische Entwicklung der Wissenschaften aufgesprengt worden. Die niedrigste Fakultät an den mittelalterlichen Universitäten war die artistische (später philosophische). Ihr Name leitet sich von den *Septem artes liberales* (den Sieben Freien Künsten) ab, die an dieser Fakultät gelehrt wurden. Jeder Scholar hatte sein Studium an dieser Fakultät zu beginnen. Erst wenn er sie erfolgreich durchlaufen hatte, mit dem Baccalaureus Artium abgeschlossen hatte, wurde er an den höheren Fakultäten zugelassen. Die höheren Fakultäten waren die juristische, die medizinische und die theologische. Letztere stand natürlich an der Spitze der Universitätshierarchie.

Niedrig bleibt nicht das Niedrige und hoch nicht das Hohe. Überblickt man den Beitrag der Universitäten zur Philosophie- und Wissenschaftsentwicklung, so springt es einem sofort in die Augen, daß es gerade die niedrigste Fakultät war, die den Erkenntnisfortschritt vorangebracht hat. An ihr hatten ja alle naturwissenschaftlichen Fächer – außer Medizin – ihre Heimstätte.

Soll die Philosophieentwicklung im 13. Jahrhundert auf den Punkt gebracht, also eine Zentralgestalt genannt werden, um die sich letzten Endes alles dreht, so wird man keinen Denker dieses Jahrhunderts nennen können. Nicht, daß es keine großen Denker hervorgebracht hätte. Ganz im Gegenteil. Männer wie Siger von Brabant und Roger Bacon, wie Albertus Magnus und Thomas von Aquino, wie Johannes Duns Scotus und – am Ende des Jahrhunderts – Meister Eckhart haben die weitere Philosophieentwicklung keineswegs unwesentlich beeinflußt. Trotzdem: *Im Mittelpunkt allen Philosophierens stand Aristoteles.*

Das historische Phänomen, daß ein Denker aktuell wird, der vor mehr als anderthalbtausend Jahren gewirkt hatte, der nunmehr von der studierenden Jugend aufgegriffen und zum Inbegriff des Zeitgeistes wird, um den unzählige Streitigkeiten entbrennen, bedarf der Erklärung.

Selbstverständlich hatte auch in den vorangegangenen Jahrhunderten antikes Erbe gewirkt, selbstverständlich war Aristotelische Logik schon längst rezipiert und – wie der Universalienstreit bezeugt – diskutiert worden. Neu ist nun allerdings, daß in der zweiten Hälfte des 12. und zu Beginn des 13. Jahrhunderts die lateinische Gelehrsamkeit mit dem Enzyklopädisten Aristoteles bekannt wurde. Wesentlich durch Araber und Juden vermittelt, drangen die naturphilosophischen und metaphysischen, die ethischen und politischen Schriften des Stagiriten in das christlich-europäische Geistesleben des 13. Jahrhunderts ein. Daß sie für erhebliches Aufsehen sorgten, lag natürlich an ihrer Qualität und Quantität, die wir in unseren Aristotelesvorlesungen zu charakterisieren versucht haben.

Jeder Rezeptionsvorgang hat aber immer mindestens zwei Momente: dasjenige, was rezipiert wird, und derjenige, der rezipiert. Mir scheint nun, daß die Euphorie, mit der Aristotelisches Gedankengut aufgenommen wird, nicht allein aus der unbestrittenen Genialität des Stagiriten erklärt werden kann, sondern daß gleichzeitig die ideellen

Bedürfnisse der Rezipienten in Anschlag gebracht werden müssen. Es sind dies die gleichen, die auch dem Entstehen der Universitäten zugrunde lagen. Kein Wunder daher, daß Aristoteles gerade an den Universitäten – wenn auch nach Überwindung heftiger Widerstände – seine Heimstatt fand.

Die Aristotelesrezeption in der von uns betrachteten Zeit war keine Episode, sie war ein im ganzen höchst progressiver Umbruch: brach doch ein in wissenschaftlicher Absicht entworfenes Weltbild über die christlichen Denker herein, dem man sich nicht entziehen konnte, zu dem man in dieser oder jener Weise Stellung nehmen mußte. Diese Stellungnahmen sind nun außerordentlich vielfältig und in sich differenziert.

Nicht der Logiker Aristoteles – obwohl auch hier das Organon vollständiger bekannt wurde –, wohl aber der Metaphysiker, der Naturphilosoph, der Ethiker und Politiker war für die Denker des Hochmittelalters neu. Das Neue erregt immer den Verdacht, Altes und Geheiligtes umwerfen zu wollen. Zumal nun noch die Schriften des Aristoteles keineswegs christlich waren. Orthodoxie und konservative Theologen stemmten sich daher zunächst mit aller Macht gegen das Eindringen des ganzen Aristoteles in die christliche Lehre. Mit vielfältigen Reglementierungen und Verboten wurde – namentlich an der Pariser Universität – versucht, die Gedankenwelt des Stagiriten (mit Ausnahme seiner Logik) und seiner Kommentatoren vom christlichen Denken fernzuhalten. Von der Verurteilung des Pariser Magisters David von Dinant, der eine an Aristoteles orientierte, stark zu einem pantheistischen Materialismus neigende Naturphilosophie entwickelte, wurde schon gesprochen. Vom Schicksal des Roger Bacon, der in den vierziger Jahren des 13. Jahrhunderts an der Pariser Universität die Physik und die Metaphysik des Aristoteles kommentierte, und besonders von dem erbitterten Kampf, den die Bischofsbehörde von Paris gegen die Averroisten führte, wird noch die Rede sein.

Der Vormarsch des Aristotelismus war jedoch nicht aufzuhalten. Die Querelen um Aristoteles zeigen uns ein lehrreiches Gemälde von den Beziehungen zwischen Geist und Macht. Auf die Dauer vermag eine geistlose Macht einem machtvollen Geist nicht zu widerstehen, zumal dann, wenn dieser Bedürfnisse der Zeit ausdrückt.

Wie in so vielen Fällen ihrer Geschichte erwies sich auch hier die römisch-katholische Kirche schließlich als anpassungsfähig. Sie machte zwar aus dem zunächst als Gefahr erscheinenden Aristoteles keinen Heiligen, aber doch zu einer Autorität in den irdischen Dingen. Denjenigen allerdings, der das theoretische Konzept für eine Synthese von Aristotelismus und Christentum lieferte, sprach sie heilig und erhob ihn zum Schutzpatron aller katholischen Schulen und ihrer Lehre, was er heute noch ist – Thomas von Aquino.

Im Grunde konservativ, das heißt prinzipiell am Augustinismus festhaltend, war das Verhältnis, das zunächst die Franziskaner dem neu bekanntgewordenen Aristoteles gegenüber einnahmen. Sie gingen zwar nicht auf direkten Konfrontationskurs, sondern versuchten, die Bedeutung der Aristotelischen Naturphilosophie und der Metaphysik auf die irdischen Dinge zu begrenzen. Aristotelische Philosophie könne daher auf keine Weise die christliche Heilslehre in Frage stellen. Mit denjenigen allerdings, die die Widersprüche zwischen dem Weltbild des Stagiriten und dem christlichen sahen und direkt oder indirekt aussprachen, gingen sie scharf ins Gericht.

Die hervorragendsten Gestalten dieser Richtung waren der aus England stammende *Alexander von Hales* (um 1185 bis 1245) und sein bedeutenderer Schüler *Bonaventura* (eigentlich Johannes Fidanza, 1217 oder 1221 bis 1274), der aus Italien stammte und es bis zum Ordensgeneral der Franziskaner brachte.

Alexander von Hales, der ab 1220 als Lehrer an der Pariser Universität wirkte und 1231 dem Franziskanerorden beitrat, ist vor allem durch sein universelles Werk »Summa theologica« bekannt geworden. Zu diesem umfangreichen Werk, das erst von seinen Nachfolgern beendet wurde, bemerkte Roger Bacon spöttisch, daß es größeres Gewicht als ein Pferd habe. Alexander handelt ausführlich über den

Schöpfer, über die Schöpfung, über den Erlöser und die Heilsmittel der Kirche. Für die Philosophiegeschichtsschreibung sind an diesem theologischen Werk zwei Dinge von Interesse. Einmal zeigt es, daß sein Autor mit den Aristotelischen Schriften und ihren arabischen und jüdischen Kommentaren bekannt war und diese, wo es seine Rechtgläubigkeit zuließ, in oben gekennzeichneter Weise verarbeitete. Zum anderen wird in diesem Werk die von Abélard initiierte Methode im großen Maße angewendet. Alexander von Hales wirft mehr als 440 Fragen auf, führt – unter Berufung auf *auctoritates* (Bibel- und Kirchenväterzitate) und *rationes* (antike und arabisch-jüdische Philosophen) – alle möglichen positiven und negativen Antworten vor, um dann schließlich die eigene Entscheidung darzustellen. Diese Darstellungsweise, die zumindest den Vorzug hat, daß mit dem Satz der Gegensatz, mit der These immer auch die Antithese mitgedacht wird, ist für die später geschriebenen Summen des 13. Jahrhunderts charakteristisch geworden.

Wie sein Lehrer steht auch Bonaventura, der zeitweise auch als Magister an der Pariser Universität wirkte, in platonisch-augustinischer Tradition. Einziges Ziel unseres Strebens nach Wissen ist ihm Gotteserkenntnis. Einer der Grundthesen des Mystizismus, wonach die Erkenntnis eines Gegenstandes das Einswerden mit ihm bedeutet, ist Bonaventura verpflichtet. Alle Erkenntnis ist ihm im Grunde nur symbolische, analogische Gotteserkenntnis.

Der Franziskaner übernimmt den ontologischen Gottesbeweis des Anselm von Canterbury, was allein schon auf seine realistische, also antinominalistische Position hinweist. Nur von Gott her können wir die Welt erkennen, nur vom Unendlichen her das Endliche, nur vom Ewigen her das Zeitliche, nur vom Allgemeinen her das Einzelne, Individuelle. Die Erkenntnis der ewigen Ideen in Gott vermögen wir nicht durch Erfahrungswissen zu erlangen, sondern wir verdanken diese göttlicher Erleuchtung.

Von diesen Positionen aus wird verständlich, daß Bonaventura die Aristotelische Kritik an Platons Ideenlehre als

»kraftlose Argumente« ablehnen, sich gegen die sensualistische Erkenntnislehre des Stagiriten, die ja gerade das Ausgehen von der Wahrnehmung der einzelnen Dinge akzentuierte, wenden muß. Daß die Anerkennung des Glaubenssatzes von der Schöpfung der Welt durch Gott die Aristotelische These von deren Ewigkeit ausschließen muß, ist für Bonaventura selbstverständlich.

Bonaventura leugnet natürlich in keiner Weise die Notwendigkeit empirischen Wissens für das praktische Leben. In Rücksicht darauf erscheint ihm Aristoteles durchaus als Meister. Er bestreitet nur, daß unser Wissen von der Außenwelt zur vollendeten Erkenntnis, also zu Gotteserkenntnis führen könne. Zwei seiner wichtigsten Schriften – neben den umfangreichen Kommentaren zu den Sentenzen des Petrus Lombardus (um 1095 bis um 1160) – tragen die aufschlußreichen Titel: »De reductione artium ad theologiam« (Die Rückführung der Künste auf die Theologie) und »Itinerarium mentis in Deum« (Pilgerweg der Seele zu Gott). Der Weg zu Gott führt nicht über die Erkenntnis der Außenwelt, sondern vielmehr über die Selbsterkenntnis der Seele, in der Gott selber das Licht der Wahrheit aufblitzen läßt. Das empirische Wissen wird also dem eingeborenen, apriorischen untergeordnet. Letztlich wird Gotteserkenntnis in mystischer Verzückung erlangt, in der Vereinigung mit Gott. Bonaventuras Mystik ist derart, daß sie weder Pantheismus noch negative Theologie impliziert, sondern katholische Rechtgläubigkeit zu begründen bestrebt ist.

Bonaventuras Position wird klarer, wenn wir sie mit der des Dominikaners Thomas von Aquino vergleichen. Beide, die übrigens miteinander befreundet waren, folgen Augustinus darin, daß Gotteserkenntnis höchstes Ziel. Im Unterschied zur mystischen Position des Franziskaners meint jedoch der weit stärker zum Aristotelismus neigende Dominikaner, daß beim Aufstieg unseres Wissens zu Gott dieses selbst an eine Grenze stößt (zum Beispiel beim Trinitätsproblem), die es nicht überschreiten kann, wo der Glaube helfen muß, das Wissen zu vollenden. Genau dort nun, wo Thomas die Grenze zieht, dort beginnt nach Bonaventura erst die eigentliche und tiefste Methode der Erkenntnis.

Wenn von Erleuchtungen gesprochen wird, muß die Rede auf das Licht kommen. Es werde Licht – ist ja einer der ersten Sätze der biblischen Schöpfungsgeschichte. Bonaventura ist von diesem Phänomen so fasziniert, daß er dazu – anknüpfend an neuplatonische Gedankengänge – eine ganze Metaphysik entwickelt. Natürlich ist Gott die Quelle des Lichtes, dessen erleuchtende Kraft die Wahrheit in unserer Seele entbindet. Aber es strahlt nicht nur in unsere Seele, sondern auch in die Welt. Licht ist dem Franziskaner feinste, körperlose Eigenschaft der Welt, ja eigentlich deren universelle Form. Qualität und Rang der einzelnen Dinge sind durch ihren Anteil am Licht bestimmt.

Dem Konservatismus, der Aristoteles feindlich gegenübersteht oder zumindest in seiner Bedeutung herabzusetzen trachtet, steht nun eine Richtung gegenüber, die den »neuen Aristoteles« begeistert aufnimmt, ihn als den Philosophen schlechthin feiert, seine Philosophie als die einzig wahre betrachtet. Als derjenige aber, der Aristoteles am tiefsten erfaßt und am besten kommentiert hat, gilt ihr Averroës. Die Vertreter dieser Richtung, die in der neueren philosophiehistorischen Literatur durchweg als *lateinischer Averroismus* bezeichnet wird, bekennen sich offen und durchgängig zum Aristotelismus – einschließlich der These von der Ewigkeit der Welt und ihrer Bewegung –, sie übernehmen die These des Arabers von der Einheit des menschlichen Intellekts, aus der ja die Negierung der Unsterblichkeit der individuellen Seele folgte.

Die lateinischen Averroisten waren sich wohl bewußt, daß Aristotelische Philosophie und christlicher Glaube in vielen Punkten gegensätzlich und daher unvereinbar sind. Eine direkte Konfrontation mit dem christlichen Glauben, also ein Standpunkt, der außerhalb der christlichen Konfession lag, war in der christlichen Welt des 13. Jahrhunderts sowohl objektiv wie subjektiv ebenso unmöglich wie die direkte Übernahme der Position von Ibn Ruschd, die ja eine faktische Unterordnung der Religion (rhetorische Denkweise) unter die Philosophie (apodiktische Denkweise) enthielt. Die entschiedensten lateinischen Averroisten lösten das Problem Glaube-Wissen, Theologie – Philosophie in einer Weise, die auf Trennung von Glaubenswahrheit und Vernunftserkenntnis, von Theologie und Philosophie hinauslief. Das schloß die Anerkennung der Möglichkeit von Gegensätzen ausdrücklich ein; freilich auch die Anerkennung beider Wahrheiten als gleichberechtigte. Aber in einer Situation, in der sich die Philosophie in Abhängigkeit von der Theologie befindet, ist die Forderung nach Gleichberechtigung eine Forderung nach Befreiung der Philosophie von der Vormundschaft der Theologie.

Wortführer des lateinischen Averroismus waren die Magister der Pariser Artistenfakultät Siger von Brabant und Boëthius von Dacien.

Vom äußeren Leben des *Siger von Brabant* (um 1240 bis nach 1281) ist uns wenig bekannt. In die Geschichte tritt er ein als theoretischer Kopf und Sprecher jener Magister und Studenten der Pariser Universität, die mit Begeisterung den neuen Aristoteles und seinen »Kommentator« aufnehmen.

1270 erläßt Bischof Tempier ein Interdikt gegen 13 Thesen, die von Siger und seinen Mitstreitern vertreten wurden und starken aristotelisch-averroistischen Einfluß aufweisen. Das Verbot facht den Streit mehr an, als daß es ihn beendet. Es ist anzunehmen, daß Siger die Mehrzahl seiner Traktate und Quaestiones nach 1270 verfaßte. Von seinen Schriften seien hier nur genannt: »Über die Ewigkeit der Welt«, »Über die Notwendigkeit und Zufälligkeit der Ursachen« und »Fragen, die vernünftige Seele betreffend«. Letztere war gegen Thomas von Aquino und sein Traktat »Über die Einheit der Vernunft gegen die Averroisten« gerichtet. Von der Härte der Auseinandersetzungen kündet nicht nur das bischöfliche Verbot, sondern auch die Tatsache, daß 1272 eine Gruppe von Magistern und Studenten die alte Fakultät verließ, eine neue gründete und Siger zum Rektor wählte. Ein spezieller päpstlicher Legat wurde damit betraut, diese Spaltung zu überwinden, was durch die Wahl eines neuen Rektors auch gelang. Die Gegensätze aber waren damit keineswegs aus dem Weg geräumt. 1277 erließ Tempier erneut ein Interdikt, in dem 219 Thesen verurteilt wurden. Davon bezogen sich 30 auf Siger und 13 auf Boëthius. Andere bezogen sich auf den ungenannten Aquinaten, der dem Bischof der Häresie verdächtig erschien.

Aus der zweiten Verurteilung zog die Orthodoxie hinsichtlich der Averroisten Konsequenzen. Siger und seine Anhänger wurden von der Universität vertrieben und dem Gericht des Großinquisitors von Frankreich überstellt. Siger entzog sich dem Gericht, indem er sich nach Rom begab, um seine Sache direkt vor dem päpstlichen Stuhl zu vertreten. Hier fand er allerdings den Tod. Ein fanatisierter Mönch ermordete ihn. Die Kurie verlor einen gefährlichen Gegner.

Die Schärfe des Kampfes ergab sich aus den Folgen, die aus der averroistischen Lehre gezogen wurden. Ein relativ friedliches, Gegensätze anerkennendes, aber nicht austragendes Nebeneinander von Philosophie und Theologie war ja möglich, in der Schule von Chartres wurde es demonstriert. Allein wenn es um die Beziehungen von Gott und Welt und besonders um die Stellung des Menschen in der Welt ging, hörte der Spaß auf. Einander Ausschließendes mag gleichzeitig als Gleichberechtigtes gedacht werden können, im Handeln und Verhalten aber wird de facto eine Entscheidung getroffen.

Nun lautete die 12. These, die Tempier dem Verbot unterwarf, so: »Das menschliche Tun wird nicht von der göttlichen Vorsehung gelenkt.«[2] Die Anerkennung dieser These bedeutet ja nicht nur, daß die christliche Prädestinationslehre, wonach wir alle in Gottes Hand stehen, über den Haufen geworfen wird, sie erklärt ja auch Gebet, Seelsorge, die ganze Liturgie für hinfällig. Kein Wunder, daß die in ihrer Existenz bedrohte Kirche reagieren mußte.

2 Bei der Rekonstruktion der Auffassungen des Siger von Brabant stütze ich mich – neben einschlägiger Interpretationsliteratur – auf die von Tempier verbotenen Thesen, die Hermann Ley in seiner »Geschichte der Aufklärung und des Atheismus«, Bd. 2/2, Berlin 1971, S. 149, zum Abdruck gebracht hat.

Wenn nun das menschliche Tun nicht von göttlicher Vorsehung gelenkt wird, wovon dann? Von der menschlichen Seele und ihren Beziehungen zu den natürlichen Prozessen, antworten die Averroisten. Die Seelenlehre des Brabanter und seiner Anhänger ist rein aristotelisch. Die Tätigkeit der Seele ist für sie untrennbar mit sinnlichen Wahrnehmungen, also mit dem eigenen und anderen Körpern verbunden. Die siebente, dem Verdikt unterworfene These leutet: »Die Seele, die die Form des Menschen ist, geht mit dem Körper zugrunde.«[3] Wird diese These anerkannt, dann ist es mit der Unsterblichkeit der individuellen Seele vorbei und das Fundament, worauf die ganze christliche Morallehre beruht, brüchig.

Bei der Betrachtung der Aristotelischen Seelenlehre war deutlich geworden, daß der Stagirit den Seelenteil, der für die rein intellektuelle Tätigkeit, für das Denken des Denkens verantwortlich zeichnet, der nicht individuell bestimmt ist, sondern der menschlichen Gattung als Ganzer zukommt, der reine, nicht mit dem Stoff verbundene Vernunft ist, nicht dem Vergehen unterwirft. Bei Averroës sahen wir, daß dieser die Aristotelische Konzeption zur Lehre von der Einheit (nicht der Vielheit!) und Identität (nicht der Differenz!) des Intellekts ausbaute. Siger und seine Anhänger verteidigten diese aristotelisch-averroistische Position.

Nun könnte es für uns Heutige scheinen, daß diese, von der naturalistischen wegführende Tendenz der christlichen Lehre entgegenkommen könnte. Das Gegenteil ist der Fall. Nicht nur Thomas von Aquino schreibt eine spezielle Abhandlung zum genannten Problem; die *erste* These, die Tempier verbietet, lautet: »Der Intellekt aller Menschen ist der Zahl nach ein und derselbe.«[4] Nimmt man die These für sich, so scheint sie weit weniger gefährlich als die These von der Ewigkeit der Welt, die bei Tempier erst auf Platz 5 rangiert. Berücksichtigt man aber, daß in der scheinbaren Nähe die wesentliche Distanz (Sterblichkeit der individuellen Seele!) enthalten ist, dann wird

3 Ebenda.
4 Ebenda.

verständlich, warum es den christlichen Theologen besonders auf die Widerlegung und das Verbot der Lehre von der Einheit des Intellekts ankam.

Die Seelenlehre ist bei Siger und seinen Anhängern untrennbar mit einem antikreationistischen Standpunkt und einem Gottesbegriff verbunden, der sich nur schwer mit christlichen Gottesvorstellungen vereinbaren läßt. »Gott kann einem Ding, das sterblich und zerstörbar ist, weder Unsterblichkeit noch Unzerstörbarkeit geben.« »Gott erkennt die Einzelheiten nicht.« »Gott erkennt nichts außerhalb seiner Person.« – so lauten die der Verurteilung unterworfenen Thesen der Averroisten.[5] Gott verbleibt in einer derartigen Beziehungslosigkeit zur Welt, die eine Schöpfung aus dem Nichts in der Zeit völlig ausschließt. Siger spricht deshalb ohne Wenn und Aber die These von der Ewigkeit der Welt aus und wendet sich gleichzeitig gegen die Legende von Adam und Eva. »Es hat niemals einen ersten Menschen gegeben.«[6] Was ja auch der Lehre von der Identität des Intellekts entspricht.

Gott als dem in sich gekehrten, nur sich selbst erkennenden, von anthropomorphen Merkmalen freien Wesen steht die ewige Welt in ihrer Notwendigkeit gegenüber. »Alles, was auf der Welt geschieht, unterliegt dem Zwang der Himmelskörper.«[7]

Hier ist nun der Ort für eine Bemerkung über die Rolle der Astrologie im mittelalterlichen Denken. Daß die Astrologie eine Pseudowissenschaft war und bleibt, ist gewiß; aber es wäre ein gehöriger Schuß Ahistorismus, wenn wir sie als solche einfach abtun wollten. Hinter der Astrologie – wie hinter der Alchimie – stand ja ein höchst ehrenwertes Prinzip: Erklärung von Begebenheiten unseres menschlichen Lebens aus natürlichen Ursachen. Daß man die Ursachen »hinter dem Monde« suchte, dazu haben nicht unwesentlich die Sphärenlehre des Aristoteles und die orientalische Tradition beigetragen. Die Konsequenz späterer averroistischer Astrologen ist erstaunlich. Sie ver-

5 Ebenda.
6 Ebenda.
7 Ebenda.

suchten sogar die Entstehung des Christentums aus der Konstellation der Sterne abzuleiten. Es bleibt festzuhalten: Hinter der Astrologie stand die Auffassung von der durchgängigen Determiniertheit des Weltgeschehens.

Der Astrologe und der Theologe standen daher immer in einem Gegensatz, der freilich nicht ausschließlich ein weltanschaulicher war. Was konnte ein Priester am Hofe eines weltlichen Herrschers bei bevorstehenden Unternehmungen, die zumeist kriegerischer Natur waren, schon sagen? Er konnte nur die Waffen segnen, für den Sieg und die Seelen der zu erwartenden Opfer beten, ansonsten aber nur die Litanei von der Unerforschlichkeit der Ratschlüsse Gottes singen. Der Astrologe dagegen argumentierte, versuchte eine – wie phantastisch auch immer – Ursachenanalyse.

Die These von der durchgängigen Determiniertheit des Weltgeschehens wird nun bei den Averroisten auch auf den menschlichen Willen ausgedehnt. »Der Mensch will oder wählt aus der Notwendigkeit heraus.«[8] Es ist von einigem Interesse, daß progressive Denker, deren Intention auf Veränderung der konservativ gewordenen geistigen Welt zielt, die Legitimation ihres Handelns in der Notwendigkeit suchen.

Daß es sich beim lateinischen Averroismus keineswegs nur um eine rein theoretische Bewegung handelt, die von politischen und sozialen Problemen losgelöst war, davon zeugt die weitere Entwicklung des Averroismus, der durch Verbote nicht auszurotten war, vielmehr den Übergang zum Renaissancedenken wesentlich mitbestimmte. Es sei hier lediglich auf *Marsilius von Padua* (um 1275 bis um 1343) und sein Werk »Defensor pacis« (Der Verteidiger des Friedens) hingewiesen. Die Verteidigung des Bürgerfriedens war für Marsilius untrennbar mit dem Kampf gegen die Machtpolitik der Papstkirche verbunden, die als die Ursache der Bedrohung und Zerstörung des Friedens erschien.

Die lateinische »aristotelische Linke« hat also Ruhmesblätter im Buch der Philosophiegeschichte geschrieben.

8 Ebenda.

Auf sie trifft zu, was Dante über Siger schrieb: »Das ew'ge Licht von jenem Sigier ist es, der, als er las, wo Streu die Gasse deckt, schlußfolgernd neidenswerte Wahrheit nachwies.«[9]

Die Radikalität der Averroisten scharf bekämpfende, aber den Bedürfnissen der Zeit Rechnung tragende, also Konservatismus zu überwinden versuchende Richtung in der Aristotelesrezeption des 13. Jahrhunderts wurde von Dominikanern begründet. Sie wurde – trotz heftiger Gegenwehr nicht nur von augustinischen Konservativen – zur dominierenden, wenn auch nicht einzigen Richtung in der katholischen Kirche, weil sie einen annehmbaren Kompromiß zwischen Glaube und Wissen, zwischen christlicher Theologie und aristotelischer Wissenschaft schloß. Diese Richtung ist es, die von Albertus Magnus und Thomas von Aquino repräsentiert wird.

Mit *Albert von Bollstädt* (1193 oder 1206/1207 bis 1280), der aus dem schwäbischen Lauingen stammte und in Padua seine Ausbildung erhielt, wo er auch dem Dominikanerorden beitrat, tritt uns ein Prototyp mönchischer Gelehrsamkeit entgegen. Er brachte es zwar zum Provinzial seines Ordens in Deutschland, war auch kurze Zeit Bischof von Regensburg, aber die Hauptinhalte seines Lebens waren Studium und Lehre. Er las als Magister der Theologie über die Sentenzen des Petrus Lombardus an der Pariser Universität, verweilte in Italien und predigte in Böhmen für die Kreuzzüge, aber seine hauptsächlichste Wirkungsstätte war Köln, wo er auch begraben liegt.

Daß er hier im Jahre 1248 ein Studium generale seines Ordens gründete, ist charakteristisch für seine Geisteshaltung und seine Arbeitsweise. Es ging ihm um die Erfassung – womöglich um die Zusammenfassung – des Wissens seiner Zeit, weil er der Überzeugung war, daß Wissen den Glauben zu stärken vermag. Und darauf kam ihm letztlich alles an.

Albert war der Scholastiker, der als einer der ersten den

---

9 Dante Alighieri: Die Göttliche Komödie. Aus dem Italienischen übertragen von Karl Witte, durchgesehen von Berthold Wiese. Herausgegeben von Werner Bahner, Leipzig 1966, S. 314.

»neuen Aristoteles« – einschließlich seiner arabischen und jüdischen Kommentatoren – systematisch studierte, kommentierte und seinen Brüdern im Glauben zur Kenntnis bringen wollte. Seine Aufgabenstellung ist der des Cicero, der das griechische Bildungsgut den Römern zu vermitteln suchte, und des Boëthius, der vor allem Platon und Aristoteles bewahrt und weitergegeben hat, nicht unähnlich.

Die Belesenheit des Kölner Dominikaners war enorm, so daß er schon zu seinen Lebzeiten als *Doctor universalis* oder eben als *Albertus Magnus* bezeichnet wurde. Ja, es wurde sogar vereinzelt die Frage gestellt, ob bei solch umfassender Gelehrsamkeit alles mit rechten Dingen zuginge oder ob nicht da der Teufel seine Hand im Spiele habe.

Dem Umfange seines Wissens entsprach freilich nicht immer die Genauigkeit. So hat er etwa vom Entwicklungsgang der griechischen Philosophie nur verworrene Vorstellungen, was bei einem Kenner der Aristotelischen Schriften, in denen ja oft genug auf diesen Bezug genommen wird, erstaunlich ist. In schülerhafter Weise identifiziert er Zenon den Eleaten mit Zenon dem Stoiker, zählt er Sokrates, Platon und Speusippos zu den Stoikern, Empedokles und Anaxagoras zu den Epikureern.

Seine philosophisch relevanten Schriften sind Paraphrasen zu naturwissenschaftlichen, psychologischen, ethischen, politischen, logischen und metaphysischen Werken des Aristoteles. Paraphrasen – und zumal die des Albert – intendieren wie Kommentare zwar auch auf die Erklärung einer Schrift, sind aber nicht eng an den Text gebunden, sondern bieten Raum für dessen Erweiterung, für Reflexionen, die beim Studium des Textes angestellt werden.

Wie nicht selten bei Männern mit überdurchschnittlicher Gelehrsamkeit, ist bei Albert ein rezeptiver Zug vorhanden, beobachtet man die Abhängigkeit des Kommentators vom kommentierten Werk. Erst wenn enzyklopädische Bildung sich mit konstruktiver Denkkraft verbindet, die Gedankenmassen nicht nur ausbreitet, sondern systematisch vereinheitlicht, entsteht große Philosophie. Eine solche Synthese ist Albert nicht gelungen. Der in Vielwisserei lauernden Gefahr des Eklektizismus vermochte er nicht zu entgehen. Neben Aristotelismus finden wir bei ihm tradierten Augustinismus (besonders in der Theologie), neuplatonische Gedanken, Einflüsse der Araber, des Maimonides und auch der Mystik.

Aber ein nur gelehrter Eklektiker, der zur Ehre Gottes und zum Nutzen der Menschen Wissen ausbreitet, ist Albertus Magnus nicht gewesen. Er hat in entscheidendem Maße Weichen gestellt; er hat Baupläne und -materialien bereitgestellt, auf und aus denen Thomas von Aquino seinen Dom zu errichten vermochte.

Die Weichenstellung bezieht sich vor allem auf Alberts Beantwortung der zentralen Frage nach dem Verhältnis von Glaube und Wissen. Von einer Diskreditierung des Wissens zugunsten des Glaubens kann bei Albert zunächst keine Rede sein. Man beschäftigt sich nicht ein Leben lang mit Aristoteles, wenn man von der Nichtigkeit der Wissenschaft überzeugt ist. Bei der Erkenntnis der irdischen Dinge wandelt Albert treu auf aristotelischen Pfaden. Nach dem Vorbilde des Stagiriten, freilich auch ohne über ihn prinzipiell hinauszugehen, betreibt er Naturforschung. Astronomie, Mineralogie und Biologie scheinen sein besonderes Interesse gefunden zu haben. Im Zusammenhang mit der Naturforschung finden wir bei ihm erstaunliche Gedanken. So spricht er davon, daß der Naturforscher in seiner Tätigkeit mit Wundern nichts zu tun habe, daß es ihm allein um die Aufhellung der den Dingen eigenen Kausalität geht. Dies hätte natürlich jeder Averroist unterschreiben können. Im Unterschied zu den Averroisten, gegen die sich sowohl Albert wie sein Schüler Thomas in scharfer Form wenden, geht es dem Kölner Dominikaner nicht um das Aufreißen von Widersprüchen zwischen Glaube und Wissen, sondern um deren Harmonie. Diese ist allerdings nur herzustellen, wenn sich die menschliche Vernunft, die durchaus ihre Möglichkeiten ausschöpfen soll, ihrer Grenzen wohl bewußt ist.

Argumentiert Albert auf der Grundlage Aristotelischer Psychologie für die Unsterblichkeit der individuellen Seele und damit gegen den Averroismus dergestalt, daß die niederen psychischen Vermögen zu ihrer Betätigung im irdischen Leben wohl der körperlichen Organe bedürfen, nicht aber zu ihrer Existenz, so ist für ihn das höhere Vermögen der Seele, also die Vernunft, durch Einheit charakterisiert, die es unmöglich macht, die Trinität Gottes zu erfassen. Trinität, Inkarnation, Wunder, vor allem das Wunder der Schöpfung, zeigen für ihn genau die Grenzen der Rationalisierbarkeit an. Die über die Grenzen menschlicher Vernunft hinausgehenden Offenbarungswahrheiten, an die fest zu glauben ist, stehen deshalb nicht der menschlichen Vernunft entgegen, weil Widervernünftiges nur im Rahmen menschlicher Vernunft möglich ist. Die von Gott offenbarten Wahrheiten sind daher nicht widervernünftig, sondern übervernünftig. Die Antinomie, »Glaube, um zu wissen« (Anselm von Canterbury) und »Wisse, um zu glauben« (Abélard), scheint damit aufgelöst. Glaube so fest wie möglich, und wisse soviel du kannst – so könnte Alberts Position bezeichnet werden, die nun auch die Möglichkeit bietet, den neuen Aristoteles zu vereinnahmen, ohne dabei den Glauben in Gefahr zu bringen.

Freilich zeigt die derart zustande gebrachte Harmonie sofort ihre Risse. Glaube ich an das Wunder der zeitlichen Schöpfung, dann kann ich nicht gleichzeitig die These des Philosophen von der Ewigkeit der Welt annehmen. Albert nun löst das Problem auf die denkbar einfachste Weise. Er erklärt, daß die Lösung dieses Problems menschliche Vernunft übersteigt. Es gehört deshalb nicht in die Philosophie, sondern in die Theologie. Damit werden die Aristotelischen Beweise für die Ewigkeit der Welt kurzerhand dem Glauben geopfert.

Charakteristisch, daß Albert den Gottesbegriff so faßt, daß eine Annäherung der Begriffe des Stagiriten wie »Nous«, »unbewegter Beweger«, »Form aller Formen« an christliche Gottesvorstellungen als möglich erscheint. Gott ist für ihn der allgemein und umfassend tätige Geist, Intellekt, das erste Prinzip und die erste Ursache alles Seienden, die höchste Wahrheit. Wenn Wissenschaft Ursachenforschung ist, dann muß sie die Kette der Ursachen bis zur letzten Ursache verfolgen, also zur Gotteserkenntnis fortschreiten. Verständlich daher, daß Albert vor allem den kosmologischen Beweis vom Dasein Gottes akzentuiert, der ja gerade in der Zurückführung aller Ursachen auf die erste besteht, wobei selbstverständlich die erste als *causa sui* erscheinen muß. Wenn Wissenschaft auf Wahrheit aus ist, dann kann sie nicht bei einzelnen Wahrheiten stehenbleiben, sondern muß diese selbst als Ausstrahlungen der höchsten Wahrheit erfassen. Auf das menschliche, also endliche und geschaffene Bewußtsein wirkt nach Albert der göttliche Intellekt vor allem durch die Universalien. In der Universalienfrage ist die Antwort nicht sonderlich originell. Er wiederholt nur die schon von Avicenna aufgestellte Formel, wonach die Universalien vor den Dingen in Gottes Intellekt sind, in den Dingen als deren Wesen und nach den Dingen im menschlichen Bewußtsein.

Erkenntnis- und Seinsprozeß erscheinen bei Albert als gegenläufige. Auch hier wird versucht, Aristotelische Gedankengänge mit christlicher Theologie zu vereinbaren. Wie erinnerlich, hatte der Stagirit die Kategorien unter dem Gesichtspunkt des Erkennens als letzte und höchste, unter dem Gesichtspunkt des Seins als erste und tiefste Bestimmungen gefaßt. Albert interpretiert dies dergestalt, daß der menschliche Erkenntnisprozeß von den Wirkungen der Dinge auf uns ausgeht, zum Wesen vordringt und bei der Erkenntnis der ersten Ursache, also bei Gotteserkenntnis endet. Der metaphysisch gefaßte Seinsprozeß dagegen hat seinen Anfang in Gott, der die Wesen denkt und die Dinge schafft.

In der Psychologie zeigt sich Alberts Antiaverroismus nicht nur in der schon erwähnten Verteidigung der Unsterblichkeit der individuellen Seele, sondern auch in einer Beschränkung der Determination seelischer Tätigkeit, also in der Verteidigung der Willensfreiheit. Albert sieht deutlich, daß der auf Seelenleben ausgedehnte Determinismus Gefahr für die Sünden- und Gnadenlehre, ja für die gesamte Ethik heraufbeschwört. Mit deutlichem Rekurs auf Augustinismus sucht er diese zu bannen. Trotzdem ist auch hier der Versuch wiederum charakteristisch, christliche und antike Ethik einander näherzubringen. Er kombiniert christliche und antike Kardinaltugenden, wobei freilich die ersteren Priorität besitzen. Also nicht nur in der theoretischen, auch in der praktischen Philosophie wird eine Harmonie von Aristotelismus und Christentum angestrebt.

Wenn es das Merkmal eines guten Lehrers ist, daß sein Schüler über ihn hinauswächst, dann ist Albert von Bollstädt ein guter Lehrer gewesen. Sein Schüler Thomas von Aquino setzt sein Werk nämlich nicht nur fort, er vollendet es. Die bei Albert angeschlagenen Akkorde werden bei ihm streng systematisch und einheitlich durchgeführt.

Die herausragende Stellung des *Thomas von Aquino* (1225 bis 1274) nicht nur in der Scholastik des 13. Jahrhunderts, sondern unter all denen, die in theoretischer Weise das Lehrgebäude der katholischen Kirche errichten halfen, ist allgemein anerkannt. Neben Augustinus war und ist Thomas der einflußreichste Kirchenlehrer. Es entbehrt nicht des Reizes, diese beiden Männer und ihre Lehren miteinander zu vergleichen, zumal ja Augustinismus und Thomismus rivalisierende Grundströmungen im Katholizismus waren und wohl auch heute noch sind.

Natürlich handelt es sich hierbei nicht um einander ausschließende Gegensätze; stimmen doch beide in grundlegenden Voraussetzungen und Zielen ihres Denkens, im Bekenntnis zum christlichen Glauben überein. In der Durchführung ihrer Gedanken erscheinen jedoch Differenzen, die sich aus ihrer Persönlichkeitsstruktur, dem Charakter ihrer Werke, der Rezeption unterschiedlicher Quellen, vor allem aber aus dem unterschiedlichen Zeitgeist ergeben, den beide Denker zum Ausdruck bringen.

Augustinus entwickelte seine Lehre, wie in unserer 16. Vorlesung zu zeigen versucht wurde, im durch Krisen erschütterten, dem Untergang unvermeidlich entgegengehenden Imperium Romanum. Das Christentum war zwar Staatsreligion geworden, aber der Prozeß seiner Durchsetzung und seiner Vereinheitlichung war nicht abgeschlossen, das Schicksal der Kirche ungewiß wie das des Staates. In dieser Situation hatte das Eintreten für christliche Denk- und Lebensweise selbst existentielle Bedeutung, erforderte feste Willensentscheidung.

Thomas aber lebte in einer Zeit, die zwar auch keineswegs frei von Kämpfen war – wann hat es je eine solche Zeit gegeben? –, in der aber die Feudalordnung als gottgewollt und festgefügt, die Macht und Größe der Kirche als unerschütterlich erschien. In solcher Zeit überwiegt das Essentielle dem Existentiellen, die rationale Absegnung den willensmäßigen Entscheidungen.

Seine Entsprechung findet dies im äußeren Lebensweg der beiden Denker. Augustinus, dem zwar das Christentum von seiner Mutter Monica an der Wiege gesungen wurde, der aber in seiner Jugend ganz und gar nicht eine christliche Erziehung erhielt, unterzog sich erst im Mannesalter nach heftigen inneren Kämpfen der Taufe durch Ambrosius. Erst nach dieser Entscheidung wurde er zum glühenden Verfechter des Christentums, das er als die wahre Philosophie faßte.

Thomas' Leben verläuft dagegen weit ruhiger. Zwar gibt es auch in seiner Jugend eine dramatische Episode: Der auf Schloß Roccasecca in einer Grafenfamilie geborene, von den Benediktinern in Monte Cassino erzogene Thomas studierte von 1238 bis 1244 die Freien Künste an der Universität Neapel, wo er erste Bekanntschaft mit den Lehren des Stagiriten machte. Im letzten Jahr seines Studiums in Neapel trat er überraschend in den Dominikanerorden ein. Seine Familie war von der Vorstellung, daß Thomas Bettelmönch werden sollte, alles andere denn begeistert. Seine Brüder nahmen ihn kurzerhand gefangen, sperrten ihn ein und versuchten, ihn von diesem Wege abzubringen. Vergeblich. Ohne durch weitere dramatische Ereignisse beunruhigt zu werden, setzt Thomas als Dominikaner seine Studien nunmehr bei Albertus Magnus in Paris (1245 bis 1248) und Köln (1248 bis 1252) fort. Er lehrt danach in Paris, Rom und Neapel und ist ab 1259 Hoftheologe des Papstes Urban IV. 1269 wird er erneut nach Paris beordert, um gegen die dortigen Averroisten zu kämpfen. Auf dem Weg zu einem Konzil stirbt er im Jahre 1274.

Zeit und Lebensweg prägen Charakteranlagen in besonderer Weise. Schließt man von ihren Schriften auf den Charakter der Autoren, dann springen einem Unterschiede zwischen Augustinus und Thomas sofort in die Augen. Augustinus ist Berber, ein Feuerkopf, der seine Rhetorikausbildung und -tätigkeit nie ganz zu verleugnen mochte, dem poetischer Schwung eigen ist, der durchaus rational begründete Gedankengänge vorzuführen weiß, die aber dann unvermittelt durch Aufwallungen des religiösen Gemüts unterbrochen werden, in denen er zu Gott schreit und die eigene Sündhaftigkeit geißelt. Augustinus ist existentieller Denker, dessen Persönlichkeit in seinen Werken offenbar ist.

Ganz anders dagegen das Klima in den Schriften des Thomas. In der Kühle des rationalistischen Intellektualismus tritt die Persönlichkeit ganz hinter die Aufgabe zurück. Diese aber besteht darin, den Glauben soweit wie möglich theoretisch abzusichern. In systematischer, höchst geduldiger, fast gleichmütiger Weise wird eine Frage nach der anderen vorgenommen, geprüft und beantwortet.

Wenn das Fichtesche Diktum wahr ist, daß es vom Charakter eines Menschen abhänge, was für eine Philosophie er wähle, dann konnte wohl Augustinus in seiner Zeit nur den Neuplatonismus mit seiner Poesie und Ekstase wählen und ihn in folgenreicher Weise mit der christlichen Religion verbinden. Thomas war aber dafür prädestiniert, sich den nüchternen wissenschaftlichen Aristoteles als Vorbild in der Philosophie zu wählen und dessen Lehre in folgenreicher Weise mit dem Christentum zu verbinden.

Unter ideologiekritischem Aspekt sind bei unserem kurzen Vergleich noch folgende Momente von Interesse. Nach der bisherigen Darstellung der Philosophieentwicklung im Hochmittelalter ist es ohne weiteres einleuchtend, daß der Thomismus, das Einbringen – trotz aller Beschneidung und Umdeutung – Aristotelischer Wissenschaft in das christliche Denken, den Bedingungen des 13. Jahrhunderts weit besser entsprach als der konservativ gewordene Augustinismus. Insofern war der Thomismus zunächst eine progressive Erscheinung, als er Gehalte christlicher Bildung reformierte. Gleichzeitig war er Stabilisierungsideologie der Kirche, der Feudalität überhaupt, wovon nicht nur, aber besonders seine Auffassung von Politik spricht. Und Apologetik ist er immer geblieben. Soweit ich sehe, hat keiner der großen Reformatoren des 15. und 16. Jahrhunderts Anleihen bei Thomas aufgenommen, wohl aber die Gegenreformation, wie das Beispiel Francisco Suárez (1548 bis 1619) zeigt. Wenn schon die Reformation sich auf historische Quellen berief, dann hatte sie bei Augustinus mehr Anknüpfungspunkte als bei Thomas.

Der Thomismus war und bliebt Grundströmung bei den Dominikanern und bildete und bildet die Grundlage der Bildungskonzeptionen der katholischen Kirche in den nachfolgenden Jahrhunderten bis heute. Das aber bedeutet nun keineswegs den Untergang des Augustinischen Erbes. Es lebte – wenn auch in sehr differenzierter Weise – bei den Franziskanern fort. Und für die Elastizität der katholischen Kirche spricht, daß sie auf beiden Instrumenten zu spielen verstand und wohl auch heute noch versteht.

Beginnen wir unsere Darstellung von Wesenszügen der einflußreichen Lehre des Thomas mit einer Betrachtung seiner Schriften. Trotz seines relativ kurzen Lebens – er wurde ja nicht einmal 50 Jahre alt – ist sein literarisches Werk vielfältig und umfangreich. Es besteht einmal aus Kommentaren zu den Sentenzen des Petrus Lombardus, zu theologischen Schriften des Boëthius, zu Schriften des Areopagiten und des Proklos und vor allem zu logischen, physikalischen und metaphysischen Werken des Aristoteles, die für die Philosophiegeschichtsschreibung die bedeutsamsten sind; auch schon deshalb, weil Thomas die Aristotelesübersetzungen des Wilhelm von Moerbeke (um 1215 bis 1286), der als erster auch die »Politik« des Stagiriten ins Lateinische übertrug, benutzte. Gemeinsam mit Thomas hat Moerbeke wesentlich zur Konsolidierung der philosophischen Terminologie beigetragen. Weiter sind Traktate und *Quaestiones disputatae* zu nennen, in denen Thomas zu den theologischen und philosophischen Fragen seiner Zeit Stellung nimmt. Gegen konservative Theologen, die ein ignorantenhaftes Verhalten gegenüber Aristoteles und seinen Kommentatoren an den Tag legten, ist vornehmlich der Traktat »De unitate mundi contra murmurantes« gerichtet, gegen die Anhänger des arabischen

Kommentators »De unitate intellectus contra Averroistas« (Über die Einheit der Vernunft gegen die Averroisten). Philosophisch bedeutsam ist die Schrift »De ente et essentia« (Über das Seiende und das Wesen) wie auch die »Summa de veritate fidei catholicae contra Gentiles«. In letzterer wird (zumindest in den ersten drei Büchern) der schon von Anselm von Canterbury angestrebte Versuch unternommen, die Wahrheit des katholischen Glaubens auf rationale Weise, also ohne Berufung auf die Autorität der Bibel, zu begründen. Das zusammenfassende und abschließende – wenn auch nicht ganz vollendete – Hauptwerk ist die »Summa theologica«.

Wird nun angesichts dieses voluminösen Werkes des Dominikaners die Frage gestellt, welche wirklich neuen und tragenden Ideen in ihm enthalten sind, dann fällt die Antwort schwer. Mißt man Thomas an Demokrit, Sokrates oder Aristoteles, oder auch an Descartes und Kant, bei denen ja schlagwortartig der Kernpunkt ihrer Lehre bezeichnet werden kann, dann erscheint Thomas als wenig origineller Denker. Der Kernpunkt seiner Lehre ist die soweit wie für ihn möglich rationale Begründung des Glaubens, aber das hat er ja mit den meisten Vertretern der Scholastik gemein. Auch die unzähligen Fragen, die Thomas in seinen Schriften stellt – nach dem Verhältnis von Glaube und Wissen, von Theologie und Philosophie, nach dem Gottesbegriff, nach den Beweisen von seinem Dasein, nach dem Verhältnis von Wesen und Existenz, nach Stoff und Form, nach dem Verhältnis von Körper und Seele, nach Grundlagen der Erkenntnis im allgemeinen, der Gotteserkenntnis im besonderen, nach dem Verhältnis von göttlichem und natürlichem Recht usw. usf., sind nicht eben neu, und auch seine Antworten, die er unter Berücksichtigung der Gegenargumente gibt, sind zumeist schon von Vorgängern, auf die sich Thomas denn auch vielfach beruft, ausgesprochen worden. Zeitgenössische Kritiker haben ihm – neben der Unkenntnis des Griechischen und mangelhafter naturwissenschaftlicher Bildung – diese kompilatorische Tätigkeit vorgeworfen.

Allein Thomas war kein Kompilator, sondern einer der

größten Systematiker nicht nur in der Geschichte der mittelalterlichen Philosophie. In der synthetischen Arbeit bestand seine Originalität, wie hierin auch die Quelle seiner Wirksamkeit liegt. Thomas selbst verstand sich vornehmlich als Lehrer, weniger als Erforscher von Neuem. Es ging ihm um die Errichtung eines Lehrgebäudes, dessen Fundamente im Glauben gegeben waren, dessen tragende Säule ein neuplatonisch überformter Aristotelismus wurde.

Bei der Antwort auf die Frage nach dem Verhältnis von Glaube und Wissen, von Theologie und Philosophie folgt Thomas im Prinzip seinem Lehrer, gibt jedoch der Position von Albertus Magnus eine schärfere Fassung. Eine scharfe Bestimmung impliziert immer auch Abgrenzung. Wir kommen der Position von Thomas in der Glaube-Wissen-Frage dadurch näher, wenn wir zunächst die Abgrenzung von anderen Positionen betrachten.

Mit der von Tertullian ausgehenden irrationalistischen und mystischen Denkhaltung, die uns im Mittelalter besonders bei Petrus Damiani und Bernhard von Clairvaux entgegentrat, hat Thomas nichts im Sinn. Zu sehr ist er von der Notwendigkeit der Philosophie insbesondere im Hinblick auf die Festigung des Glaubens überzeugt. Die Diskreditierung des Wissens widersprach nicht nur den Bedürfnissen der Zeit, sie schadete in den Augen von Thomas auch dem Glauben. Waren es doch vornehmlich schwärmerische Mystiker, die die Ketzerbewegungen inspirierten. Im Gegensatz dazu war Thomas' Denkweise ganz und gar intellektualistisch.

Aber auch vom anderen Extrem, der durchgängigen Rationalisierung des Glaubens, drohte Gefahr. Die Konsequenz derselben war die Abhängigkeit der Theologie von der Philosophie. Das hatte sich bei Abélard angedeutet, bei Averroës und seinen lateinischen Anhängern klar gezeigt. Wer schon dem naiven Rationalismus eines Anselm von Canterbury, dem gemäßigten Rationalismus von Maimonides und Roger Bacon gegenüber Vorbehalte hat, der muß dem radikalen Rekurs auf Vernunft feindlich gegenüberstehen. Das zeigt sich auch darin, daß Thomas den Auffassungen nicht folgen kann, die in der Schule von Chartres vertreten wurden. Diese sprachen davon, daß Theologie und Philosophie unterschiedliche Gegenstände mit unterschiedlichen Methoden behandeln, was für die Chartristen von vornherein Widersprüche zwischen ihnen ausschloß. Diese Denkrichtung akzentuierte tendenziell die Differenz von Theologie und Philosophie, war also wenig geeignet, die Harmonie von Glaube und Wissen, die Funktion der Philosophie, den Glauben rational abzusichern, zu realisieren. Darauf aber kam es Thomas vor allem an.

Ohne Kompromisse und ohne Elastizität waren die genannten widersprüchlichen Auffassungen nicht zu synthetisieren. Der Einfluß von Thomas erklärt sich aber gerade daraus, daß er zwischen diesen Standpunkten geschickt zu manövrieren verstand. In Übereinstimmung mit den Chartristen grenzte Thomas die philosophische Methode scharf von der theologischen ab. Wir haben in der einleitenden Vorlesung zur Philosophie des Mittelalters einen längeren Absatz aus der »Summa theologica« zitiert, in dem klar davon gesprochen wird, daß sich Philosophie allein auf Vernunfteinsichten stützt, während Theologie von den Artikeln des Glaubens ausgeht. In der »Summa contra Gentiles« sind die gleichen Gedanken ausgesprochen. Im Unterschied zu den Vertretern der Schule von Chartres behauptet Thomas jedoch, daß Philosophie und Theologie keineswegs durchgängig verschiedene Gegenstände behandeln. Zwar ist nicht zu leugnen, daß Philosophie auch Gegenstände behandelt, die keine direkte Beziehung zur Religion haben. Kommt man jedoch auf die letzten und tiefsten Gegenstände der Metaphysik zu sprechen, wie etwa auf die Ursache aller Ursachen, auf den ersten Beweger usw., dann wird deutlich, daß hier – bei Beibehaltung der unterschiedlichen Methoden – die Gegenstände zusammenfallen. Ja ohne partielles Zusammenfallen der Gegenstände könnte nach Thomas die Philosophie ihre vornehmste Funktion, mit ihren Mitteln den Glauben zu stützen, also letztlich doch der Theologie zu dienen, überhaupt nicht erfüllen. Paradebeispiel dafür, wie Philosophie den Glauben zu stützen vermag, sind für Thomas seine Beweise vom Dasein Gottes.

Zunächst ist hierbei bemerkenswert, daß Thomas den von Anselm von Canterbury angestrengten ontologischen Gottesbeweis verwirft. Der an Aristoteles geschulte Dominikaner hält es für nicht haltbar, wenn von einem Gedanken über einen Gegenstand auf dessen Existenz geschlossen wird. Ein durchaus richtiger Gedanke, dem wir allerdings schon bei Gaunilo begegneten. Allein Thomas' Argumentation gegen Anselm spielt sofort ins Theologische hinein. Anselms Beweis wäre nur unter der Voraussetzung annehmbar, wenn wir das Wesen Gottes in unserem Begriff vollkommen erfassen könnten. Allein dies ist menschlicher Vernunft – wie auch den Engeln – versagt. Deshalb kann vom Begriff, der das Wesen Gottes nur unvollkommen erfaßt, nicht auf dessen Existenz geschlossen werden. Nicht aus dem Begriff, sondern allein von den für uns wahrnehmbaren Wirkungen aus kann – nach Thomas – auf das Dasein Gottes geschlossen und es somit bewiesen werden.

Fünf Wege stellt der Dominikaner dar, auf denen man zum Erweis von Gottes Dasein gelangen kann:

»Am ersten und deutlichsten ist der von der Bewegung her genommene Weg. Es ist nämlich gewiß und steht durch das Gesinn (sensu) fest, daß manches in dieser Welt sich wegt. Alles aber, was in Wegung ist, wird von einem anderen gewegt. Nichts ist nämlich in Wegung, es sei denn, sonach es in einer Möglichkeit zu dem steht, wozu es hingewegt wird: wegen tut aber eins zufolge dem, daß es in der Wirklichkeit da ist (secundum quod est actu). Wegen ist nämlich nichts anderes, als etwas aus der Möglichkeit in die Wirklichkeit herausholen; aus der Möge etwas in die Wirke heimzubringen, vermag aber nur ein wirklich Seiendes, gerade wie das wirkgeschehlich (in actu) Warme, so Feuer, Holz, das mögegeschehlich (in potentia) warm ist, wirklich (actu) warm sein macht, und damit wegt es an ihm und macht ein anderes daraus. Nun kann aber eins und dasselbe nicht unter ein und demselben Betracht zugleich in der Wirklichkeit und in der Möglichkeit sein, sondern nur unter verschiedenem Betracht. Was nämlich in der Tat (actu) warm ist, kann nicht zugleich möglicherweise (in potentia) warm sein, sondern hat gleichzeitig nur die Möglichkeit, kalt zu sein. Es ist also unmöglich, daß etwas ein und demselben Betracht nach und in ein und derselben Weise bewegend und bewegt ist oder sich selbst wegt. Alles also, was gewegt wird, braucht ein anderes, um gewegt zu werden. Falls also das, wovon es gewegt wird, sich wegt, so braucht dies selbst ein anderes, um gewegt zu werden, und das wieder eins. Dabei kann man aber nicht ins Unendliche gehen, weil es dann kein Erstwegendes gäbe und infolge davon nicht irgend eins, das ein anderes wegte, weil die wegenden Zweitheiten nur dadurch wegen, daß sie von einem ersten Wegenden gewegt sind, gerade wie der Stock nur dadurch anwegt, daß er mit der Hand bewegt wird. Man muß also notwendigerweise zu einem Erstwegenden hinkommen, das von keinem gewegt wird, und darunter verstehen alle Gott.«[10]

Bei diesem langen Zitat fällt natürlich – neben der eigenwilligen Sprache des Übersetzers – sofort die enge Anlehnung an die Denkweise des Aristoteles auf. Thomas teilt die Auffassung des Stagiriten von der Endlichkeit der Welt, die ja der angeführten Gedankenkette unausgesprochen zugrunde liegt. Die Differenz zwischen dem antiken und dem mittelalterlichen Denker besteht hier jedoch darin, daß ersterer die Ewigkeit der Bewegung voraussetzt und für diese die erste Ursache sucht, während Thomas – hier wie fast überall den Aristoteles christianisierend – den ersten Beweger mit dem Anfang der Bewegung gleichsetzt.

Weiter wird aus dem Zitat deutlich, daß Thomas in seiner Gedankenfolge den »unerlaubten Sprung von Bedingungszusammenhängen ins Unbedingte« (Kant) vollzieht. Es ist weder einzusehen noch zu beweisen, daß die Bewegungszusammenhänge nicht ins Unendliche gehen sollen. Dann freilich bedürfte es keines »Erstwegendes«. Wird aber nicht dadurch das, was zu beweisen gewesen wäre, schon durch die Annahme der Endlichkeit der Welt und –

---

10 Thomas von Aquino: Summe der Theologie, 1. Bd., Stuttgart 1938, 2. Untersuchung, 3. Artikel.

als Pendant dazu – die Unendlichkeit Gottes vorausgesetzt? Ein Zirkelschluß aber ist kein Beweis.

Die anderen vier Gottesbeweise des Thomas sind von der gleichen Machart, nur daß bei ihnen nicht von der Bewegung, sondern von den Wirkursachen, der Möglichkeit und Notwendigkeit, vom Grad der Vollkommenheit und von der Zweckmäßigkeit ausgegangen wird. Das Resultat ist immer das gleiche: Gott ist, und er ist *causa sui* und Ursache aller Ursachen, das notwendigste und vollkommenste Wesen, der Zweck aller Zwecke.

So wie nach der Auffassung von Thomas das Dasein Gottes rational bewiesen werden kann, so auch seine Einheit und die Unsterblichkeit der menschlichen Seele. Was beweisbar ist, muß bewiesen werden. In dieser Hinsicht redet Thomas ganz offensichtlich dem Rationalismus das Wort.

Gleichzeitig aber wendet er sich entschieden gegen den extremen Rationalismus, der die durchgängige Rationalisierung des Glaubens anstrebt. Er trennt scharf zwischen den Glaubenssätzen, die bewiesen werden können, und denen, die menschliche Vernunft übersteigen. Zu den letzteren gehören namentlich die Dogmen von der Trinität Gottes (es ist hier daran zu erinnern, welch große Mühe Anselm aufwandte, um dieses Dogma rationell einsichtig zu machen), von der Inkarnation, von der Erbsünde und dem Jüngsten Gericht. Mit Albert hält Thomas diese Glaubensartikel nicht für widervernünftig, sondern für übervernünftig. Die der natürlichen, menschlichen Vernunft erkennbaren Wahrheiten erscheinen bei Thomas als *praeambula fidei* (Vorhalle des Glaubens). Die rational nicht erfaßbaren Glaubensartikel stehen dem Wissen nicht gegenüber, heben es nicht auf, sondern vollenden es, führen von der Vorhalle ins Allerheiligste. Und so wie der Glaube das Wissen vollendet, so hebt auch Gottes Gnade die Natur nicht auf, sondern bringt sie zu ihrer Vollendung. Philosophie bleibt also letztlich *ancilla theologiae*, nur erscheint sie hier nicht als schmutzige Küchenmagd wie bei Bernhard von Clairvaux, sondern als eine der Herrscherin dienende edle Frau.

Mit dieser Fassung des Verhältnisses von Glaube und Wissen hat Thomas den Rahmen abgesteckt, innerhalb dessen Aristotelische Gedankengänge gefahrlos in eine rationale Theologie eingebaut werden können. Diese »Möglichkeit« wird nun auf vielfältige Weise realisiert. Der Kern dieser Realisierung liegt in dem Versuch, Aristotelismus mit Kreationismus zu verbinden.

Gehen wir vom Erkenntnisproblem aus. Daß alles menschliche Erkennen mit der Erfahrung anhebt, ist für Thomas ebenso sicher wie für den Stagiriten. Gut aristotelisch geht Thomas weiter: Der menschliche Verstand hebt aus den einzelnen Gegenständen, wie sie in den Wahrnehmungen erscheinen, das allgemeine Wesen heraus, bildet so Allgemeinbegriffe. Das Universalienproblem, das Thomas nicht sonderlich bewegt – er wiederholt nur die seit Avicenna gängige und auch von Albertus gebrauchte Formel, wonach Universalien *vor den Dingen* als Urbilder im Geiste Gottes, *in den Dingen* als ihr Wesen, ihre wirkende »Form«, und *nach den Dingen* als allgemeine Vorstellungsbilder im menschlichen Geiste existieren – soll hier weniger interessieren. Erkennen eines Gegenstandes heißt für Thomas, dessen Wesen und Wirkungsweise in einem Begriff zu fassen, also Wesens- und Kausalstruktur des Gegenstandes im Intellekt nachzubilden. Wahr ist unsere Erkenntnis dann, wenn das Nachgebildete, ideell Reproduzierte, mit der Wirklichkeit übereinstimmt *(adaequatio rei et intellectus)*.

Die Aristotelische Übereinstimmungsrelation hat Thomisten unserer Tage auf den Gedanken gebracht, daß diese als Klammer fungieren könnte, die die Erkenntnistheorie des Thomismus mit der Erkenntnistheorie des Marxismus zusammenzuhalten vermöchte. In der Tat liegt ja hier ein gemeinsames aristotelisches Erbe vor; und keine Widerspiegelungstheorie kann auf die Übereinstimmungsrelation verzichten. Allein aus partieller Übereinstimmung kann nicht auf universelle geschlossen werden. Der Gegensatz wird sofort sichtbar, wenn wir auf den höchsten Begriff zu sprechen kommen, zu dem uns die abstrahierende und generalisierende Verstandestätigkeit führt: das Sein.

So scharf Thomas göttliches Erkennen vom menschlichen scheidet, so prinzipiell unterscheidet er Sein von Seiendem. Der Begriff »Sein« ist nicht in gleicher, sondern nur in »analoger« Weise auf alle Gegenstände anwendbar. Gott *ist* in einem anderen Sinne als die Seelen und die Körper. Das Sein Gottes ist die absolute Identität von Wesen und Existenz. In den seienden Dingen aber, die zwar auch Vereinigung von Wesen und Existenz sind, ist Wesen und Existenz unterscheidbar. Bedarf doch jedes Ding zu seiner Existenz anderer Dinge. Letztlich setzt aber die Vereinigung von Existenz und Wesen eine Existenz voraus, die über allen steht, die keiner anderen bedarf. Die absolute Identität von Wesen und Existenz ist also nicht nur *causa sui,* sondern die Ursache aller Ursachen, die Voraussetzung dafür, daß Wesen und Existenz zu verbinden sind, daß es überhaupt Seiendes gibt. Der Schritt zum Kreationismus ist unübersehbar.

Weiter: In Anlehnung an Aristoteles spannt Thomas den Seinsbegriff in die Relation Wirklichkeit – Möglichkeit. Sein ist alles, was wirklich oder möglich ist. Alle Bewegungen, Veränderungen, Vervollkommnungen müssen, sollen sie Wirklichkeit werden, möglich sein. Jede Verwirklichung des Möglichen aber bedarf eines Wirkenden, eines Aktes. Jeder einzelne Akt steht in Beziehung zu dem je Möglichen. Allein der Akt aller Akte ist mit keinerlei Potentialität verbunden. Die reine Aktivität *(actus purus)* erscheint so als Bedingung und Ursache für das Werden alles Seienden.

Schließlich zeigt sich die kreationistische Umbildung des Aristotelismus durch Thomas in seiner Behandlung des Stoff-Form-Problems. Gott ist dem Aquinaten nicht nur »Sein«, das mit dem Einen, Wahren und Guten umfangsgleich ist, nicht nur Identität von Wesen und Existenz, nicht nur *actus purus,* sondern ebenso Form aller Formen. Thomas sucht eine weitgehende Anlehnung an die Aristotelische Lösung des Stoff-Form-Problems, die in der 11. Vorlesung darzustellen versucht wurde. Allein es springen von vornherein zwei fundamentale Differenzen ins Auge. Bei Aristoteles entsprang das Problem aus der Kritik der Platonischen Ideenlehre, aus dem Bestreben, die Frage nach der Möglichkeit von Wissenschaft zu beantworten. Und mit der Praxis des Wissenschaftlers blieb die Behandlung des Stoff-Form-Problems immer verbunden. Bei Thomas tritt dieser Zusammenhang weitgehend zurück; dafür aber treten theologische Intentionen in den Vordergrund, die der Behandlung des Stoff-Form-Problems einen ausgeprägt spekulativen Charakter geben.

Der zweite fundamentale Gegensatz zeigt sich in der Fassung des Begriffes Materie. Während der Stagirit an der Selbständigkeit der Materie nicht zweifelt, diese als das In-Möglichkeit-Seiende charakterisiert, faßt Thomas von vornherein die Materie als von Gott geschaffene.

Was Thomas allerdings kräftig fortsetzt, sind die teleologischen Tendenzen bei Aristoteles. Die Zweckmäßigkeit, die Harmonie und Vollkommenheit der Welt, die als Gottes Schöpfung zu preisen Thomas nicht müde wird, ergeben sich aus der Vereinigung von Stoff und Form. Alles Geschehen erscheint als Entfaltung der Wesensformen in der Materie, in der die Formen potentiell angelegt sind. Diese Entfaltung hat ihren ersten Beweger in Gott, wie auch deren Ziel das Gute (=Gott) ist. Dieser Prozeß vollzieht sich in unterschiedlichen Vollkommenheitsstufen – von der Urmaterie, über die anorganische und organische Welt bis zu den Menschen und den Engeln hinauf. Letztere spielen bei Thomas durchaus keine unwesentliche Rolle; bei Aristoteles natürlich überhaupt keine.

Wie bei Aristoteles sind die Formen bei Thomas Gattungswesen, Allgemeines. Woher aber die Vielheit der Spezies einer Gattung? Auch bei Thomas erscheint die Materie als Prinzip der Individuation. Die Vielheit der Spezies einer Gattung erklärt Thomas daraus, daß ein und dieselbe Form mit verschiedener Materie umkleidet wird. Immer aber geht das Eine dem Vielen voraus.

Das bringt nun einige Schwierigkeiten in der Anthropologie, wo ja das Stoff-Form-Verhältnis als Relation von Seele und Körper erscheint. Die Seele ist die Entelechie des

Körpers – lautet ein Hauptsatz der Aristotelischen Seelenlehre. Auch für den Aquinaten ist die Seele die formende, gestaltende Kraft des organischen Körpers. Die Seele aber ist ihm reine Form. Thomas wendet sich entschieden gegen jene Aristotelesinterpreten, die die individuelle Seele als mit dem Stoff verbunden fassen. Wenn die Seele aber reine Form ist, die Materie aber als Prinzip der Individuation gefaßt wird, wie kann es dann zu den vielen einzelnen Seelen kommen? Das war ja gerade die Frage, deren Beantwortung bei Averroës und seinen Anhängern zur Leugnung der Unsterblichkeit der individuellen Seelen führte. Um die Unsterblichkeit der individuellen Seele zu retten und die Averroisten zurückzuweisen, faßt Thomas die Seele als eine besondere Art von Gottes Schöpfung, die sowohl wesentlich als auch personal ist. Das kommt zwar mit der christlichen Lehre überein, aber eine Demonstration aristotelischer Logik ist es wohl weniger.

In der Rangordnung der Seelenvermögen stehen Vernunft und Wille ganz oben, wobei Thomas die Vernunft dem Willen noch überordnet, weil diese durch Werterkenntnis und Zielsetzung den Willen zu bestimmen hat. Der Wille ist jedoch insofern frei, als er das Vermögen der Wahl besitzt. Menschliche Willensfreiheit ist die Voraussetzung aller Moral. Nur die Handlungen und Verhaltensweisen können als gut gewertet werden, die sich aus freiem Willensentscheid und Vernunftsgebrauch ergeben. Die Maßstäbe hierfür aber sind Gottes Gebote, die von ihm geschaffene Wertordnung.

Auch die Tugenden haben ihre Rangordnung. Wie bei seinem Lehrer erscheinen bei Thomas die griechischen Kardinaltugenden Weisheit, Gerechtigkeit, Mäßigkeit und Tapferkeit als *natürlich*. *Übernatürlich*, und daher natürlich den natürlichen übergeordnet, sind die christlichen Kardinaltugenden: Glaube, Liebe, Hoffnung. So wichtig nun die natürlichen und besonders die übernatürlichen Tugenden sind, so fest es steht, daß ein tugenhaftes Leben ein gottgefälliges ist, für die Erlangung des höchsten Zieles menschlichen Lebens, die ewige Seligkeit, sind sie nicht hinreichend. Thomas ist kein Stoiker, für den die Glückseligkeit nicht der Lohn der Tugend, sondern die Tugend selbst ist. Er ist aber auch kein bloßer Interpret des naiven Volksglaubens, wonach das tugendhafte Leben auf Erden im Himmel sozusagen automatisch aufgewogen wird. Dies ist nur dann der Fall, wenn etwas Entscheidendes hinzukommt: die Gnade Gottes. Diese aber kann nur in und mit der Kirche erfleht werden. Außerhalb derselben bleiben die Tugenden letztlich bedeutungslos. Schärfer kann die Bindung der Ethik an die Theologie nicht ausgesprochen werden.

Wie Thomas im Wissen nur die Vorhalle zum Glauben sah, so sieht er die Tugenden als Vorhalle der Gnade.

Wie nach Thomas der Glaube das Wissen vollendet, wie Gottes Gnade die Tugenden vollendet, so vollendet auch in gewisser Weise die Kirche den Staat. Der Aquinate ist kein Denker der Dissonanzen; und so ebnet er auch den von Augustinus aufgerissenen Gegensatz von Gottes- und irdischem Staat weitgehend ein. Freilich steht auch bei ihm die Kirche insofern über dem Staat, als sie der Vereinigung des Menschen mit Gott, dem Erreichen der ewigen Seligkeit dient. Aber der Staat steht diesem Streben nicht mehr konfrontativ entgegen. Er ist ebenso gottgewollt wie naturnotwendig; ist doch seiner Natur nach der Mensch *zoon politikon*. In seiner Staatslehre wiederholt Thomas viele Gedanken, die der Stagirit in seiner »Politik« ausgesprochen hatte. So etwa, wenn er das Ziel des Staates in der Erziehung seiner Bürger zum tugendhaften Leben bestimmt; dort, wo er die verschiedenen Staatsformen der Analyse unterwirft. Bei letzterem tritt allerdings eine Differenz deutlich in Erscheinung. Aristoteles, dessen gesamtes gesellschaftspolitisches Denken auf die antike Polis bezogen war, übte durchaus Kritik an der Monarchie, neigte mehr zur mittleren Staatsform, der Politie. Thomas dagegen, dessen gesellschaftspolitisches Denken auf den Feudalstaat bezogen ist, apologisiert eindeutig die Monarchie. Auch hier, so Thomas, müsse das eine dem vielen vorangehen.

Es ist ja überhaupt zu beachten, daß, wenn zwei Denker in verschiedener Zeit und unter anderen Verhältnissen das gleiche sagen, es keineswegs immer von gleicher Bedeutung sein muß. Thomas' Grundintention ist die Absegnung der Einheit von Altar und Thron, die natürlich für Aristoteles kein Gegenstand war. Auch wenn diese Einheit in der historischen Realität manch schwerer Belastung ausgesetzt war, ein Grundzug dieser Gesellschaft – und weit noch über sie hinauswirkend – war sie allemal.

ZWEIUNDZWANZIGSTE VORLESUNG
Spätscholastik – Niedergang oder Übergang?

Die Einteilung der scholastischen Bewegung in Früh-, Hoch- und Spätscholastik ist in der philosophiehistorischen Literatur so gebräuchlich geworden, daß sie selten hinterfragt wird. Solange es sich nur um eine formale Zeiteinteilung handelt, ist ohnehin gegen sie nichts zu sagen. Aber auch unter inhaltlichen Gesichtspunkten scheint diese Einteilung vollauf berechtigt zu sein.

Unter *Früh*scholastik kann durchaus die Herausbildungs- und Konsolidierungsphase der Scholastik verstanden werden, die mit Johannes Scotus Eriugena im 9. Jahrhundert begann und mit den bedeutenden Denkern der Schule von Chartres im 12. Jahrhundert endete. Daß diese Phase reich an herausragenden Denkern und unterschiedlichen, ja gegensätzlichen Strömungen war, daß in ihr mehrere Etappen durchlaufen wurden, habe ich in den vorangegangenen Vorlesungen anzudeuten versucht.

Unter *Hoch*scholastik wird nicht zu Unrecht – wenn freilich dabei die Bedingtheit aller Einteilung Berücksichtigung findet – die Blütezeit der Scholastik verstanden, jene Phase also, in der die Scholastik durch die große Aristotelesrezeption neue Qualität gewinnt, in der große Summen entstehen, deren folgenreichste die des Thomas von Aquino ist.

Unter *Spät*scholastik müßten wir der Logik dieser Einteilung gemäß jene Phase in der scholastischen Bewegung verstehen, in der ihr Höhepunkt überschritten, sie im Niedergang begriffen ist. Die Bezeichnung »Spätphase« wird ja zumeist nicht wertfrei gebraucht; sie involviert Stillstand, Verfall. Würde Spätscholastik nur als Verfallserscheinung gefaßt, dann könnten – streng genommen – nur Epigonen unter ihren Begriff subsumiert werden. Diese vermögen zwar eine geistige Situation mitzubestimmen, nimmer aber Fortschritt zu bewirken.

Das Widersprüchliche in nicht wenigen philosophiehistorischen Darstellungen besteht darin, daß einerseits Spätscholastik als Niedergang charakterisiert wird, andererseits aber große Denker (Meister Eckhart und Wilhelm von Ockham vor allem) in die Spätscholastik eingereiht werden, die keineswegs *Denker des Niedergangs*, sondern *Denker des Übergangs* waren.[1]

Wie »Vergehen« immer seinen Gegensatz »Entstehen« in sich hat, so geht Spätscholastik mit neuer, antischolastischer Denkweise schwanger. Denker des Niedergangs sind die markanten Gestalten der Spätscholastik nur insofern, als sie im Rahmen von Scholastik Denkmotive entwickeln, die den Untergang von Scholastik befördern. Es ist vornehmlich diese Dialektik, die das Interesse an der

---

1 Wenn hier vom Niedergang der Scholastik die Rede ist, so bezieht sich dies nur auf die Scholastik als dominierende Denkweise. Natürlich wirkt Scholastik weit über das 15. Jahrhundert hinaus. Man denke nur an die restaurative Scholastik eines Francisco Suárez oder an das Aufkommen der Neuscholastik im 19. Jahrhundert.

Philosophieentwicklung im 14. und 15. Jahrhundert anwachsen läßt.

Die Wurzeln der Widersprüche innerhalb der Scholastik, die ihre Auflösung mitbewirken, liegen weiter zurück. Sie werden schon sichtbar in der heftigen Auseinandersetzung über das Verhältnis von Glaube und Wissen, von Wille und Intellekt, die der Franziskaner *Johannes Duns Scotus* (um 1265 bis 1308) mit dem Dominikaner Thomas von Aquino führte.

Im Franziskanerorden, in den Johannes Duns Scotus frühzeitig eintrat, dominierte der Augustinismus. Auch für Johannes bleibt Augustinus immer ungeschmälerte Autorität. Die Franziskaner konnten sich der großen Aristotelesrezeption ebensowenig entziehen wie alle anderen philosophierenden Zeitgenossen. Die Grundhaltung der älteren Franziskanerschule haben wir bei unserer kurzen Betrachtung des Bonaventura anzudeuten versucht: unbedingtes Festhalten an Augustinus in allen theologischen Fragen, Anerkennung der Autorität des Aristoteles in den irdischen Dingen. Diese Position wurde nun aber von den Dominikanern (Albertus Magnus und Thomas von Aquino) durch ihr Bestreben, Glaube und Wissen zu harmonisieren, ernsthaft in Frage gestellt. Die Auseinandersetzung war unvermeidlich. In der Reibung mit den Dominikanern aber erwies sich, daß auch die traditionelle franziskanische Position überdacht, präzisiert und erneuert werden mußte. Genau dieser Aufgabe unterzog sich Duns Scotus. Mit ihrer Lösung wurde er zum Begründer der jüngeren Franziskanerschule, deren Wirkung weit über seine Zeit hinausging.

Johannes Duns Scotus, ob seiner kritischen, auf strenge Beweise gerichteten Denkweise *doctor subtilis* genannt, erhielt seine Ausbildung in Oxford, wo neben theologischen naturphilosophische, naturwissenschaftliche und mathematische Studien blühten. Die geistige Atmosphäre der Oxforder Universität war nicht unwesentlich geprägt durch das Wirken seines Kanzlers *Robert Grosseteste* (1175 bis 1253), der als einer der ersten Denker die Aristotelesrezeption nach der naturphilosophischen Seite hin vollzog, ohne die Selbständigkeit seines Denkens preiszugeben, ohne in der Theologie von Augustinus, in der Metaphysik vom Neuplatonismus abzurücken. In seiner, an arabische Denker erinnernden Lichtmetaphysik erscheint der Kosmos als die nach Gesetzen sich vollziehende Selbstentfaltung des Lichtprinzips. Das Erkennen der Gesetze aber ist vor allem Aufgabe der Physik, vornehmlich der Optik, und der Mathematik, vornehmlich der Geometrie. Schon bei Grosseteste finden wir die von seinem Schüler Roger Bacon wiederholte, erst bei Galilei voll durchschlagende Forderung, die Natur als Buch zu betrachten, das in geometrischen Figuren und Zahlen geschrieben ist. Voraussetzung aller Naturphilosophie ist die Geometrie. Alle Naturwirkungen müssen mit Hilfe von Linien, Winkeln und Figuren dargestellt und formuliert werden; anders ist wissenschaftliches Erkennen nicht möglich.

Wenn Johannes Duns Scotus die von Grosseteste geförderte Tendenz auch nicht unmittelbar fortsetzte – das tat in kräftiger und wirkungsvoller Weise sein älterer Zeitgenosse Roger Bacon –, so ist doch unzweifelhaft, daß sich sein Denken immer an der Klarheit und Deutlichkeit der Mathematik orientierte. Zeitgenossen, die den jungen Lehrer an den Universitäten Oxford und Paris kennenlernten, hoben besonders seinen Scharfsinn und sein Talent zu kritischer Analyse hervor. Sein schnell aufgehender Ruhm strahlte über Oxford und Paris hinaus bis nach Köln, wohin er – achtunddreißigjährig – berufen wurde. Mit Triumph, so wird berichtet, zog er in die Domstadt ein, was nur als Sieg über die Dominikaner bewertet werden konnte. Er starb noch im selben Jahr und liegt in Köln begraben.

Seine kritische Grundhaltung im theoretischen Bereich – nicht im Bereich der eigentlichen Glaubenssachen – hat oft Veranlassung gegeben, Duns Scotus als den Kant des 13. Jahrhunderts zu bezeichnen. Nun hinken Analogien zwar immer, aber auch Hinkende kommen vom Fleck. Zweifellos ist Duns Scotus wie Kant weit mehr Kritiker denn Dogmatiker. Auch weitere Ähnlichkeiten im Denken des Franziskaners mit den Positionen des Königsbergers werden sich in der nachfolgenden Skizze auftun. Wird allerdings berücksichtigt, daß zwischen Kant und Duns Scotus Jahrhunderte intensiver Philosophieentwicklung liegen, dann wird man Analogien vorsichtig gegenüberstehen müssen. Immerhin, reizvoll wäre ein solcher Vergleich schon.

In kritischer Auseinandersetzung mit dem Bestreben des Thomas von Aquino, eine Versöhnung von Wissen und Glauben herbeizuführen, den Glauben als Vollendung des Wissens zu fassen, entwickelt Duns Scotus seine eigenständige Position zum Verhältnis von Glaube und Wissen, die nicht nur im Gegensatz zu der des Aquinaten steht, sondern auch wesentliche Unterschiede zu der des Anselm von Canterbury, des Pierre Abélard und zu den Averroisten aufweist. Das Neuartige bei Duns Scotus besteht vor allem darin, daß er die Frage nach dem Verhältnis von Glaube und Wissen mit der Frage nach dem Verhältnis von Willen und Intellekt verknüpft. Wenn Thomas eine Synthese von Christentum und Aristoteles versuchte, in der der Augustinismus zwar nicht negiert, aber doch merklich zurückgedrängt wurde, so versucht Duns Scotus – so ließe es sich vielleicht sagen –, Möglichkeiten einer Aristotelesrezeption abzustecken, die den Augustinismus in keiner Weise bedrängen. Sehen wir, wie dies geschieht.

Gegenüber dem thomistischen Intellektualismus stellt Duns Scotus zunächst folgende Fragen: Ist der Glaube überhaupt vom Intellekt, von menschlicher Erkenntnis abhängig? Vermag menschliche Vernunft, Gott zu erkennen oder auch nur annähernd zu erkennen? Ist – um kantisch zu reden – rationale Theologie überhaupt möglich? Auf diese Fragen gibt der Franziskaner eine negative Antwort. Der Glaube hängt nicht primär vom Intellekt ab, sondern er ist eine Sache des Willens. Gott ist durch menschliche Vernunft nicht erkennbar, weil er nicht in den erkennbaren Dingen ist, sondern über diesen steht. Gott ist ein absolut freies, in keiner Weise determiniertes Wesen. Menschliche Vernunft aber zielt auf Determinationen. Gott ist der Inbegriff aller Möglichkeiten, deren Realisierungen allein von seinem *freien Willen* abhängen. Gottes Ratschlüsse sind daher unerforschlich. Gottes Wille wird auch nicht durch ein Ziel bestimmt. Sein Wille zielt nicht auf das Gute; was er will, ist gut.

Thomas' rationale Theologie, die die Erkenntnis des Seienden zumindest als Vorstufe der Gotteserkenntnis faßt, ist daher verfehlt, seine Begründungen halten der Kritik nicht stand. Mehr noch: In Thomas' Intellektualismus lauert – wie der scharfsinnige Franziskaner nicht unbegründet bemerkt – die Gefahr des Pantheismus.

Die Preisgabe der rationalen Theologie durch Duns Scotus ist selbstverständlich keine Preisgabe der Theologie überhaupt. Nur ist ihm die Theologie keine Vernunftswissenschaft, die auf Erkenntnis von Gott und der Welt zielt, sondern eine Lehre, die auf die Formung des Willens gerichtet ist, der hin zu Gott zu lenken ist. Theologie kann deshalb nie in Konflikt mit der Philosophie als Vernunftswissenschaft geraten, weil ihr Bereich der Wille, das Moralisch-Praktische ist, während die Wissenschaften ihren Bereich in der Erkenntnis der realen Dinge haben.

Es ließe sich vielleicht – um noch einmal auf Kant anzuspielen – sagen, daß Duns Scotus nicht das Wissen begrenzt, um für den Glauben Platz zu bekommen, sondern daß er den Glauben überhöht, um für das Wissen Platz zu bekommen.

In der Philosophie nämlich gehört Duns Scotus zur »aristotelischen Linken«. Seine Berufung auf Avicebron ist keineswegs zufällig. Wie dieser in der Nachfolge des Aristoteles die realen Dinge als Einheit von Stoff und Form faßte, so auch Duns Scotus. Auch für ihn kommt der Materie von der Form unabhängige Existenz zu. Durch die Form erhält die Materie nicht Wirklichkeit überhaupt, sondern nur eine bestimmte Wirklichkeit. In seiner philosophischen Sicht erscheint auch die menschliche Seele als an Materialität gebunden.

Der Scotismus markierte Freiräume, in denen sich sowohl linke Aristotelesrezeption als auch objektive Naturforschung entwickeln konnten, ohne mit dem im Franziskanerorden dominierenden Augustinismus in offenen Konflikt zu geraten. Er brachte damit eigentlich nur bestehende geistige Verhältnisse auf den Begriff. Denn schon Jahrzehnte vor dem Wirken des Duns Scotus hatte sein Ordensbruder *Roger Bacon* (1214 bis nach 1292) die Kommentierung der naturwissenschaftlichen Schriften des Aristoteles und empirische Forschungen und mathematische Studien kräftig gefördert. Roger Bacon steht für jene Richtung in der Aristotelesrezeption des 13. Jahrhunderts, die im Stagiriten vor allem den großen Naturforscher sah, der ein Weltbild in wissenschaftlicher Absicht entwarf. Aus dieser Grundhaltung heraus entwickelte der *doctor mirabilis* Ideen, die eher in die geistige Landschaft der Renaissance passen als in die des scholastischen 13. Jahrhunderts – der freilich auch ein Roger Bacon nicht zu entkommen vermochte –, die in manchem schon an Gedanken seines großen Landsmanns und Namensvetters Francis Bacon (1561 bis 1626) erinnern und die von seinen Zeitgenossen wohl eher mit Verwunderung als mit Bewunderung aufgenommen wurden.

Erkenntnis der Dinge anstelle des Streites um Worte! – ist eine Devise des Roger Bacon. Der im Grosseteste-Kreis geprägte, noch junge Oxforder Gelehrte weilte in den vierziger Jahren des 13. Jahrhunderts in Paris, wo er öffentlich die »Physik« des Aristoteles kommentierte, obwohl dort das Verbot, die naturphilosophischen Schriften des Aristoteles betreffend, noch nicht aufgehoben war. Seine mutige Hinwendung zu den profanen Wissenschaften war verknüpft mit schärfster Kritik an scholastischen Methoden, wie sie namentlich von Alexander von Hales, Albertus Magnus und Thomas von Aquino geübt wurden. Er wirft ihnen vor allem Unbildung in naturwissenschaftlichen, mathematischen und sprachwissenschaftlichen Dingen vor. Wie soll man Lehrer achten, die selber nichts gelernt haben? Als Roger Bacon Paris verließ, soll er – seinen großen Landsmann Shakespeare vorwegnehmend – über die dortige geistige Atmosphäre gesagt haben: Worte, nichts als Worte!

Hieraus darf nun keineswegs geschlossen werden, daß es sich bei ihm um einen flachen Empiriker handelt, der in der sinnlichen Gewißheit und der Wahrnehmung steckenbleibt. Zwar gilt ihm *deficiente sensu deficit scientia* (wenn keine Empfindung, dann keine Wissenschaft), aber er entwickelt daraus – wie später Francis Bacon – keine induktive Methode; zwar gilt ihm, daß ohne Erfahrung nichts im hinreichenden Maße erkannt werde, aber das hindert ihn keineswegs, die Bedeutung der Mathematik mit allem Nachdruck zu betonen. Die Mathematik ist dem Franziskaner das Tor und der Schlüssel *(porta et clavis)* zu allen Wissenschaften; nur ihr dekutives, beweisendes Verfahren gibt uns unzweifelhaftes, sicheres Wissen. An ihr sind alle anderen Wissenschaften zu messen. Mathematik ist deshalb die erste Grunddisziplin der Philosophie. Roger Bacon ist keineswegs durch die für die Philosophie der Neuzeit charakteristische Antinomie Empirismus – Rationalismus geprägt. Sinnliche Wahrnehmung und geometrische Konstruktion und arithmetisches Rechnen bilden bei ihm mitnichten einen Gegensatz, weil er Mathematik selber als universelle Erfahrung faßt.

Ihrem Gehalt nach erscheint Philosophie bei Roger Bacon als System der Wissenschaften. Mathematik, Physik und Ethik bilden seine tragenden Säulen. Neben ihren grundlegenden Disziplinen – Geometrie und Arithmetik – umfaßt Mathematik ebenfalls Astronomie und Musik (= Akustik). In die Physik gehen ein Mechanik, besonders Optik, Alchemie und Medizin. Von Interesse ist, daß Bacon den theoretischen Wissenschaften entsprechend angewandte, praktische Wissenschaften zur Seite stellt – der Geometrie die Kunst der Landvermessung, der Mathematik und Mechanik die Ingenieurkunst, der Astronomie freilich auch die Astrologie. Roger Bacon ist keine Verkörperung des Aristotelischen *bios theoretikos*. Wissenschaft hat nicht nur das Dunkel des Nichtwissens, in dem die Ungeheuer des Aberglaubens nisten, zu vertreiben, sie hat praktischen Nutzen für die Menschen und ihre Gesellschaft zu bringen. Beim Nachdenken über die Macht der Wissenschaft schießt seine Phantasie weit über seine Zeit hinaus. Fanden wir bei Joachim von Fiore eine große mittelalterliche Sozialutopie, so finden wir bei Roger Bacon eine große mittelalterliche Technikutopie. In seinen »Epistola de se-

cretis operibus artis et naturae et de nullitate magiae«
(Briefe über die geheimen Wirkungen der Künste und der
Natur und über die Nichtigkeit der Magie) träumt er von
Schiffen, die sich ohne Ruder und Segel pfeilschnell bewegen, von Wagen, die keiner Zugtiere bedürfen, von Apparaten, die sich wie die Vögel durch die Luft bewegen, von
Konstruktionen, mit denen sich der Mensch auf dem
Grund der Flüsse und der Meere bewegen kann.

Bacon war aber nicht nur ein Träumer. Er hat chemische Experimente angestellt und rätselhaft beschrieben, er
kannte die Wirkung des Pulvers. Der Oxforder Tradition
entsprechend, ist die Optik eine bevorzugte Wissenschaftsdisziplin. Roger Bacon beobachtete die Brechung der
Lichtstrahlen, berechnete Ein- und Ausfallwinkel und erfand Vergrößerungsgläser.

Wie sein Wissenschaftskonzept mit praktischen und utopischen Ideen verbunden war, so auch sein Moralkonzept.
Selbstverständlich basierte dieses auf den Lehren des Christentums; gleichzeitig aber war es von Platon und Aristoteles beeinflußt, was sich besonders in der Verbindung von
Moral und Politik zeigt.

So wie Roger Bacon auf theoretischem Gebiet gegen das
scholastische Wortgeprassel zu Felde zog, so wetterte er
gegen die Unmoral seiner Zeit. Wir wissen nicht genau,
wann Bacon dem Franziskanerorden beitrat (es muß auf
jeden Fall vor 1257 gewesen sein, weil in diesem Jahr der
erste Prozeß gegen den Ordensbruder angestrengt wurde),
sicher dagegen ist, daß er Grundregeln seines Ordens ernst
nahm: Armut, Einfachheit, Gottgefälligkeit. Von diesen
Idealen aus betrachtete er die ihm gegenwärtige gesellschaftliche Wirklichkeit. Sie erschien ihm äußerst kritikwürdig. Es ist dies ja eine Grundstimmung aller oppositionellen Kräfte im Mittelalter: Die christliche Lehre ist heilig,
verehrungswürdig, mit Herz und Verstand zu bejahen,
aber was wird aus dieser Lehre in der Praxis nicht alles gemacht! Roger Bacon bekämpft vor allem das Streben der
Geistlichkeit wie der weltlichen Obrigkeit nach Reichtum
und Ruhm, weil er hierin die Ursache für die überall –
also innerhalb und außerhalb der Kirche – herrschende

moralische Verkommenheit sieht. Aus der Gier nach Luxus und Anerkennung quellen Lüge und Verrat, entstehen Streitigkeiten und Kriege, die letztlich auf dem Rücken des Volkes ausgetragen werden. Soll man sich da wundern, wenn dieses ständig zum Aufstand bereit ist?

Bacon wäre nicht Bacon, wenn er nicht über die Frage nachdenken würde, wie dieser Zustand zu verändern ist. Also entwickelt er ein politisches, natürlich utopisch bleibendes Programm gesellschaftlicher Umgestaltung, das in sehr merkwürdiger Weise Neues mit Altem verbindet. Das Neue besteht darin, daß sein Wissenschaftskonzept in das Programm eingebaut wird und damit gesamtgesellschaftliche Dimension gewinnt; das Alte darin, daß die Augustinische Idee des Gottesstaates als theokratisches Ideal einer christlichen Weltmonarchie beibehalten wird – was ein weiteres Mal den Gegensatz zum Dominikaner Thomas deutlich macht.

Roger Bacon träumt von einer Vereinigung aller Völker auf der Grundlage des Christentums, in der alle religiösen Streitigkeiten ausgetilgt, in der Kriege, die unter religiöser Flagge geführt werden – und das waren zu jener Zeit wohl alle –, ausgeschlossen sind, in der Friede und Ordnung herrschen. Zwei grundlegende Voraussetzungen müssen gegeben sein, wenn eine solche Weltmonarchie möglich werden soll: Das Baconsche Wissenschaftsprogramm muß anerkannt und durchgesetzt werden, die *Scientia experimentalis* muß allseitig erblühen. Zum anderen aber muß der wahre christliche Glaube gelehrt werden. Beides sind Aufgaben der Kleriker.

Die Sozialstruktur des von Bacon erträumten Staates ist Platons »Staat« entnommen. Den untersten Stand bilden wie selbstverständlich die Bauern und Handwerker; den zweiten Stand die Krieger (deren Funktion zwar in einer Polis einsichtig ist, nicht aber in einem Kriege ausschließenden Weltstaat) und den höchsten Stand – nein, nicht die Philosophen als Könige, sondern die Kleriker mit dem Papst an der Spitze. Christliche Transponierung eines antiken Ideals? Sicher. Platon durch augustinische Brille gelesen? Auch das. Nur ist eben zu berücksichtigen, daß der

Blatt aus einem Koran
Irak, 9. Jahrhundert
Staatliche Museen zu Berlin/
Islamisches Museum

Ibn Sina (Avicenna) (980 bis 1037)
Stich von Georg Paul Busch
Staatliche Kunstsammlungen Dresden/Kupferstichkabinett

Betsaal der großen Moschee in Córdoba
Baubeginn 785/786,
im 9. und 10. Jahrhundert erweitert

Die Schule von Athen
Nach dem Gemälde von Raffael

Dante Alighieri (1265 bis 1321)
Zeichnung von Sandro Botticelli nach Giottos Bild
in den Uffizien

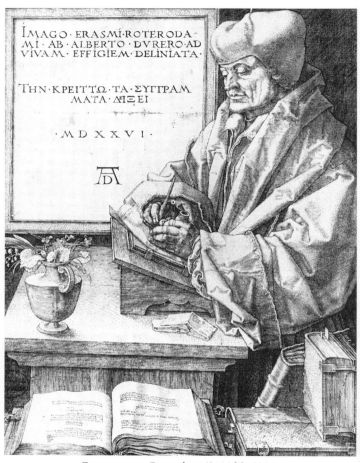

Erasmus von Rotterdam (1466 bis 1536)
Kupferstich von Albrecht Dürer (1526)
Staatliche Lutherhalle Wittenberg

Nikolaus von Kues (1401 bis 1464)
Meister des Marienlebens
Detail Stifterbild Cusanus
Kues an der Mosel, Hospital

Giordano Bruno (1548 bis 1600)
Staatliche Kunstsammlungen Dresden/Kupferstichkabinett

von Bacon erträumte Klerus mit dem ihm gegenwärtigen keineswegs identisch ist. Bacons utopischem Ideal zufolge sollen die Kleriker nicht nur eine Gemeinschaft von Hütern des christlichen Glaubens sein, sondern ebenso eine Gemeinschaft von Gelehrten, denen der Papst als der Weiseste der Weisen vorsteht. Noch genauer gesagt: Die Kleriker können nur die rechten Glaubenshüter sein, wenn sie gleichzeitig die gelehrtesten Männer sind.

Spätestens hier nun ist die sich schon lange aufdrängende Frage zu stellen, wie denn Bacon das Verhältnis von christlichem Glauben und Wissenschaft zu vermitteln sucht. Auch hier mischen sich traditionell-christliche Denkmotive – insonderheit die Augustinische Illuminationslehre – mit neuen Akzenten.

Roger Bacon hält daran fest, daß Glaube und Wissen aus der ursprünglichen göttlichen Offenbarung hervorgehen und deshalb sich vom Prinzip her nicht widersprechen können. Wahres Wissen zerstört nicht den Glauben, sondern festigt ihn. Auch teilt er die Auffassung, daß nur vom Wissen über die göttlichen Werke auf ihren Schöpfer geschlossen werden kann.

Sein Problem ist, wie diese Positionen mit seinem sensualistischen Empirismus in Einklang gebracht werden können. Denn es ist ihm gewiß, daß die Glaubensobjekte – Gott, die Engel, das ewige Leben nach dem Tode usw. – dem natürlichen Wissen kaum, ja vielleicht überhaupt nicht zugänglich sind. Je vorzüglicher die Glaubensobjekte – so sagt er –, um so weniger sind sie uns bekannt (»quanto sunt nobiliores tanto sunt nobis minus notae«). Da uns die Glaubensobjekte gewiß sind, diese Gewißheit aber nicht aus der äußeren Erfahrung entspringt, so kann sie nur der *inneren Erfahrung* entspringen. Die innere Erfahrung übersteigt nicht nur die äußere, sie ist auch vor und unabhängig von ihr. Sie findet statt, wenn ich *vom Geiste recht erleuchtet* werde. Gott als *agens intellectus* steckt uns ein Licht auf, in dessen Schein uns die geistigen Objekte sichtbar werden. So hat er den Patriarchen und Propheten unmittelbar die ganze Wahrheit offenbart.

Triumphiert hier nun nicht Offenbarung über Wissenschaft, Augustinismus über Empirismus, Mystik über Rationalismus? Sicherlich dort, wo Roger Bacon den Traditionen seines Ordens die Treue hält, also keineswegs eine Konfrontation mit dem Augustinismus sucht. Nur kommen hier Momente hinzu, die seine augustinische Position auch in einem anderen Lichte erscheinen lassen. Zum einen gerät seine kritische Haltung gegenüber der ihm zeitgenössischen Scholastik, die ja nicht nur eine dominikanische war, niemals ins Wanken. Zum anderen aber mischt sich in seine augustinische, auch vom neuplatonischen Aristotelismus der Araber geprägte Illuminationslehre auf höchst merkwürdige Weise platonischer Apriorismus. So beruft sich Roger Bacon auf jenen Knaben, über den im Platonischen Dialog »Menon« berichtet wird, daß er mathematische Aufgaben löste, ohne vorher die geringste Ausbildung in dieser Disziplin empfangen zu haben. Das ist aber nur möglich, wenn mathematisches Denken schon in ihm angelegt war. Als eingeborene Fähigkeit aber kann sie nur göttlicher Herkunft sein. Es klingt für uns Heutige phantastisch, wenn der Franziskaner meint, daß Gott den alttestamentarischen Vätern die ganze Wahrheit offenbart, also auch die mathematische Wahrheit eingegeben hat. Die Mathematik ist nicht nur die erste der philosophischen Disziplinen, sie wurde auch als erste entdeckt – von den Söhnen Adams vor der Sintflut, von den Söhnen Noahs nach ihr. Deshalb betont Roger Bacon immer wieder, daß die Mathematik die einfachste und am leichtesten zu erfassende Wissenschaft sei – was für heutige Schüler schwer vorstellbar ist.

Im Lichte der inneren Erfahrung werden nun für Roger Bacon auch die der äußeren Erfahrung unzugänglichen geistigen Objekte faßbar. Den Sinn der offenbarten Wahrheit über dieselben deutlich zu machen, ist Sache der Theologie. Die Theologen aber verdunkeln diesen Sinn durch ihre unverständlichen und leeren Worte mehr, als daß sie ihn aufhellen. Ein Grund hierfür liegt darin, daß sie die Sprachen nicht oder ungenügend kennen, in denen Gott die Wahrheit über alle Dinge offenbarte. Voraussetzung echten Theologisierens ist die Beherrschung des Hebräischen und des Griechischen. Sein keineswegs unterentwickeltes Selbstbewußtsein, das sich in seinen Versicherungen ausdrückt, den irdischen und überirdischen Geheimnissen auf der Spur zu sein, zeigt sich auch in seiner Erklärung, daß er den Schülern die heiligen Sprachen in kürzester Zeit beizubringen vermöge.

Roger Bacons kritische Haltung der ihm zeitgenössischen Theologie gegenüber, seine auf Naturwissenschaft und Naturphilosophie ausgerichtete Aristotelesrezeption, sein daraus entspringender Empirismus und seine Hochachtung der Mathematik machen für ihn eine neue Theologie erforderlich, die die Wahrheit der göttlichen Offenbarung adäquat erfaßt, die aus der inneren, mit äußerer verbundenen Erfahrung entspringt, die den Wissenschaften nicht wider-, sondern entspricht und von solcher Evidenz ist, daß sie von allen Völkern angenommen werden kann und muß. Das Programm ist freilich weit größer als seine Ausführung. Trotzdem waren hier Keime gelegt, die erst in der Renaissance, im Humanismus des 15. und 16. Jahrhunderts und in der Reformation aufgehen sollten.

Daß ein Mann mit dieser Geisteshaltung in seiner Zeit nicht ruhig und unbehelligt wirken konnte, ist ohne weitere Erklärung einsichtig. Von seiner ersten Verurteilung war schon die Rede. Er hatte jedoch das Glück, daß Papst Clemens IV. dem Franziskaner gegenüber gnädiger gestimmt war. Er forderte Roger Bacon auf, seine Anschauungen schriftlich nieder- und ihm vorzulegen. Dieser ging mit Feuereifer an die Arbeit und schrieb in kurzer Zeit (um 1267/1268) sein »Opus maius«, ein enzyklopädisches Werk, das von den Ursachen menschlicher Irrtümer, vom Verhältnis von Philosophie und Theologie, von der Wichtigkeit von Sprachstudien, von der prinzipiellen Bedeutung der Mathematik für alle Wissenschaften – besonders für Optik und Astronomie –, von moralischen und gesellschaftspolitischen Fragen handelt. Unmittelbar darauf ergänzte er das »Große Werk« durch das »Opus minus«, in dem alchemistische Gegenstände und Ursachen erörtert werden, die zur Zerrüttung der Theologie führen, und durch ein »Opus tertium«. Papst Clemens hat wohl schon das erste Werk nicht mehr zu Gesicht bekommen, da er bald nach seiner brieflichen Aufforderung starb. Die einstige päpstliche Gnade schützte Roger Bacon wenig vor den Nachstellungen seiner Ordensbrüder, denen sein Wirken immer verdächtig vorgekommen war. Nachdem er sein »Kompendium der Philosophie« geschrieben hatte, wurde er 1278 von seinem Ordensgeneral Ascoli erneut zu Klosterhaft verurteilt. Hier schrieb er noch sein »Kompendium der Theologie«. Danach verlieren sich seine Spuren in der Geschichte.

Wie der Engländer Roger Bacon Zeichen setzte, die über seine Zeit hinauswiesen, so auch – wenn freilich in anderer Weise – der Katalane *Raimundus Lullus* (Ramón Lull, 1232/1233 bis 1315/1316). Wenn Dante Alighieri seine »Göttliche Komödie« mit der Feststellung beginnt, daß er – in der Mitte seines Lebens stehend – sich in einem Walde befand und der rechte Weg verloren war, so hätte Lullus, der nicht an Minderwertigkeitskomplexen litt, von sich behaupten können, daß er in der Mitte seines Lebens den rechten Weg gefunden hatte. Nachdem er in Jugend und erstem Mannesalter ein den irdischen Freuden zugewandtes Leben geführt hatte, brach er aufgrund einer Vision, die ihn um 1365 heimgesucht haben soll, mit seiner weltlichen Daseinsweise und widmete sich sowohl im praktisch-missionarischen wie im theoretischen Sinne der Erfüllung einer Aufgabe: Kampf dem Islam! In theoretischer Hinsicht bedeutete dies entschiedene Frontstellung gegen Averroës und gegen seine lateinischen Anhänger.

Seine wortreichen Ausfälle gegen die Averroisten und gegen alle, die vom rechten Glauben abrücken, hätten ihm – trotz der 400 Schriften, die er verfaßt haben soll – kaum einen Platz in der Philosophiegeschichte eingebracht, wenn er nicht in seinem missionarischen Eifer eine Idee entwickelt hätte, die nicht nur die Logiker seiner Zeit, sondern auch spätere Denker wie Agrippa von Nettesheim (1486 bis 1535), Giordano Bruno und Gottfried Wilhelm Leibniz bewegte. Es ist dies die Idee einer *Ars generalis*, einer Wissenschaft, deren System die allgemeinsten, obersten und durch sich selbst evidenten Begriffe, Prinzipien und Regeln enthält, die noch über Logik, Metaphysik und auch Theologie steht und die sich zu den einzelnen Wissenschaften wie das Allgemeine zum Einzelnen verhält. Aus ihren Grundbegriffen lassen sich – nach Lullus – auf kombinatorischem Wege alle Wissenschaften synthetisch aufbauen. Die Kombination ihrer Prinzipien macht das Wesen der sogenannten *Lullischen Kunst* aus.

Hegel, der in seinen Vorlesungen zur Philosophiegeschichte Roger Bacon sehr zu Unrecht mit einem einzigen Satz abgetan hat, beschreibt die Lullische Kunst relativ ausführlich: »Näher war das Hauptbestreben dieses Mannes eine Aufzählung und Anordnung aller Begriffsbestimmungen, der reinen Kategorien, wohinein alle Gegenstände fallen, danach bestimmt werden können, um von jedem Gegenstand leicht die auf ihn anzuwendenden Begriffe angeben zu können. Er ist so systematisch; dieses wird mechanisch. Er hat Tableau gemacht in Kreisen, denen Dreiecke eingezeichnet – zugrunde gelegt waren, wohindurch Kreise gehen. In diesen Kreisen hat er die Begriffsbestimmungen geordnet und sie vollständig aufzutragen versucht. Von diesen Kreisen war ein Teil unbeweglich, ein anderer beweglich, die dann darauf paßten, verglichen mit den Prädikaten. Diese Kreise mußten auf gewisse Weise gestellt werden, um richtige Kombinationen zu bekommen; durch die Regeln des Herumdrehens, wo die Prädikate so aufeinanderfallen, sollte die allgemeine Wissenschaft durch diese Gedankenbestimmungen erschöpft werden. – Er beschrieb sechs Kreise, deren zwei die Subjekte, drei die Prädikate und der äußerste die möglichen Fragen angibt. Von jeder Klasse hat er neun Bestimmungen gehabt, zu deren Bezeichnung er neun Buchstaben BCDEFGHIK wählte. So hat er 1. neun absolute Prädikate um die Tafel geschrieben: Güte, Größe, Dauer (Ewigkeit), Macht, Weisheit, Wollen (Wille), Tugend, Wahrheit, Herrlichkeit; dann 2. neun relative Prädikate: Verschiedenheit, Einerleiheit, Entgegensetzung, Anfang, Mitte, Ende, Größersein, Gleichsein, Kleinersein; 3. Ob? Was? Wovon? Warum? Wie groß? Von welcher Beschaffenheit (quale)? Wann? Wo? Wie und womit? (dies neunte enthält zwei

Bestimmungen); 4. neun Substanzen (esse), als: Gott (divinum), Engel (angelicum), Himmel (coeleste), Mensch (humanum), imaginativum, sensitivum, vegetativum, elementativum, instrumentativum; 5. neun Akzidenzen, d. i. natürliche Beziehungen: quantitas, qualitas, relatio, actio, passio etc.; und 6. neun moralische Beziehungen, Tugenden: Gerechtigkeit, Klugheit, Tapferkeit usf. Diese nun hat er, wie bemerkt, zusammen auf bewegliche Kreise bezeichnet, so daß man, indem man diese Kreise drehe und zueinanderstelle, für alle Substanzen die ihnen zukommenden absoluten und relativen Prädikate auf gehörige Weise verbinde; durch die in dieselben gezeichneten Dreiecke entstehen Kombinationen, und durch die Kombinationen sollten die konkreten Gegenstände, überhaupt alle Wahrheit, Wissenschaft, Erkenntnis bestimmt sein.«[2] Auf diese Weise glaubte Lullus, auch solche Glaubenssätze beweisen zu können, die Thomas von Aquino als der Ratio nicht zugängliche hielt.

Sosehr sich Roger Bacon und Raimundus Lullus auch voneinander unterscheiden, beide zeugen jedoch davon, wie stark die Ratio angestrengt, ja überanstrengt wird, um mit dem Glauben in Harmonie zu kommen.

Für *Wilhelm von Ockham* (um 1285 bis 1347), der wie Roger Bacon und Johannes Duns Scotus in Oxford erzogen wurde und dem Franziskanerorden angehörte, stand das Problem so nicht. Der große Erneuerer des Nominalismus und Begründer des »Rasiermesser-Prinzips« gehört in die Reihe jener Denker, die nicht nur die Möglichkeit einer Einheit von Vernunft und Glaube, von Wissenschaft und Theologie in Frage stellten, sondern auf ihrer Trennung bestanden. »Der Wissenschaftsbegriff Wilhelms von Ockham ist so sehr von der Logik geprägt, daß er in seinem theologischen Hauptwerk feststellt, die Theologie sei im eigentlichen Sinne keine Wissenschaft, weil ihr in vieler Hinsicht die wissenschaftliche Evidenz abgehe (›Scriptum in librum primum Sententiarum‹, Prologus, Quaestio

---

2 Georg Wilhelm Friedrich Hegel: Vorlesungen über die Geschichte der Philosophie. Dritter Band, Leipzig 1982, S. 84/85.

VII).«³ Wissenschaft hat die Natur zum Gegenstand, Erfahrung zur Voraussetzung und in der Logik ihr wichtigstes methodisches Instrument. Der Glaube hingegen hat keine Beziehung zur Vernunft und ihrer beweisenden Tätigkeit; er ist allein auf die Offenbarung gerichtet.

In der Theologie steht Ockham weitgehend in franziskanischen Traditionen. Gott ist ihm das einzigartige Wesen, das absolut freien Willen besitzt, das aus unbeschränkter Machtvollkommenheit die Welt und ihre Ordnung geschaffen hat und erhält. Aus seinem absolut freien Willen heraus hat Gott Menschennatur angenommen, aber er hätte auch jede beliebige andere annehmen können, zum Beispiel auch – wie despektierlich gesagt wird – Eselsnatur. Als Erhalter der von ihm geschaffenen Weltordnung hält sich Gott an ihre Gesetze, aber auch dies aus seinem freien Willen heraus. Seine Ratschlüsse sind unerforschlich, der Vernunft nicht zugänglich; die Einzigartigkeit Gottes ist nicht beweisbar. Das ist Glaubenssache.

In der Philosophie aber geht es um beweisbares Wissen, um Erkenntnis der einzelnen und individuellen Dinge der Natur. Hier ist ihm der Stagirit Autorität. Kein Zufall, daß er sich die Kommentierung der Aristotelischen »Physik« zur Aufgabe stellt. Diese Kommentierung setzt auf eigenständige Weise die Traditionen der »aristotelischen Linken« fort. Über die Materie und ihre Eigenschaften urteilt Wilhelm von Ockham so: »Man muß hierzu wissen, daß die Materie eine Sache darstellt, die in der Natur aktuell und gegenüber allen substantiellen Formen in der Potenz existiert, wobei sie keine einzige mit Notwendigkeit besitzt und ihr keine immer innewohnt. Jedoch kann bei gegebener, beliebiger substantieller Form die Materie dieser verlustig gehen oder sie kann sie besitzen, je nachdem, ob die treibende Ursache einmal ihre Existenz in der Materie bewirkt und ein anderes Mal nicht. Folglich ist die Vorstellung zurückzuweisen, daß die Materie etwas ist, was von

3 Hans-Ulrich Wöhler. Nachwort. In: Wilhelm von Ockham: Kurze Zusammenfassung zu Aristoteles' Büchern über Naturphilosophie. Aus dem Lateinischen. Herausgegeben und übersetzt von Hans-Ulrich Wöhler, Leipzig 1983, S. 304/305.

sich aus nur als Potentielles existiert, das heißt in der Potenz zum Sein, genauso, wie ein künftiges Weiß nur potentiell ist. Vielmehr ist die Materie in Wahrheit aufgrund ihres eigenen Wesens etwas Aktuelles, so daß sie durch keine Kraft in der Natur [nur] in der Potenz zum Sein existieren kann; im Gegenteil existiert sie immer aktuell in der Natur. Wenn sie gegenüber der Form, derer sie entbehrt, auch immer in der Potenz existiert, so ist sie *von ihrem Wesen her jedoch bestimmt unentstanden und unvergänglich und kann unmöglich nicht existieren*.«[4] Die ewige, immer ausgedehnte Materie ist die Invariable gegenüber dem Formenwandel in den Dingen. Die Einheit der partiellen Seinsarten Materie und Form macht das Gesamtsein aus. Zwar hält Ockham an der aktiven Rolle der immateriellen Formen fest, aber sein Antiplatonismus ist unverkennbar.

Dieser wird noch deutlicher, wenn vom Erkennen der Dinge zum Erkennen des Erkennens der Dinge übergegangen wird. Daß der Erkenntnisprozeß des Individuums mit der sinnlichen (intuitiven) Erkenntnis anhebt, ist für Ockham ebenso selbstverständlich wie das Faktum, daß diese immer nur einzelne Dinge in ihrer Existenz konstatiert, Allgemeinbegriffe aber ausschließt. Obwohl sinnliche Erkenntnis beschränkt bleibt, zu wissenschaftlicher Erkenntnis nicht aufsteigt, bleibt doch festzuhalten, daß »das von jedem als erstes Erkannte etwas Einzelnes (ist); denn keiner kann etwas Allgemeines (universale) eher erkennen als etwas Besonderes«.[5]

Das Interessante, Dialektische bei Ockham sehe ich nun darin, daß er für die intellektuelle, Universalien einschließende, abstrakte Erkenntnisweise genau die gegensätzliche These gelten läßt: Das Erkennen des Allgemeinen geht dem Erkennen des Einzelnen voraus. In der Weise nämlich, daß als erstes ein sehr Allgemeines (Abstraktes) ausgesprochen wird, das erst im weiteren Denkprozeß seine Differenzierung (Konkretisierungen) erfährt. So hat schon Aristoteles das von jedem zu beobachtende Faktum ausge-

4 Ebenda, S. 46/47. (Hervorhebung – *H. S.*)
5 Ebenda, S. 21.

sprochen, daß die Kleinkinder zunächst zu allen Männern Papa sagen und erst später die Besonderheiten und Einzelheiten dieses Begriffes erfassen und sprachlich zum Ausdruck bringen. »Ich meine also«, schreibt Ockham, »daß so, wie der Intellekt von vielem zunächst ein unvollkommenes und verschwommenes Verständnis hat, auch die Empfindung am Anfang ein unvollkommenes und verschwommenes Erfassen besitzt und später dann ein Verständnis, das das eine vom anderen unterscheidet. Aus diesem Grunde folgt, daß Allgemeinbegriffe – vermittelt durch ein nicht vollkommenes Verständnis der Einzeldinge – mit weniger Schwierigkeit erfaßt werden als die spezifischen oder eigentlichen, also ist mit ihnen im Lehraufbau zu beginnen.«[6]

Hier erhebt sich nun die Frage nach Wesen und Existenz der Universalien. Der Anhänger des Aristoteles, der dazu noch die Selbständigkeit der Materie und die einzelnen, stofflichen und geformten Dinge als wirklichen Gegenstand der Erkenntnis akzentuiert, vermag die gängige Formel der gemäßigten Realisten, wonach die Universalien vor den Dingen in Gott, in den Dingen als Allgemeines und nach den Dingen im menschlichen Verstande existieren, nicht anzunehmen. Seine zunächst extrem antirealistische Position, wonach Universalien reine Fiktionen sind, die jeder Korrespondenz mit bestimmten Verhältnissen der objektiven Realität entbehren, modifiziert er im Verlaufe von Untersuchungen über den Erkenntnis-, insbesondere über den Begriffsbildungsprozeß. Konstant bleibt dabei allerdings seine Ablehnung der Universalien als substantielle Wesenheiten. Universalien sind für Ockham *intellectiones*, Erkenntnisakte, die ihre Existenz und ihre Funktionen nur im menschlichen Geiste besitzen, die in abstrakter und verallgemeinernder Weise bestimmte Verhältnisse der objektiven Realität auszudrücken vermögen.

Mit dieser nominalistischen Position steht das Prinzip des »Ockhamschen Rasiermessers« in engster Verbindung. Stahl und Schleifstein dieses Messers – so ließe sich viel-

6 Ebenda, S. 21/22.

leicht sagen – stammen aus der Werkstatt des Stagiriten. Um nicht nur die wissenschaftstheoretische, sondern auch philosophische Dimension dieses Prinzips verständlich zu machen, muß an die Platonkritik des Aristoteles erinnert werden. Eines der wichtigen Argumente gegen die Ideenlehre bestand darin, daß die Fassung der Allgemeinbegriffe als substantielle Wesenheiten notwendig zu einer Verdopplung, ja Vervielfachung führt, ohne daß damit unsere Erkenntnis auch nur im geringsten erweitert würde.[7] Ockhams Rasiermesser hat nun gerade die Funktion, alles Überflüssige wegzuschneiden. »Denn ohne Zweck *(frustra)* ist, was durch vieles zustande kommt, aber durch weniger zustande kommen kann ...«[8] Dieses Minimierungsprinzip ist mehr als eine bloße Forderung der Denkökonomie. Es richtet sich gegen jene Neuplatoniker, die auf den Grund der Dinge dadurch zu gelangen suchten, daß sie ihnen idelle Wesenheiten unterschoben. Die willkürliche Einführung solcher Wesenheiten führt nicht nur zur Verdopplung, sie ist die Ursache für die Widersprüche, die dann bei der Erklärung der realen Dinge auftreten. Der die »echte Linie des Aristoteles« fortsetzende Franziskaner geht dagegen davon aus, daß Seins- und Denkformen gleichermaßen rational strukturiert sind. Erfahrung und Logik erweitern unsere Erkenntnisse, nicht aber Wesenheiten, die für das Erkennen nicht nur überflüssig, sondern hemmend sind.

Ockhams Rasiermesser-Prinzip erlangte in der weiteren Geschichte dadurch Berühmtheit, weil es von materialistische Positionen vertretenden Philosophen (Locke, Condillac, Diderot) aufgegriffen und im Kampf gegen die »eingeborenen Ideen« angesetzt wurde.

Mit der von dieser nominalistischen Position aus durchgeführten Kommentierung und Erneuerung der Aristotelischen Naturphilosophie, die ja Kategorien-, Ursachen- und Bewegungslehre einschloß, schuf Ockham theoretische

---

[7] Siehe Helmut Seidel: Aristoteles und der Ausgang der antiken Philosophie, S. 32.
[8] Wilhelm von Ockham: Kurze Zusammenfassung zu Aristoteles' Büchern über Naturphilosophie, S. 56.

Voraussetzungen für die weitere Entfaltung empirischer Naturwissenschaft.

Ockham ist nun nicht nur Logiker und Naturphilosoph, sondern ebensosehr politischer Schriftsteller. Was seinen Nominalismus besonders auszeichnet, ist der Umstand, daß er direkte Beziehung zu einer klar ausgeprägten antipäpstlichen, auf Kirchenreform zielenden politischen Position besitzt. Dem das Einzelne favorisierenden Nominalisten ging es vornehmlich um die Normen des Zusammenlebens der selbständigen, in ihren Willen freien Individualitäten. Diese Normen sind von Gott gesetzt, liegen in der christlichen Ethik begründet und ergeben sich auch aus menschlichem Konsens. Beachtlich hierbei, daß im Unterschied zu Aristoteles das Herrschafts-Knechtschafts-Verhältnis bei Ockham nicht als ein naturnotwendiges, sondern nur historisches Phänomen auftritt. Es ist dies ein Gedanke, der uns – wenn auch in anderer Form – bei Meister Eckhart begegnen wird. Diese Normen gelten für alle, für den Papst und die weltlichen Herrscher, für die Prälaten und die Bettelmönche, für die Priester und die Laien. Wer gegen sie verstößt, ist als Ketzer zu brandmarken.

Der universelle weltliche Machtanspruch des Papstes und seine Versuche, diesen Anspruch durchzusetzen, bringen ihn nicht nur in Gegensatz zum Kaiser, sie verletzen die allgemein gültigen Normen des Zusammenlebens, die auch innerhalb der Kirche Gültigkeit besitzen müssen. Ockham ist einer der einflußreichsten Vertreter des Konziliarismus, einer Bewegung, die die in die Krise geratene katholische Kirche als rein religiöse Institution, also in ihrer Trennung von der weltlichen Macht, dadurch wiederherzustellen sucht, daß Konzile einberufen und als höchste kirchliche Instanz fungieren sollen, an denen sowohl Priester wie auch Laien beteiligt sind.

Als Ockham der Häresie angeklagt wurde, vor dem Papst Johannes XXII. zu Ludwig dem Bayern nach München floh, um den sich die antipäpstlichen Gesinnungsgenossen scharten – so auch Marsilius von Padua, der averroistische Positionen auf die Politik übertrug –, als der

Papst die Aufrührer exkommunizierte, war Ockhams Nominalismus und Konzilarismus eine theoretische Grundlage, von der aus die Exkommunizierten später diesen Papst exkommunizierten.

Es gilt als ziemlich sicher, daß Ockham in München an der Pest gestorben ist. Mysteriös hingegen ist das Ende von Meister Eckhart. Er starb in päpstlicher Haft in Avignon.

Meister Eckhart ist der erste Thüringer, der in die Weltgeschichte des philosophischen Denkens eingegangen ist. Als Sohn eines ritterlichen Geschlechts wurde er um 1260 in Hochheim bei Gotha geboren. Ins Erfurter Dominikanerkloster trat er in früher Jugend ein. Seine Studien setzte er zunächst in Straßburg fort, wo er später auch als Leiter der dortigen Dominikanerschule wirkte, danach in der Ordenshochschule in Köln. Im Studium generale, das von Albertus Magnus gegründet und geprägt worden war, dominierte zu Eckharts Studienzeit die thomistische Lehre, war doch der Aquinate 1280 zum »Lehrer des Ordens« erklärt worden. Gleichzeitig aber wirkte in Köln die Hochschule der Franziskaner. Vom Einzug des Duns Scotus in die Domstadt ist berichtet worden. Eckhart ist von seinen Jugendstudien an mit den theologischen, philosophischen und sicher auch politischen Streitigkeiten zwischen den Angehörigen beider Orden vertraut gewesen. Er sollte diese Rivalität auch noch am Ende seines Lebens zu spüren bekommen. Als von päpstlicher Seite der Prozeß gegen Meister Eckhart angestrengt wurde, stand der antipäpstlich gestimmte Wilhelm von Ockham eben nicht an der Seite des Dominikaners.

Neben Köln war es das andere berühmte Zentrum der Scholastik, das den selbständigen Geist Eckharts herausforderte. Nach Paris sandte ihn der Orden, damit er dort ein Lehramt übernehme und die Magisterwürde erwerbe. 1302 erhielt er letztere.

Eckhart war Mönch, aber keiner von denen, die welt- und lebensfremd in ihrer Zelle hocken und in sich selbst und in ihre Studien versunken sind. Es ist dies deshalb zu betonen, weil in seiner Lehre der Begriff der »Abgeschiedenheit« keine unwesentliche Rolle spielt. Aber dieser Begriff hat mit Quietismus nichts gemein, schließt aktives Wirken im Irdischen keineswegs aus. Es waren wohl die starke Persönlichkeit und seine Talente, die den Orden bewogen, ihn mit hohen Ämtern zu betrauen. In unterschiedlichen Zeiten war er Vikar von Thüringen und Prior in Erfurt, Leiter der Ordensprovinz Sachsen, die sich von den Niederlanden bis ins Baltikum erstreckte und 60 Klöster – darunter 9 Frauenklöster – einschloß, Stellvertreter des Ordensgenerals mit dem Auftrag, die Klöster in Böhmen zu ordnen, Oberhaupt der Ordensprovinz Deutschland und anderes mehr.

Wichtiger als Ämter und Funktionen war, daß Eckhart mit den Problemen vertraut wurde, die die mit dem Volk unmittelbar verbundene niedere Geistlichkeit hatte. Es wäre ja ein Irrtum anzunehmen, daß alle »vor Ort« tätigen Priester nur willen- und gedankenlose Werkzeuge der Papstkirche und blind gegenüber den Sorgen und Nöten, den Hoffnungen und Vorstellungen des einfachen Volkes gewesen sind. Zogen sich durch das ganze Mittelalter antifeudale Bestrebungen und Bewegungen, die in häretischer Religiosität ihren ideologischen Ausdruck fanden, so erreichen diese um die Wende vom 13. zum 14. Jahrhundert einen neuen Höhepunkt. Das Streben nach Reichtum und Macht brachte der Kirche nicht nur ständige Händel mit den weltlichen Mächten ein, es führte zunehmend zur Bürokratisierung ihrer Organisationen. In dem Maße, wie das Eintreiben von Abgaben und Steuern an Bedeutung gewann, in dem Maße formalisierten sich ihre geistlichen Funktionen, trifteten Predigt christlicher Moral und kirchliche Realität auseinander. Kein Wunder in dieser Situation, wenn die Kirche zum Objekt zunehmender moralischer Kritik wurde. Ihr Status als allein seligmachender wurde in Frage gstellt. Wird aber die Rolle der Kirche als Mittlerin zwischen Mensch und Gott in Zweifel gezogen, dann muß das Verhältnis von Mensch und Gott neu bedacht werden.

In unterschiedlichen Ausprägungen finden wir die charakterisierte Tendenz in allen oppositionellen Bewegungen dieser Zeit; bei den Spiritualen, zu denen Ockham Beziehung hatte, und bei den Waldensern, bei den apostolischen Brüdern und bei den Lollarden. Zu den letzteren gehörte John Ball, der Ideologe des großen Bauernaufstandes in England im Jahre 1381. Er brachte den antifeudalen Gehalt oppositioneller Bewegung auf die einfache Frage: Als Adam grub und Eva spann, wo war denn da der Edelmann?

Im Zusammenhang mit Meister Eckhart ist besonders auf die Bewegung der Beginen und Begharden und auf die radikalere der »Brüder vom freien Geiste« zu verweisen. In den religiös-asketischen Frauen- (Beginen) und Männervereinigungen (Begharden) lebte die Überzeugung, daß Gott in der Seele jedes Menschen anwesend sei. Wenn aber Gott in uns ist, dann bedarf es keiner äußeren Vermittlung. Damit aber ist die Notwendigkeit eines besonderen geistlichen Standes und einer besonderen kirchlichen Organisation in Frage gestellt. Da sich nun aber unsere innere Identität mit Gott in guten Taten äußert (ein Lebemeister ist mehr wert als zehn Lehrmeister!), verlieren Kult und Gebet an Bedeutung. Die guten Taten aber zielen auf das »Reich Gottes auf Erden«, in dem die Gleichheit aller Christenmenschen gilt. Der antifeudale und gegen die kirchliche Organisation gerichtete Charakter dieser Bewegungen ist hier offensichtlich; kein Wunder, wenn ihre Anhänger als Häretiker verfolgt wurden.

Es ist hier nicht die Frage zu entscheiden, ob und in welchem Maße Eckhart mit diesen Bewegungen direkt verbunden war. Daß er den Geist dieser Bewegungen faßte, ihm Ausdruck verlieh und förderte, dürfte allerdings sicher sein. Davon zeugen seine in deutscher Sprache gehaltenen Predigten, die das Volk wirklich erreichten.

Der Ruhm Meister Eckharts gründet sich nicht zuletzt darauf, daß er der erste große Denker der deutschen Geschichte war, der theologische und philosophische Gegenstände auch in der Volkssprache behandelte. Allein schon die deutsche philosophische Terminologie hat ihm viel zu verdanken. Insofern läßt sich sagen, daß der Thüringer am Beginn deutscher Philosophiegeschichte steht.

Unsere Wertschätzung von Meister Eckhart hat – wie

sich aus unseren bisherigen Darstellungen von selbst ergibt – nicht das geringste mit der Mißachtung oder gar Diskreditierung von Denkern anderer Völker zu tun. Dies muß hier nur deshalb gesagt werden, weil es in der deutschen Philosophiegeschichtsschreibung nicht wenige Versuche gegeben hat, Meister Eckhart vor den nationalistischen Karren zu spannen. Namentlich in der präfaschistischen und faschistischen Literatur werden »deutscher Tiefsinn« und »deutsche Innerlichkeit« »welscher rationalistischer Oberflächlichkeit« gegenübergestellt. Ich leugne nicht nationale Spezifika, bin aber entschieden gegen deren nationalistische Travestierung. Auch in bezug auf die Denker gilt der Spruch: Achte alle Völker, das deinige liebe!

Meister Eckhart wurde nicht seines »Deutschtums« wegen der Prozeß gemacht, sondern weil sein Denken in wichtigen Partien gegen Lehre und Interesse der römischkatholischen Kirche gerichtet war, weil seine Anschauungen ins Volk drangen, das Volk sie aufnahm, eben weil es in ihnen seine religiösen Stimmungen und Interessen ausgedrückt fand.

Was lehrte Meister Eckhart? Worin bestand sein theologisches und philosophisches Konzept? Diese Fragen sind einfacher zu stellen als zu beantworten, zumal wir noch nicht über ein allseitig begründetes Eckhartbild verfügen. Die Spannweite der Interpretationsmöglichkeiten, die wir bei allen großen Denkern finden, ist erheblich, wobei hier noch das keineswegs einfache Verhältnis von lateinischen und deutschen Schriften hinzukommt. Die Ordensbrüder, soweit sie Eckhart als den ihrigen betrachten, sehen in ihm vorwiegend einen Schüler des Thomas. Dies nicht ohne Grund, denn daß der Dominikaner seinen Ordenslehrer gründlich studiert hat, kann vorausgesetzt werden. Andere sehen – und auch das mit guten Gründen – in Eckhart den Fortsetzer jener neuplatonischen Linie, die beim Pseudo-Dionysios begann und bei Johannes Scotus Eriugena einen Höhepunkt erreichte. Hermann Ley, der in unserer Republik die marxistische Eckhartforschung inaugurierte und auch das Spektrum heutiger Eckhartforschung kritisch darstellte[9], geht averroistischen Einflüssen auf das Denken Eckharts nach. Es übersteigt unsere Möglichkeiten, uns hier in die keineswegs abgeschlossene Diskussion einzuschalten. Nur von einigen Grundzügen im Eckhartschen Denken kann hier die Rede sein.

In Hegels »Vorlesungen über die Geschichte der Philosophie« findet sich eine bisher kaum beachtete, höchst merkwürdige – in des Wortes doppelter Bedeutung – Passage, die sich dazu nicht einmal direkt auf Eckhart bezieht. Es gibt ja im ganzen Opus des Dialektikers nur zwei namentliche Erwähnungen des Dominikaners. Die Bemerkung über die Mystiker aber lautet so: »Es sind teils fromme, geistreiche Männer gewesen, die das Philosophieren in der Weise der neuplatonischen Philosophie fortgesetzt haben: früher Scotus Erigena. Bei solchen findet man echtes Philosophieren, was man auch Mystizismus nennt; es geht bis zur Innigkeit fort, *hat mit dem Spinozismus die größte Ähnlichkeit.*«[10]

Meister Eckhart als Vorläufer Spinozas? Wohl kaum. Von einem Einfluß des Thüringers auf das Denken Spinozas kann keine Rede sein. Vergleicht man die Schriften beider Denker, so springen einem zunächst die Differenzen in die Augen. Meister Eckhart hat zwar Vernunftsgründe zu schätzen gewußt, aber ein Rationalist, der wie Spinoza ordo geometrico denkt, ist er keineswegs. Worin dann aber die »größte Ähnlichkeit«? Natürlich im *Pantheismus*. Der Gedanke, daß Gott in uns in der gleichen Weise lebt und webt wie wir in ihm, ist es, der die beiden Denker verbindet. Es ist der Immanenzgedanke, dem Eckhart zum Durchbruch zu verhelfen sucht. Zwar bleibt bei ihm die Transzendenz insofern noch erhalten, als er eine Gottheit, die nicht nur für uns unerkennbar und daher unaussprechlich, sondern auch selber unbestimmt, eigenschafts-

---

9 Siehe Hermann Ley: Studie zur Geschichte des Materialismus im Mittelalter, Berlin 1957, S. 359ff.
10 Georg Wilhelm Friedrich Hegel: Vorlesungen über die Geschichte der Philosophie. Dritter Band, S. 82. (Hervorhebung – *H. S.*)

los und daher sich selber unbekannt ist, im »Nichts des Nichts« oder – bildlich gesprochen – in »reiner Wüste« und »verborgener Finsternis« ansiedelt, aber das Werden der Gottheit zu Gott ist sowohl seine Selbstbestimmung wie sein Offenbarwerden in der Welt. Eckhart ist von der Idee der Wesensgleichheit von Gott und kreatürlicher Welt so ergriffen, daß er das eine ohne das andere gar nicht zu denken vermag. Alle Dinge sind nicht nur von Gott, sondern sind in ihm gleich und sind Gott selber. Der im Neuplatonismus oft geäußerten Anschauung, wonach Gott in seiner Überfülle emaniere, die so geschaffene Welt zwar Gott, Gott aber nicht der Welt bedürfe, steht Eckharts Position ebenso gegenüber wie der Ansicht von der Welt als »Abfall vom Absoluten«. Der Thüringer denkt Gott und Welt, Gott und Mensch immer in wechselseitiger Beziehung aufeinander. Gott kann uns ebensowenig entbehren, wie wir seiner entbehren können. Das Auge, mit dem wir Gott sehen, ist dasselbe Auge, mit dem Gott uns sieht. Gott wäre nicht, wenn ich nicht wäre und umgekehrt.

Sich dieser seiner Einheit mit Gott bewußt zu werden, das ist – nach Eckhart – die Bestimmung des Menschen; das ist für ihn der wesentliche Inhalt des Christentums. Hier ist nicht nur Gefühl, sondern ratio gefordert. Eckhart übersetzte ratio mit *Vernunft* (Firnunft – von »vernehmen« abgeleitet). Vernunft aber ist – Meister Eckhart war mit Aristoteles wohl vertraut – jener Seelenteil, der unsterblich ist. So sagt denn auch Eckhart vom berühmten »Seelenfünklein«, daß es ewig, raum- und zeitlos, einheitlich und ungeschaffen, also Gott selber sei. Im innersten Grunde der Seele, in der Vernunft also, ist Gott in vollkommenster Weise gegenwärtig. In ihr vollzieht sich – so ließe sich vielleicht sagen – die Menschwerdung Gottes und die Gottwerdung des Menschen. Zwischen Christus als eingeborenem Sohn Gottes und unserer Seele macht Eckhart keinen Unterschied. Dies deshalb, weil er annimmt, daß Christus ständig in unserer Seele geboren werde; daß Christus selber lehrte, daß wir derselbe Sohn wären wie er.

Wo das Bewußtsein dieser Einheit mit Gott lebendig ist, da ergibt sich gleichsam von selbst eine ethische Haltung, die nun wirklich eine Ähnlichkeit mit der spinozistischen aufweist. Das Gemeinsame besteht hier in der Absage an partielle Liebe zu den einzelnen Dingen und an die ihr zugrunde liegende Selbstliebe.[11] Dies scheint mir auch der Hauptinhalt des Eckhartschen Begriffes der »Abgeschiedenheit« zu sein. Was sollte man sonst wohl von einem Denker halten, der Gottessein in allen Dingen erklärt, die Einheit mit Gott aber über alles stellt, dann sich aber von den Dingen abscheidet? Dialektische Wendungen sind Meister Eckhart keineswegs fremd. In einer solchen ließe sich sagen, daß Eckharts »Abgeschiedenheit« vielmehr eine Öffnung ist. Die Preisgabe der Selbstliebe erscheint nur als eine Bedingung für die Liebe zum Ganzen, zum Guten, zum Sein, eben zu Gott. Handlungen, die an sich weder gut noch schlecht sind, erhalten gerade aus solcher Willensverfassung ihren moralischen Status.

Aus der charakterisierten Position des Meister Eckhart ergeben sich vielfältige Konsequenzen. Nur zwei – miteinander zusammenhängende – seien angedeutet. Die *erste* ist, daß das Verhältnis Gott–Mensch nicht mehr innerhalb des Herr-Knecht-Schemas gedacht wird, sondern unter dem Aspekt der Freundschaft, die ja immer die Gleichheit der Partner voraussetzt. *Zweitens* aber folgt daraus, daß alles betteln, bitten und beten sowie alle sonstigen Vermittlungsriten dem Freundschaftsverhältnis unangemessen sind.

Wenn ich berücksichtige, daß im gängigen Christentum dieser Zeit Gott immer als Herr – und auch Meister Eckhart kann selbstverständlich seinen *Herr*gott nicht lassen –, die Menschen aber als Gottes Knechte, »Gottesknechte« erschienen, daß die Kirche in ihrem Anspruch, die allein seligmachende zu sein, die Vermittlung von Herr und Knecht zu bewerkstelligen trachtete – beides Momente eines Bewußtseins, das genau dem feudalen Sein entsprach –, dann kann ich nicht umhin, Eckharts Gedanken als re-

---

11 Siehe Helmut Seidel: Spinoza und die Denkfreiheit. In: Baruch Spinoza: Der Theologisch-politische Traktat, Leipzig 1967.

volutionierende zu bezeichnen. Die Kirche hatte schon Grund, ihm den Prozeß zu machen.

Als Beleg hierfür, aber auch um eine Vorstellung über Inhalt und Form seines Denkens zu vermitteln, sei zum Schluß ein längerer Auszug aus Meister Eckharts »Predigt über die Weisheit« angeführt:

»Unser Herr hat zu seinen Jüngern gesagt: ›Ich habe euch nicht Knechte geheißen, sondern Freunde!‹ Wer etwas erbittet von dem Andern, der ist *Knecht*, wer die Bitte gewährt, *Herr*. Ich bedachte neulich: Ob ich wohl von Gott etwas annehmen oder erbitten möchte? Da will ich doch ernstlich mit mir zu Rate gehn! Denn indem ich von Gott etwas annähme, damit stünde ich *unter* Gott – ein Knecht, der unter seinem Herrn steht, durch das Geben. So soll es nicht mit uns stehn im ewigen Leben! Ich habe einst an dieser Stelle gesagt – und es ist *noch* wahr: Wo der Mensch Gott von draußen holt und hernimmt, der hat das Rechte nicht. Man soll Gott nicht außer sich suchen oder wähnen, sondern ihn nehmen, wie er mein eigen und in mir ist! Wir sollen auch nicht Gott dienen noch unsere Werke verrichten um irgend ein Warum; nicht um Gott noch um Gottes Ehre noch um irgend etwas, was außer uns wäre, sondern allein um dessentwillen, was *in* uns ist, als unser Wesen, unser eigenes Leben. Manche einfältige Leute wähnen, sie müßten Gott sehen, als stünde er da und sie hier. Das gibt es nicht! Gott und ich wir *sind eins* im Erkennen. Und ebenso, ziehe ich Gott in mich in der *Liebe*, so gehe ich in Gott ein. Einige lehren, Seligkeit beruhe nicht auf Erkennen, sondern allein auf dem Willen. Sie (die Franziskaner nämlich – *H. S.*) haben Unrecht. Denn beruhte sie allein auf dem Willen, so wäre da nicht: nur Eines. Wohl aber Wirken und Werden die sind eins: wenn der Zimmermann nicht *wirkt*, so *wird* auch das Haus nicht; wenn die Axt ruht, ruht auch das Werden. Gott und ich wir sind eins in solchem Vorgange des Wirkens: er wirkt und ich werde. Das Feuer verwandelt in sich, was ihm zugeführt wird, und wird dessen Natur. Nicht das Holz verwandelt das Feuer in sich, sondern nur das Feuer das Holz. So werden auch wir in Gott verwandelt, daß wir ihn dann erkennen wie er ist – sagt Sankt Paulus. So aber wird unser Erkennen sein: recht ich *ihn* wie er *mich*, nicht weniger und nicht mehr, sondern schlechthin gleich.«[12]

---

12 Meister Eckeharts Schriften und Predigten, 1. Bd., Jena 1923, S. 155/156.

DREIUNDZWANZIGSTE VORLESUNG
Ein neuer Aufbruch – Renaissance

Das Bild vom sich in der Renaissancezeit vollziehenden herrlichen Sonnenaufgang, der dem finsteren Mittelalter ein Ende bereitet, trifft nicht genau. Aus den vorangegangenen Vorlesungen dürfte deutlich geworden sein: Auch die mittelalterliche Philosophie hatte ihre leuchtenden Sterne. Eher schon geben jene Zeilen von Goethes Faust, des Prototyps einer Renaissancegestalt, jenes Lebensgefühl wieder, das in dieser Zeit, also zwischen dem 14. und 16. Jahrhundert, aufbrach:

»Aus der Kirchen ehrwürdiger Nacht
Sind sie alle ans Licht gebracht.«[1]

Wer geraume Zeit im gotischen Dom verweilt und dann

---

1 Johann Wolfgang Goethe: Faust. Eine Tragödie. In: Goethe. Berliner Ausgabe, Bd. 8, Berlin und Weimar 1965, S. 178.

durch das Portal hinaus in einen sonnenüberfluteten Frühlingstag tritt, spürt etwas vom Renaissancegeist.

Philosophie kann zwar nicht gefühllos betrieben werden, aber sie muß sich hüten, im Gefühl steckenzubleiben. Philosophie fordert den Begriff. Bevor über die Renaissancephilosophie geredet werden kann, muß die Frage beantwortet werden: *Was ist das eigentlich, die Renaissance?*

Die allgemein bekannte Formel, wonach Renaissance Wiedergeburt antiker Kultur bedeute, hilft nur wenig weiter. Sind doch in verschiedenen Regionen und zu verschiedenen Zeiten Elemente antiker Kultur wiedergeboren worden. Auch die Tatsache, daß der Terminus »Renaissance« aus der Kunstgeschichte stammt, hier eine bestimmte Stilrichtung bezeichnet, tangiert zwar den Begriff der Renaissance, erfaßt ihn aber keineswegs vollständig.

Es geht dem Terminus »Renaissance« ähnlich wie dem Terminus »Aufklärung«. Beide werden in der philosophiehistorischen Literatur – ebenso wie in der literaturhistorischen und kunsthistorischen – häufig gebraucht, wobei die Häufigkeit des Gebrauchs oft im umgekehrten Verhältnis zur Klarheit des Begriffes steht. Von hier aus kommt es zu jener fehlerhaften Manier, Elemente des Begriffs mit diesem selbst zu identifizieren. Das führt dann dazu, daß überall dort von Renaissance gesprochen wird, wo das Aufblühen einer Kultur mit der Wiederbelebung antiker Traditionen verbunden ist. Demgegenüber ist der Begriff »Renaissance« enger, dafür aber konkreter zu fassen.

Versuchen wir, unsere Entwicklung des Begriffs mit der Erklärung zu beginnen, was Renaissance nicht ist. Renaissance ist meines Erachtens kein Begriff, der sozialökonomische und politische Verhältnisse oder eine bestimmte sozialökonomische und politische Epoche bezeichnet. Obgleich natürlich die italienischen Handelsstädte die Basis waren, auf der die Renaissance erblühte, scheint es mir recht ungeschickt zu sein, von renaissancehaften Produktivkräften oder von renaissancehaften Staatsgebilden zu sprechen. Hier steht uns ein Begriffsinstrumentarium zur Verfügung, das ganz gut ohne den Terminus »Renaissance« auskommt.

Renaissance ist ein Begriff, der eine spezifisch kulturelle, also vor allem künstlerische und philosophische Bewegung bezeichnet. Von Renaissancemalerei, -architektur, -musik, -literatur und -philosophie zu sprechen, das macht einen Sinn. Die historische Spezifik dieser kulturellen Bewegung aber besteht darin, daß sich in ihren vielfältigen Gestaltungen die *ursprüngliche und erste Form der Ideologie der europäischen bürgerlichen Emanzipationsbewegung ausdrückt.*

Mit vollem Recht hat Friedrich Engels die Renaissance als eine *revolutionäre Umwälzung* beschrieben, wie sie die Welt bis dahin nicht gesehen hatte. In bewegten und bewegenden Worten hat er den Geist der damaligen Zeit zum Ausdruck gebracht: »Es war die größte progressive Umwälzung, die die Menschheit bis dahin erlebt hatte, eine Zeit, die Riesen brauchte und Riesen zeugte, Riesen an Denkkraft, Leidenschaft und Charakter, an Vielseitigkeit und Gelehrsamkeit. Die Männer, die die moderne Herrschaft der Bourgeoisie begründeten, waren alles, nur nicht bürgerlich beschränkt. Im Gegenteil, der abenteuernde Charakter der Zeit hat sie mehr oder weniger angehaucht. Fast kein bedeutender Mann lebte damals, der nicht weite Reisen gemacht, der nicht vier bis fünf Sprachen sprach, der nicht in mehreren Fächern glänzte. Leonardo da Vinci war nicht nur ein großer Maler, sondern auch ein großer Mathematiker, Mechaniker und Ingenieur, dem die verschiedensten Zweige der Physik wichtige Entdeckungen verdanken; Albrecht Dürer war Maler, Kupferstecher, Bildhauer, Architekt und erfand außerdem ein System der Fortifikation, das schon manche der weit später durch Montalembert und die neuere deutsche Befestigung wiederaufgenommenen Ideen enthält. Machiavelli war Staatsmann, Geschichtsschreiber, Dichter und zugleich der erste nennenswerte Militärschriftsteller der neueren Zeit. Luther fegte nicht nur den Augiasstall der Kirche, sondern auch den der deutschen Sprache aus, schuf die moderne deutsche Prosa und dichtete Text und Melodie jenes siegesgewissen Chorals, der die Marseillaise des 16. Jahrhunderts wurde. Die Heroen jener Zeit waren eben noch nicht unter die Teilung der Arbeit geknechtet, deren beschränkende, einseitig machende Wirkungen wir so oft an ihren Nachfolgern verspüren. Was ihnen aber besonders eigen, das ist, daß sie fast alle mitten in der Zeitbewegung, im praktischen Kampf leben und weben, Partei ergreifen und mitkämpfen, der mit Wort und Schrift, der mit dem Degen, manche mit beidem. Daher jene Fülle und Kraft des Charakters, die sie zu ganzen Männern macht.«[2] Wem fällt hierbei nicht das Hutten-Wort ein: »O Jahrhundert, o Wissenschaften! Es ist eine Lust zu leben! ... Die Studien blühen und die Geister regen sich ...«[3]

Um an einen konkreten Begriff von Renaissance heranzukommen, muß die Frage beantwortet werden, was es denn eigentlich war, was in dieser Zeit in so grundsätzlicher Weise umgewälzt wurde.

Renaissance – das ist in erster Linie die Geburt eines neuen Menschenbildes. Und dies nicht nur im utopischen Reich der Gedanken. Ein neues Bewußtsein seiner selbst geht auf, das zur Verwirklichung drängt. Der Mensch schaut sich nunmehr in seiner ganzen Kraft und Schönheit an. Man vergleiche nur die Gestalten des Michelangelo, selbst die, die religiöser Thematik gewidmet sind, mit mittelalterlichen Skulpturen, und man hat eine plastische Vorstellung vom Wandel im Menschenbild. Die leidende, ausgemergelte, ganz in der Gnade Gottes stehende Kreatur tritt zurück, in den Vordergrund rückt die Aktivität des Menschen, der maximale Gebrauch seiner Vermögen, seines Verstandes und der Sinnlichkeit. Nicht Gebet und Demut erscheinen als hohe Tugenden, vielmehr Tätigkeit, die auf Verwirklichung aller natürlichen Anlagen zielt. Glückseligkeit ist nicht nur im Himmel. Irdische Glückseligkeit aber hängt nicht vom Himmel ab, sondern allein vom eige-

---

2 Friedrich Engels: Dialektik der Natur. In: MEW, Bd. 20, S. 312.
3 Hutten an Willibald Pirckheimer, 25. Oktober 1518. Zit. in: Hutten. Müntzer. Luther. Werke in zwei Bänden. Ausgewählt und eingeleitet von Siegfried Streller. Textrevision von Christa Streller. Erster Band, Berlin und Weimar 1982, S. XXVI.

nen Tun. Der Mensch ist seines Glückes eigener Schmied. Der *homo faber* wird geboren.

Pico della Mirandola hat diesen Gedanken im Projekt einer Rede für einen Disput, der nicht stattfand, der aber die bezeichnende Überschrift »De dignitate hominis« (Über die Würde des Menschen) trug, in folgende Worte gekleidet: »Wir haben dir keinen bestimmten Wohnsitz noch ein eigenes Gesicht noch irgendeine besondere Gabe verliehen, o Adam, damit du jeden beliebigen Wohnsitz, jedes beliebige Gesicht und alle Gaben, die du dir sicher wünschst, auch nach deinem Willen und nach deiner Meinung haben und besitzen mögest. Den übrigen Wesen ist ihre Natur durch die von uns vorgeschriebenen Gesetze bestimmt und wird dadurch in Schranken gehalten. Du bist durch keinerlei unüberwindliche Schranken gehemmt, sondern du sollst nach deinem eigenen freien Willen, in dessen Hand ich dein Geschick gelegt habe, sogar jene Natur dir selbst vorherbestimmen. Ich habe dich in die Mitte der Welt gesetzt, damit du von dort bequem um dich schaust, was es alles in dieser Welt gibt. Wir haben dich weder als einen Himmlischen noch als einen Irdischen, weder als einen Sterblichen noch einen Unsterblichen geschaffen, damit du als dein eigener, vollkommen frei und ehrenhalber schaltender Bildhauer und Dichter dir selbst die Form bestimmst, in der du zu leben wünschst. Es steht dir frei, in die höhere Welt des Göttlichen dich durch den Entschluß deines eigenen Geistes zu erheben.«[4] Homo suae quisquae fortunae faber est!

Vieles Gewaltige sah ich; doch nichts ist gewaltiger als der Mensch. Dieser, aus der Antike stammende Satz wurde schon in jener Zeit in widersprüchlicher Weise interpretiert. Gewaltig ist der Mensch in seinen positiven Vermögen, meinten die einen. Andere wandten sich gegen diese Überhöhung, interpretierten das Gewaltige als Gewaltsames. In der Renaissance wird beides zusammengedacht, in der Einheit des Widerspruches. Merkwürdig,

---

4 Pico della Mirandola: Über die Würde des Menschen. Ausgewählt und übertragen von Herbert-Werner Rüssel, Leipzig 1940, S. 50.

daß Hegel, der doch ein geniales Gespür für das Zusammendenken, für die Einheit des Widerspruches hatte, keinen rechten Zugang zur Renaissance fand. Er interpretierte den Renaissancegeist vornehmlich als Prinzip der Zerrissenheit. Um diese These zu stützen, zitiert er Cardanus: »Ich habe von Natur einen philosophischen und zu den Wissenschaften gebildeten Geist, bin sinnreich, elegant, anständig, wollüstig, aufgeräumt, fromm, treu, Freund der Weisheit, nachdenkend, unternehmend, lernbegierig, dienstfertig, nacheifernd, erfinderisch, *durch mich selbst gelehrt,* nach Wundern strebend, verschlagen, listig, bitter, in Geheimnissen bewandert, nüchtern, arbeitsam, sorglos, geschwätzig, Verächter der Religion, rachgierig, neidisch, traurig, heimtückisch, verräterisch, Zauberer, Magus, unglücklich, den Meinigen gram, einsiedlerisch, widrig, strenge, Wahrsager, eifersüchtig, Zotenreißer, verleumderisch, willfährig, veränderlich; solcher Widerspruch meiner Natur und meiner Sitten ist in mir.«[5] Dies sagt Cardanus in seinem Buch »De vita propria« (Selbstbiographie). Ich würde in dieser Passage nun weniger den Ausdruck des Prinzips Zerrissenheit sehen, als vielmehr eine lebendige, realistische und amüsante Interpretation des Dante-Satzes: *Nichts Menschliches ist mir fremd.*

Renaissancegeist bleibt freilich nicht in der Konstatierung der Widersprüche stecken. Organon der Einheit, der Harmonie ist vorzüglich die Kunst. Wenn je ein Menschenbild, je eine Weltanschauung vom Ästhetischen her konzipiert wurde, dann in der Renaissance.

Renaissance – das ist die Geburt eines neuen Gefühls für Natur, die Geburt neuer Naturanschauung. Die Diskreditierung des Natürlichen hört ebenso auf, wie die Askese nur noch Gegenstand der Verspottung wird. Materie, Natur, wird nicht mehr als niedere Stufe der Schöpfung gefaßt, sondern in ihrer unendlichen Schöpferkraft und Schönheit. Von Francis Bacon, hier ganz dem Renaissancegeist verpflichtet, sagt Marx, daß bei ihm die Materie in ihrem sinnlichen Glanze den ganzen Menschen anlache. Für

---

5 Zit. in: Georg Wilhelm Friedrich Hegel: Vorlesungen über die Geschichte der Philosophie. Dritter Band, Leipzig 1982, S. 105.

Giordano Bruno ist die wirkende Natur der »innere Künstler«, der die Stoffe nach den Gesetzen der Schönheit formt.

Nicht nur der natürliche Mensch, die ganze Natur wird zum großen Gegenstand der Kunst. Hymnen an die Natur werden verfaßt. Die Malerei gewinnt Perspektive. Wer kennt nicht das Sujet: Die Madonna am Fenster und draußen die schöne unendliche Natur.

Wird die unendliche Schöpferkraft der Natur akzentuiert, dann verblaßt die Transzendenz. Gott selbst wird in die Natur hereingeholt, ja in der Konsequenz mit ihr identifiziert. Die Tendenz zum Pantheismus ist in der Renaissance unübersehbar.

Diese neue Naturauffassung schafft nicht nur mehr Raum für Naturforschung, indem sie Tabus durchbricht, sie fördert sie. Es ist gerade die Naturforschung, und namentlich die Astronomie, die eine entscheidende Bresche in das christlich-mittelalterliche Weltbild schlägt.

Renaissance – das ist die kopernikanische Wende, in der das aristotelisch-christliche geozentrische Weltbild zusammenbricht, in der das heliozentrische Weltbild, ja die Auffassung vom unendlichen Kosmos wiedergeboren wird. Die Auffassung von den unendlich vielen Welten war schon in der Antike ausgesprochen worden. Dort trug sie allerdings vornehmlich spekulativen Charakter, während sie in der Renaissance mathematischen trägt. Ausdruck des Geistes einer Übergangszeit, für den wissenschaftlichen Fortschritt nur wenig relevant ist der Umstand, daß die neuen astronomisch-mathematischen Erkenntnisse auch neue theologische Spekulationen hervorriefen.

Mit seinen Reflexionen über Maximum und Minimum hatte Nikolaus von Kues die Unendlichkeitsauffassung der Renaissance vorbereitet. Der Cusaner könnte jener Kardinal sein, der auf der bekannten Zeichnung die Sphären durchbricht und ins unendliche Weltall hinausblickt. Copernicus' Werk »De revolutionibus orbium coelestium Libri VI« (Über die Kreisbewegungen der Weltkörper) vollzog die Revolution mit der Begründung des heliozentrischen Weltbildes. Giordano Bruno aber vollendete sie, indem er die Auffassung von der Unendlichkeit des Weltalls offen aussprach.

Die weltanschaulichen Konsequenzen der von den Astronomen vollzogenen Umwälzung waren höchst bedeutsam und weitreichend. Eine Säule des aristotelisch-christlichen Weltbildes war zusammengebrochen. Damit brach zwar nicht der gesamte Bau des Katholizismus zusammen, aber seine Erschütterung war überall spürbar. Die Reaktion der Kirche bestätigte es auf ihre Weise. Es genügt, auf die Prozesse gegen Bruno und gegen Galilei hinzuweisen.

Die Logik der Mathematik und Astronomie triumphierte über die Logik der konservativen Theologie. Die Autorität der Kirche in natürlichen Dingen war dahin. Die Emanzipation der Naturforschung von der Theologie hatte ihren entscheidenden Ausgangspunkt gerade in der Tat des Copernicus.

Die Annahme der Unendlichkeit des Weltalls machte weiterhin die für den dogmatischen Glauben unabdingbare Differenz zwischen Transzendenz und Immanenz, zwischen dem Unten des Irdischen und dem Oben des Himmlischen gegenstandslos. Die Sonderstellung der Erde und der sie bewohnenden Menschen war aufgehoben. Beide erschienen als Teile der räumlichen und in ihrer Schöpferkraft unendlichen Natur.

Der Gedanke von der »kosmischen Unbehaustheit des Menschen« steht am Ende der bürgerlichen Gesellschaft, keineswegs aber an ihrem Anfang. Renaissancegeist schließt gerade aus der Unendlichkeit der Natur auf ihre Einheit mit dem Menschen. Wie die Natur, so hat auch der Mensch unendliche Möglichkeiten, die zu nutzen sind. In der unendlichen Natur lebt und webt der Mensch; und er lebt und webt dort am besten, wo er im Einklang mit der gesamten Natur ist.

Das *non plus ultra* wird der Vergangenheit überantwortet; jetzt gilt nur das *plus ultra*. Dies zeigt sich gleich darin, daß sich mit den Vorstellungen vom Himmel auch die Vorstellungen von der Erde wesentlich verändern. Nicht nur die Astronomie, auch die Geographie revolutioniert.

Renaissance – das ist das Zeitalter des Kolumbus, das Zeitalter der großen geographischen Entdeckungen. Sicher lagen den kühnen Fahrten eines Kolumbus, eines Magalhães, eines Vasco da Gama handfeste ökonomische Interessen zugrunde; sicher waren sie an neue technische und wissenschaftliche Bedingungen geknüpft. Aber ohne den unternehmenden Geist der Renaissance, der auf Abenteuer aus war und neue Lande zu gewinnen suchte, sind sie nur schwer vorstellbar.

Die Folgen der großen geographischen Entdeckungen sind kaum zu überschätzen. Es begann die Kolonisierung, das heißt die Unterwerfung der Ureinwohner der entdeckten Ländereien, ihre Ausbeutung und die ihrer natürlichen Reichtümer. An diesem Prozeß waren Portugiesen und Spanier, Holländer und Engländer gleichermaßen beteiligt. Zwischen ihnen entbrannten sofort Streitigkeiten und kriegerische Auseinandersetzungen um die Sicherung, Vergrößerung und Neugewinnung von Einflußsphären. Die Flotte spielte hierbei eine entscheidende Rolle. Der Kampf um die Vorherrschaft auf den Meeren wurde unerbittlich geführt.

Die überseeischen Reichtümer, die Einfuhr edler Metalle, der fieberhafte Schiffbau trugen zur Veränderung der ökonomischen Struktur der werdenden Kolonialmächte bei und förderten den Kapitalisierungsprozeß. Das Handelskapital erhielt einen bis dahin nicht dagewesenen Spielraum.

Auf geistigem Gebiet waren die Folgen nicht geringer. Die Seefahrer hatten praktisch die Auffassung von der Kugelgestalt der Erde bestätigt. Der Globus wurde zu einem Symbol von Wissenschaft. Der Durchsetzungsprozeß des kopernikanischen Weltbildes wurde auch von geographischer Seite her gefördert. Das Wissen über neue geologische und biologische Gegenstände wuchs sprunghaft an. Die Ethnographie gewann neue Dimensionen.

Die Beobachtungen des Lebens, der Sitten und Gebräuche der Ureinwohner der Kolonien erregten großes Interesse und forderten einen Vergleich mit den Sitten und Gebräuchen in den sogenannten Mutterländern heraus. Für die Ideologie der Kolonisatoren schien freilich der Gegensatz von »Wilden« und »Zivilisierten« unüberbrückbar. Die alternative Frage aber, ob nicht die »Naturvölker« der Natur und der Natur des Menschen gemäßer lebten, bohrte weiter. Helle Köpfe, die dazu ein kritisches Verhältnis zu den Scheußlichkeiten hatten, die die ursprüngliche Akkumulation des Kapitals und die gewaltsame Kolonisation hervorbrachten, gingen dieser Frage nach. Das Resultat war die erste kommunistische Utopie der Neuzeit. Der große Thomas More läßt gerade einen Seefahrer über die glückselige Insel »Utopia« berichten, auf der das menschliche Leben in urkommunistischer, dem Urchristentum nicht widersprechender und der Natur gemäßer Weise organisiert ist. Auf diesem Hintergrund nun aber erweisen sich die Gebräuche der Zivilisierten, die Sitten der sich herausbildenden kapitalistischen Gesellschaft als schärfster Kritik bedürftig.

Die Veränderung des Bildes von Himmel und Erde ist also gleichzeitig mit Veränderungen im Denken über Gesellschaft und Staat verbunden.

Renaissance – das ist auch der Umwälzungsprozeß, der sich im gesellschaftspolitischen Denken vollzieht. Neben Thomas More ist hier Niccolò Machiavelli zu nennen, der die Lehre von der Politik von der Theologie und von der durch sie geprägten Moral befreite und über den noch ausführlicher zu berichten sein wird. Diesen Befreiungsprozeß hat der junge Marx in markanten Worten Ausdruck verliehen: »Die Philosophie hat nichts in der Politik getan, was nicht die Physik, die Mathematik, die Medizin, jede Wissenschaft innerhalb ihrer Sphäre getan hat. Baco von Verulam erklärte die theologische Physik für eine gottgeweihte Jungfrau, die unfruchtbar sei, er emanzipierte die Physik von der Theologie und – sie wurde fruchtbar. ... Gleich vor und nach der Zeit der großen Entdeckung des Kopernikus vom wahren Sonnensystem wurde zugleich das Gravitationsgesetz des Staats entdeckt, man fand seine Schwere in ihm selbst, und wie die verschiedenen europäischen Regierungen dieses Resultat mit der ersten Oberflächlichkeit der Praxis in dem System des Staatengleichgewichts anzuwenden suchten, so begannen früher Machiavelli, Campanella, später Hobbes, Spinoza, Hugo Grotius bis zu Rousseau, Fichte, Hegel herab den Staat aus menschlichen Augen zu betrachten und seine Naturgesetze aus der Vernunft und der Erfahrung zu entwickeln, nicht aus der Theologie, so wenig als Kopernikus sich daran stieß, daß Josua der Sonne zu Gibeon und dem Mond im Tale Ajalon stillezustehen geheißen.«[6]

In ähnlich objektiver Weise wie die Renaissanceärzte begannen, den menschlichen Körper zu sezieren, um die einzelnen Organe und ihr Zusammenwirken zu erkennen, so »sezierte« Machiavelli den politischen Organismus. Er fand dabei heraus, daß es sich aus der Natur des Menschen ergebende materielle Interessen sind, die dem politischen Leben zugrunde liegen, nicht aber Gottes Ratschlüsse, nicht religiöse Gebote, nicht moralische Ideen. Es gibt keine abstrakte Rechtsidee. Das Recht geht gerade so weit, wie die Macht geht.

So wie der Mensch und seine Gesellschaft, Himmel und Erde mit neuen Augen gesehen werden, so auch die allein seligmachende katholische Kirche. Diese erscheint nun aber nicht nur als reform-, sondern als reformationsbedürftig.

Renaissancezeit ist Reformationszeit. Wie unterschiedlich die von Jan Hus, von Martin Luther und Thomas Müntzer, von Johann Calvin und Huldrych Zwingli initiierten Reformationsbewegungen auch waren, wie verschieden auch ihre Wirkungen in den einzelnen Ländern, was alle Reformationsbewegungen charakterisierte, das war ihre antipäpstliche Haltung, das war die Idee der Wiedergeburt – zwar nicht der antiken Kultur, wohl aber des »wahren Christentums« –, das war ihr Masseneinfluß. Wie die Dinge damals lagen, vermochte nur religiöse Ideologie die Interessen breiter Volksschichten zu artikulieren. Der Protest gegen feudale und klerikale Bedrückung fand eben im Protestantismus seinen Ausdruck. Weder der Humanismus der Renaissance, weder die neue Wissenschaft und

6 Karl Marx: Der leitende Artikel in Nr. 179 der »Kölnischen Zeitung«. In: MEW, Bd. 1, S. 103.

Philosophie, weder die großartige Kunst vermochten in dieser Weise eingreifend zu wirken.

Wäre hier allgemeine Geschichte zu schreiben, müßte den Reformationsbewegungen weit größerer Raum eingeräumt werden. Vom Standpunkt des Philosophiehistorikers sieht dies etwas anders aus. Er kann über der historischen Einheit von Renaissance und Reformation die in ihr aufbrechenden Widersprüche nicht übersehen. Eine Grundtendenz der Renaissancephilosophie, der neuen Wissenschaft, des Humanismus ist die weitgehende Befreiung von der Theologie überhaupt. Reformation dagegen zielt nur auf die Befreiung von der bisher herrschenden Theologie, also auch auf die Etablierung einer neuen Theologie und Kirche. In dieser aber sind die Widersprüche, die sich aus dem Gegensatz von Glaube und Wissen ergeben, keineswegs aufgelöst. Man denke nur an die Verbrennung des Entdeckers des Blutkreislaufes, Calvin, um einen makabren Ausdruck dieses Gegensatzes zu haben. Auch will die in der Renaissanceliteratur sich widerspiegelnde Emanzipation der Sinne wenig mit den neuen Puritanismen harmonieren, die ja nicht nur in England aufkommen.

Ich habe mich immer über die Vorbehalte gewundert, die solch geniale Männer wie Thomas More, sein Freund Erasmus von Rotterdam und auch Giordano Bruno der doch im ganzen progressiven Reformationsbewegung entgegenbrachten. Erklärt es sich nicht daraus, daß sie in dieser eben keine Lösung der sie bedrängenden Fragen sahen, daß diese Bewegung ihrer geistigen Haltung nicht adäquat war?

Renaissance schlägt eine neue Seite im Buch der Geschichte des Humanismus auf; mehr noch: Es beginnt ein neues Kapitel. Unter *Humanismus* sei hier im umfassenden Sinne die Gesamtheit jener in der Geschichte der Menschheit aufgetretenen Ideen und Bestrebungen verstanden, die im Menschen den höchsten Wert und den letzten Zweck für den Menschen sehen, die das Wohl und das Glück der menschlichen Individuen und ihrer Gesellschaft als Maßstab des Wertens und Handelns setzen, die auf Bewahrung und Sicherung der natürlichen und gesellschaftlichen Existenz des Menschen zielen, die allseitige Ausbildung seiner Kräfte und Fähigkeiten, seiner praktischen, theoretischen und künstlerischen Talente befördern, die Achtung vor der Würde und der Freiheit der menschlichen Persönlichkeit fordern und realisieren, die die Höherentwicklung der menschlichen Gesellschaft, ihre sittliche Vervollkommnung und die Erweiterung der Freiheit des Menschengeschlechts zum Ziele haben.

Mit der Geburt des oben charakterisierten Menschenbildes, wie es sich in der Renaissance in der Realität, in der Kunst, in der Philosophie und in den Wissenschaften vollzog, gewinnt Humanismus wieder an Farbe, an prallem Leben.

In wechselweiser Beziehung steht nun dieser Prozeß mit einer Bewegung, die in einem engeren Sinne als Renaissancehumanismus bezeichnet wird. Diese Bewegung verdankt ihren Namen der *studia humana,* die in wachsendem Maße neben die geistlichen Studien *(studia divina)* tritt und an Selbständigkeit gewinnt.

Vorzüglichster Gegenstand der Renaissancehumanisten ist die antike Kultur. Ihre Studien gelten der Wiederherstellung der Klassizität der antiken Sprachen. Die Altphilologie blüht auf und gewinnt ideologische Relevanz. Mangelnde Bildung, geistige Beschränktheit und Dummheit werden zu Gegenständen beißender Kritik. Die antike Literatur, einschließlich der Rhetorik, wird in ihrem Reichtum wiederentdeckt. Die »List der Vernunft« läßt die Türken wider Willen eine kulturfördernde Rolle spielen. Ihre Einnahme von Konstantinopel vertreibt die Gelehrten, die nach Italien kommen, wo die literarischen Quellen, die sie mitbringen, Furore machen.

In der Philosophie wird erst jetzt die Opulenz antiken Denkens sichtbar. Cicero, Diogenes Laertius und Sextus Empiricus vermitteln es. Der Stoizismus und der Epikureismus gewinnen wieder an Bedeutung. Vor allem aber beginnt ein neuer Triumphzug der Philosophie Platons. Unter dem Protektorat der Medici wird im Jahre 1462 die Akademie in Florenz neugegründet; die Gesamtausgabe seiner Werke erscheint 1483/1484 in lateinischer, 1513 in der Originalsprache. Der Pluralismus des griechischen philosophischen Denkens und insonderheit der Platonismus drängen den kanonisierten Aristoteles aus seiner Monopolstellung, die er im 13. Jahrhundert gewonnen hatte. Im berühmten Wandgemälde »Die Schule von Athen« von Raffaelo Santi, das die Rezeption des antiken Wissens in der Renaissancezeit symbolisiert, erscheint Aristoteles nur noch neben Platon.

Wenn es also im ganzen das antike Bildungsideal ist, das in der Renaissance wiedergeboren und als vorbildlich rezipiert wird, so ist dabei allerdings zu berücksichtigen, daß es die Geburt des Neuen ist, was die Wiedergeburt des Alten prägt. Im am Antiken orientierten neuen Menschenbild werden Züge akzentuiert, die sich vornehmlich gegen die mittelalterliche Lebens- und Denkweise, gegen die steril werdende, hemmende Scholastik richten. Individualität, Originalität und sich daraus ergebende Pluralität kennzeichnen zwar auch antike Kultur, aber sie gewinnen nunmehr neuen sozialen und ideologischen Charakter.

Es sind nicht der Polite und nicht der Ordensbruder, die die skizzierte Umwälzung vollziehen. Es sind Vertreter der neu entstehenden frühbürgerlichen Intelligenz, die die Renaissancekultur zur Blüte bringen. Daß diese frühbürgerliche Intelligenz den Literaten und Künstler, den Unternehmer und Kaufmann, die gebildeten Edelleute favorisierte, nicht aber die Tucharbeiter und Pächter, zeugt davon, daß Renaissancebewußtsein weitgehend elitäres Bewußtsein war, gegen das sich dann auch ein volkstümlicher Biblizismus erhob.

Werfen wir nun einen Blick auf die Männer, die für Renaissancekultur stehen, und zunächst auf die Italiener, die Inauguratoren der Renaissance.

Dante Alighieri (1265 bis 1321), der größte Dichter Italiens, hat nicht nur in visionärer Weise Hölle, Läuterung und Paradies durchstreift, er steht an der Eingangspforte zur Renaissance. Seine »Göttliche Komödie« ist zwar in erster Linie eine umfassende und künstlerisch geschlossene Darstellung der ideellen Grundprobleme des mittelalterlichen Menschen; sein Denken ist von Thomas von Aquino und auch von Bernhard von Clairvaux keinesfalls unbeeinflußt; aber erster ist eben Vergil, der als Vertreter der Vernunft ihn bei seiner Reise an die Hand nimmt. Dante ist kein Mönch, der in einer weltabgewandten Klause seine Studien treibt, sondern ein florentinischer Edelmann, dessen Studien Erfahrungen in kriegerischen Auseinandersetzungen vorausgingen und von der Ausübung öffentlicher Ämter begleitet waren, was ihm nicht nur Verbannung, sondern auch ein in Abwesenheit ausgesprochenes Todesurteil einbrachte.

Der Verehrer, Interpret und Biograph Dantes, der Autor des unsterblichen »Decamerone«, *Giovanni Boccaccio* (1313 bis 1375), war Sohn eines florentinischen Kaufmanns. Nach seiner kaufmännischen Lehre und dem Studium der Rechte in Neapel wandte er sich der Dichtung und dem Studium der Antike zu.

Freund Boccaccios war *Francesco Petrarca* (1304 bis 1374), dessen an Vergil geschulte Dichtungen, die ein neues Selbstwert- und Naturgefühl zum Ausdruck brachten, dem europäischen Humanismus den Weg bereiteten, wuchs in einer aus Florenz verbannten Familie auf. Nach seinem Jurastudium trat er in kirchliche Dienste. Aber auch hier welche Veränderung! Wurden in früheren Jahrhunderten die Dichter nicht selten als Possenreißer auf der Hochzeit des Teufels diskreditiert, so wird nunmehr das Streben nach Dichterruhm honoriert. In Rom wird Petrarca 1342 als Dichter gekrönt.

Hohe florentinische Staatsbeamte erwerben sich Verdienste um das Studium der Antike. So *Coluccio Salutati* (eigentlich Lino Colucci di Piero, gest. 1406), dem Cicero und Seneca als Klassiker galten, und besonders *Lionardo Bruni* (1368 bis 1444), der den Grund für die Gräzistik in der Renaissance legte und Schriften von Platon und Aristoteles neu übersetzte; so von Platon den »Phaidon«, den »Phaidros«, den »Gorgias« und »Kriton«, die »Apologie« und die Briefe, von Aristoteles die »Nikomachische Ethik« und die »Politik«. Letztere drängten die von Wilhelm von Moerbeke angefertigten und von Thomas von Aquino benutzten Übersetzungen in den Hintergrund.

Lorenzo Valla (um 1406 bis 1457), Sohn eines Juristen, Lehrer für Rhetorik, tätig am Musenhof in Neapel, zuletzt als päpstlicher Sekretär, erwarb sich als Übersetzer der »Ilias«, des Herodot und des Thukydides Verdienste. Er war ein Bahnbrecher historisch-philologischer Kritik. Mit der Legende, wonach Konstantin I. dem Papst Silvester I. das weströmische Reich als Geschenk übergeben habe, machte Valla mit dem Nachweis Schluß, daß die entsprechende Urkunde eine Fälschung aus dem 8./9. Jahrhundert ist, die zum Zwecke, päpstliche Ansprüche zu legitimieren, vorgenommen wurde. Es ist leicht vorstellbar, daß dieser Beweis den späteren Reformatoren in ihrem Kampf gegen die Papstkirche sehr gelegen kam. Nicht zufällig gab der streitbare Ulrich von Hutten Vallas diesbezügliche Schrift neu heraus.

Seine kritische, kühne und Aufsehen erregende Haltung schlägt sich auch in seinen philosophischen Schriften nieder. In seiner, allerdings erst 1499 gedruckten, Schrift »Dialecticae disputationes contra Aristotelicos« übt er leidenschaftliche Kritik an der Scholastik, deren Logik er als Sophistik denunziert, weil sie nicht vom Begriff einer Sache, dem erst Prädikationen zukommen können, ausgeht, sondern von abstrakten Prädikationen, weil sie durch sprachliche Barbarei gekennzeichnet ist und am natürlichen menschlichen Leben und Denken vorbeigeht. Also: Zurück zu den Dingen, Reform der Logik durch Sprachreinigung und Hinwendung der Philosophie zum natürlichen Leben und Denken. In einer Schrift über die Freiheit des menschlichen Willens diskutiert Valla dessen Verhältnis zu Gottes Allwissenheit und Allmacht. Während er das Verhältnis des freien menschlichen Willens zur Allwissenheit vermitteln zu können glaubt, bleibt ihm das Verhältnis zur Allmächtigkeit ein Mysterium. Im Zuge der Rezeption antik-römischer Lebensanschauungen bricht ein Streit darüber aus, ob das stoische Pflichtideal oder die epikureische Glückseligkeit vorzuziehen sei. Valla schlägt sich deutlich auf die epikureische Seite. Der Epikureismus wird freilich nicht der christlichen Glückseligkeitslehre konfrontativ entgegengestellt, vielmehr in diese hineingenommen.

Marsilio Ficino (1433 bis 1499) sollte der Familientradition entsprechend Arzt werden. Seine Freundschaft mit Cosimo de Medici band ihn an die Platonische Akademie in Florenz. Man hat ihn den »zweiten Vater des Platonismus« genannt. Er übersetzte Werke des Platon, des Plotin, Schriften von Porphyrios und anderen Neuplatonikern. In der »Theologia platonica de immortalitate animorum« (Die platonische Theologie über die Unsterblichkeit der Seelen) hat er seine Auffassungen zusammengefaßt. Seine Bindung zur Medizin hat er nicht preisgegeben, wovon seine Schrift »De vita« (Das Buch des Lebens) zeugt.

In der Plejade der italienischen Naturphilosophen, über die ausführlicher zu berichten sein wird, steht *Girolamo Fracastoro* (1478 bis 1553) zeitlich an erster Stelle. Er war ein berühmter Arzt und Astronom. Seine Naturlehre, die er in der Schrift »De sympathia et antipathia rerum« (Über die Sympathie und Antipathie der Dinge) niederlegte, beruht nicht unwesentlich auf der Lehre des Empedokles.

Werden nun die schon erwähnten *Giovanni Pico della Mirandola* (1463 bis 1494), Sohn eines reichen Fürsten, *Girolamo Cardano* (Cardanus, 1501 bis 1576), Arzt, Mathematiker und Philosoph, *Niccolò Machiavelli* (1469 bis 1527), der lange im Dienste der Stadt Florenz stand, der geniale *Leonardo da Vinci* (1452 bis 1519) und mit ihm die begnadete, ihm im Geiste verwandte, wenn auch oft rivalisierende und zerstrittene Künstlerfamilie hinzugenommen, dann ergibt sich nicht nur das Bild einer schäumenden Fülle von Talenten, Charakteren, neuen Ideen und Auffassungen, sondern auch eine Vorstellung vom Werden der frühbürgerlichen Intelligenz.

Diese ist auch die Trägerin der humanistischen Bewegung im Norden, wohin der Renaissancegeist vordringt. Er unterliegt dabei Modifizierungen, deren wesentlichsten mir folgende zu sein scheinen:

In Italien wirkt zwar Renaissancegeist in unübersehbarer Weise auf die äußere Gestalt und das innere Leben der katholischen Kirche ein – man denke nur an die mit Renaissancekunst geschmückten Kirchen, an den Petersdom in Rom, dessen Bau 1506 begonnen wurde, an die sogenannten Renaissancepäpste –, aber mit einer die Massen ergreifenden Reformationsbewegung, die ja letztlich auf die Gründung einer neuen Kirche zielte, ist er nicht verbunden. Die Verknüpfung von Humanismus und Reformation ist aber besonders für die deutsche Renaissancekultur charakteristisch. Eine weitere Differenz besteht darin, daß die italienischen Denker neben den Universitäten und gegen den in ihnen herrschenden scholastischen Geist wirken, während in Deutschland die Universitäten noch jung und dem Neuen aufgeschlossen sind, nicht selten unter dem Einfluß des Humanismus erst gegründet werden.

Für die charakterisierten Tendenzen, die eben nur Tendenzen sind, keineswegs aber ein Gesamtbild – Renaissance und Eindimensionalität schließen sich aus! –, stehen folgende Männer:

Philipp Melanchthon (1497 bis 1560), Professor für Griechisch an der Wittenberger Universität und Mitstreiter Martin Luthers, wurde dank seiner humanistischen Reform der Universitäten und Gymnasien »Praeceptor Germaniae« (Lehrer Deutschlands) genannt. Trotz seiner Verteidigung des Luthertums unterscheidet sich der gelehrte Humanist vom tribunenhaften, wortgewaltigen Reformator in einem, für die *Philosophie*geschichte nicht unwesentlichen Punkte. Der ganz seiner theologischen Sendung hingegebene Luther hatte seine Frontstellung gegen die Praktiken der katholischen Kirche mit einer konfrontativen Haltung der Scholastik gegenüber verknüpft. Letztere aber war zu Luthers Zeiten wesentlich durch Aristotelismus geprägt. Dieser wurde von Luther nun ebenso verworfen wie die antike Philosophie und Wissenschaft überhaupt. Dagegen stellte der Professor für Griechisch seine eigene Meinung: Um Aristoteles kommen wir nicht herum! Der Prozeß der dogmatisch-theoretischen Festigung der neuen Kirche, zu der Melanchthon selbst den Grund mitgelegt hat, sollte ihm recht geben.

Melanchthon zeitlich voran ging *Johannes Reuchlin* (1455 bis 1522), kein Anhänger der Reformation, aber ein scharfer Kritiker der katholischen Kirche. Reuchlin war ein weitgereister Mann, kannte Italien gut, wo er sowohl von der florentinischen Akademie wie von Pico della Mirandola vielfältige Anregungen empfing. Von Haus aus war er Jurist, seiner Neigung nach Philosoph. Der Professor für hebräische und griechische Sprache favorisierte unter den philosophischen Strömungen der Griechen den Pythagoreismus; in der hebräischen Literatur zog ihn die Kabbala an. Das Resultat war kabbalistische Zahlenmystik. Für uns Heutige ist diese, wie auch Magie, Astrologie, Alchemie, nur noch Scharlatanerie, Dunkelmännertum. In der Renaissance aber konnte dies Ausdruck ungeheuren Erkenntnisdranges sein. Man denke nur an die Zeilen im »Faust«:

»Es möchte kein Hund so länger leben!
Drum hab ich mich der Magie ergeben.«[7]

Reuchlin war kein Dunkelmann; im Gegenteil, er war der Auslöser der »Dunkelmännerbriefe«, jener von Crotus Rubeanus und Hutten verfaßten Satire auf die Borniertheit, Rückständigkeit und moralische Verkommenheit jener Anhänger der Orthodoxie, die dem Geist der Renaissance entgegenstanden. Dominikaner in Köln hatten eine Bücherverbrennung vorbereitet. Das außerkanonische jüdische Schrifttum sollte den Flammen übergeben werden. Gegen diese Kulturbarbarei erhob der christlich gestimmte, auf Bekehrung der Juden hoffende Reuchlin, der ja gerade die hebräischen Studien in Deutschland begründet hatte, entschiedenen und erfolgreichen Protest. Daraufhin entfesselten die relgiösen Fanatiker eine wüste Hetzkampagne gegen Reuchlin, auf die nun ihrerseits die »Epistolae obscurorum virorum« (Briefe von Dunkelmännern) militant antworteten.

Bei Reuchlin, ebenso im Erfurter Humanistenkreis um *Conradus Mutianus Rufus* (1471 bis 1526) und besonders bei *Erasmus von Rotterdam* (1466 bis 1536), wird ein altes Problem auf neue Weise aufgeworfen und zu lösen versucht: das Verhältnis von christlicher und antiker Kultur.

Keineswegs antichristlich gestimmt, wohl aber äußerst kritisch der Papstkirche gegenüberstehend, liegt den Hu-

[7] Johann Wolfgang Goethe: Faust. Eine Tragödie. In: Goethe. Berliner Ausgabe, Bd. 8, S. 161.

manisten die Renaissance des reinen Christentums am Herzen. Hier sind Berührungspunkte zur Reformation offensichtlich; und es ist kein Zufall, daß mancher der Humanisten zu einem Streiter in ihren Reihen ward. Vergleicht man jedoch am Beispiel ihrer Hauptexponenten die humanistische und die protestantische Kritik, dann werden schon hier Unterschiede sichtbar. Luthers Kritik ist in erster Linie theologische, in einem religiösen Sendungsbewußtsein begründete Kritik, mißt alles an Christi Leben und Lehre; sie ist kompromißlos und sarkastisch. Erasmus' Kritik ist ironisch. Sie wird von einer sich selbstbewußten Bildung aus geführt. Der Gelehrte kämpft weniger mit dem Teufel als gegen die Dummheit. Seine Satire – ein Genre, das in der Renaissance eine Blütezeit erlebte – »Lob der Narrheit«, die die Hauptschwächen der Zeit aufs Korn nimmt, bezeugt es. Wilhelm Dilthey hat deshalb nicht unübel Erasmus als den »Voltaire des 16. Jahrhunderts« bezeichnet. Erasmus selbst aber bezog sich auf Sokrates.

Hinter den Unterschieden in der Kritikweise standen grundlegendere Differenzen. Den Humanisten geht es nicht nur um die Wiedergeburt des reinen Christentums, sondern im *gleichen Maße* um die Renaissance der Kultur der Antike, ihrer Bildung und sittlichen Haltung. Für die reformatorischen Theologen, die den Gegensatz von Christentum und antikem Heidentum für unüberbrückbar hielten, war dies nicht nachvollziehbar. Für die Humanisten aber ergab sich die Notwendigkeit der Vermittlung allein schon aus ihrer ideologisch geladenen philologischen Arbeit. Wie aber ist eine solche Vermittlung vollziehbar? Sie ist dann möglich, wenn Antike und Christentum als verschiedene Ausdrücke ein und desselben Geistes gefaßt werden. Genau diese Tendenz aber finden wir beim Rotterdamer ebenso wie bei den Erfurtern. Ist es nicht schon ein Zeichen von Beschränktheit, wenn angenommen wird, der göttliche Geist würde nur einigen Völkern zuteil? Es gibt nur einen göttlichen Geist, der sich allerdings in verschiedener Weise manifestiert; im Alten und Neuen Testament ebenso wie in der antiken Mythologie und Philosophie. Es gibt nur einen Gott, nur die Vorstellungen und Namen von ihm sind bei den verschiedenen Völkern in verschiedenen Zeiten verschieden. Wenn religiöser Fanatismus in der Verschiedenheit wesentlich den Gegensatz sieht, so akzentuiert humanistische Gesinnung gerade das Gemeinsame in der Verschiedenheit.

Eine allgemeinmenschliche Kultur zu begründen, die sich vornehmlich auf reines Christentum und antike Lebensweisheit stützt, die Bildung, sittliches Leben, Rechtschaffenheit zum Ziel hat, ist die Intention der Humanisten. Der Geist der Ringparabel geht hier auf; und es gewinnt an Stärke die Idee der Toleranz.

Vom Standpunkt allgemeiner Geschichte war die Wirkung der Humanisten des 16. Jahrhunderts beschränkt. Als weit stärkere Triebkraft erwiesen sich die Reformationsbewegungen, der Kampf zwischen Reformation und Gegenreformation und vor allem die sozialen und politischen Kämpfe, die unter diesen Flaggen ausgetragen wurden. Für den geistigen Fortschritt allerdings war die humanistische Bewegung bedeutsam – und unter aktuellen Gesichtspunkten gewinnt sie an Interesse –; sie streute Samenkörner aus, die in der Epoche der Aufklärung aufgingen.

Wenn Renaissancegeist im Norden weiter skizziert werden soll – und darum handelt es sich hier, während der philosophische Ertrag in der folgenden Vorlesung zu betrachten ist –, dann müssen auch Phänomene Erwähnung finden, die im sozialpolitischen und naturwissenschaftlichen Denken dieser Zeit neu auftauchen. Wie sich das geistige Leben in der Renaissance aufgrund der Vielfalt, der Differenziertheit und Widersprüchlichkeit jeglicher Schematisierung, ja fast jeglicher Typologisierung versperrt, so auch das progressive sozialpolitische Denken jener Epoche.

Der schon mehrfach erwähnte, im Zusammenhang mit der neuzeitlichen Philosophie in England näher zu betrachtende *Thomas More* (Morus, 1478 bis 1535) verband humanistischen Geist, scharfe Sozialkritik und kommunistische Utopie mit entschiedener Gegnerschaft zur englischen Reformation von oben – was ihm den Kopf kostete. So kam das merkwürdige Faktum zustande, daß der Stammvater des utopischen Kommunismus der Neuzeit von der katholischen Kirche heilig gesprochen wurde. Bei dem aus dem Ritterstand stammenden Dichter und Publizisten *Ulrich von Hutten* (1488 bis 1523) kommen humanistische Gesinnung – in seinen Dichtungen erscheint Lukian als Vorbild –, Verfechtung der lutherischen Reformation und politische Kritik und Utopie zusammen. *Thomas Müntzers* (vor 1490 bis 1525) revolutionäre, sozialkritische und -utopische Ideen erwuchsen weniger dem Geist des Renaissancehumanismus als vielmehr einer in der Tradition der Mystik stehenden Theologie, die auf ein Reich göttlicher Gerechtigkeit zielte und die in den Armen und Ausgebeuteten, in den Entrechteten und Geknechteten die Kräfte sah, die imstande sind, das Reich der Ungerechtigkeit zu stürzen und das neue zu errichten. »Die Herren machen das selber, daß ihn' der arme Mann feind wird. Die Ursach des Aufruhrs wöllen sie nit wegtun. Wie kann es die Länge gut werden? So ich das sage, muß ich aufrührerisch sein! Wohlhin!«[8]

Scharfe Sozialkritik und Sympathie für das einfache Volk finden wir weiter bei *Paracelsus* (eigtl. Philippus Aureolus Theophrastus Bombastus von Hohenheim, 1493 bis 1541). Als Naturforscher, Arzt und Alchemist ging es ihm vornehmlich um eine grundlegende Reform der mittelalterlichen Medizin. Dabei stützte er sich sowohl auf die Erfahrungen der aus dem Volke stammenden Heilkundigen wie auf seine Versuche, auf chemischem Wege neue Arzneien zu gewinnen. Die Natur gibt uns alles; aber nicht in vollendeten Formen. Der Mensch muß die Natur vollenden! Dieses, für Renaissancedenken typische Tätigkeitsprinzip ist bei Paracelsus in eine mystisch-pantheistische Naturauffassung eingebettet.

Wie Paracelsus an der Schwelle zur Medizin und zur Iatrochemie der Neuzeit stand, so der in Glauchau geborene und in Chemnitz gestorbene *Georgius Agricola* (lat. Form für Pawer oder Bauer, 1490/1494 bis 1555) an der

---

8 Thomas Müntzer: Hochverursachte Schutzrede. In: Hutten. Müntzer. Luther. Erster Band, S. 248.

Schwelle der Mineralogie und der Montanwissenschaft der Neuzeit. Die Vielseitigkeit, wodurch sich die Renaissancegestalten auszeichnen, zeigt sich bei Agricola darin, daß er als humanistisch gebildeter Philologe und Pädagoge auf das Bildungswesen progressiven Einfluß nimmt, daß er über Geschichte des Bergbaus schreibt und als Arzt über die Heilwirkung der Mineralien nachdenkt.

Nimmt man noch Künstler wie *Albrecht Dürer* (1471 bis 1531) hinzu, wirft man einen Blick nach Frankreich, wo *François Villon* (1431 oder 1432 bis nach 1463) und *François Rabelais* (1494 bis 1553) in ihrem literarischen Schaffen die Niedergangserscheinungen der feudalen Gesellschaft aufs Korn nahmen, wo *Montaigne* (1533 bis 1592) zum Erneuerer des antiken Skeptizismus wurde, und auf den Spanier *Juan Luis Vives* (1492 bis 1540), der humanistische Studien mit pädagogischen Intentionen verband, so zeigt sich auch hier, daß Renaissancedenken auch außerhalb Italiens in Blüte stand.

Die Vielzahl der Gestalten, die Mannigfaltigkeit der Charaktere, die Fülle der neuen Ideen, die die Rezeption der antiken Kultur mitprägen, fallen nicht vom Himmel; sie erwachsen aus einer sich formierenden neuen Gesellschaft. Die feudale Gesellschaft samt der sie absegnenden Ideologie geht ihrem Untergang entgegen. Herauf zieht die frühbürgerliche Produktionsweise. Mit einer Erscheinungsweise derselben werden die Renaissancedenker in ihrer Tätigkeit unmittelbar konfrontiert: mit dem *Buchdruck*.

Johannes Gutenbergs (um 1394/1399 bis 1468) Erfindung des Buchdrucks mit beweglichen Lettern war – wie schon Francis Bacon klar erkannte – in zweifacher Hinsicht revolutionierend: Einmal erreichte die wissenschaftliche und literarische Kommunikation eine qualitativ neue Stufe, zum anderen aber wurden die abschreibenden Mönche sozial funktionslos.

Sozial funktionslos wurden der Ritterstand und die Landsknechthaufen durch die Anwendung des *Pulvers*. Mag das Pulver im alten China bereits bekannt gewesen sein, mag die Legende vom Mönch Schwarz der historischen Wahrheit entsprechen oder nicht (jedenfalls finden wir bei Roger Bacon eine ziemlich genaue Beschreibung des Pulvers und seiner Wirkungsweise) – in den Geschichtsprozeß greift es in mehrfach revolutionierender Weise genau dort ein, wo die Möglichkeiten seiner Anwendung entstanden sind. Ohne Pulver ist die Kunst der Büchsenmacherei und des Kanonengießens nicht vorstellbar. Symbolisch für die Dialektik der Geschichte, daß beim Guß der Kanonen die Erfahrungen Pate standen, die man beim Guß der Kirchenglocken, welche doch »Friede auf Erden« läuten sollten, gewonnen hatte. Die neue Kriegstechnik, an deren Besitz natürlich die Herrschenden aller Länder interessiert waren, förderte Erzbergbau und Eisengewinnung. Sie veränderte nicht nur die Kriegsführung, sondern auch die Struktur der Armeen.

Zu den drei großen Entdeckungen, die in der Renaissancezeit die Physiognomie der Gesellschaft wesentlich verändern, zählt Francis Bacon neben dem Buchdruck und dem Pulver die Entdeckung und Vervollkommnung des *Kompasses*. Die Schiffahrt gewinnt durch ihn größere Zielsicherheit. Neben den macht- und handelspolitischen Interessen stimuliert er seinerseits den Schiffbau.

Hinzu kommt die wachsende Bedeutung der mechanischen Dinge. Paradigmatisch hierfür die mechanische Uhr, die nicht nur die Zeit, sondern die Neuzeit anzeigt. Wissenschaften wie Mechanik, Mathematik, Mineralogie, beginnende Chemie und neue Produktionserfahrungen gehen aufeinander zu; es erblüht das Ingenieurwesen.

Die neuen Produktionszweige und die Vervollkommnung der alten lösen zunehmend das feudale Zunftwesen auf. Die neuen Produktivkräfte erzeugen frühbürgerliche Produktionsverhältnisse.

An ökonomischer Macht gewinnen durch diese Entwicklungen vor allem das *Handelskapital*. Die Rolle des Geldes steigt sprunghaft an. Beredter Ausdruck hierfür die Gründung von Banken. Noch heute ist an Teilen der Bankterminologie ihr italienischer Ursprung ablesbar. Jetzt erst schlägt die Zirkulationsformel Geld – Ware – Geld (G – W – G') voll durch. Schon Aristoteles, der Begründer auch der ökonomischen Wissenschaft, hatte den Gegensatz dieser Formel zu der der Naturalwirtschaft Ware – Geld – Ware (W – G – W) klar gesehen. Letztere drückt für den Stagiriten einen natürlichen Kreislauf aus, der in der Ware, die auf Befriedigung von Bedürfnissen zielte, seinen Ausgangs- und Endpunkt hatte, in dem das Geld nur eine Mittlerrolle spielte. Die erste Formel aber bezeichnet keinen geschlossenen Kreis, sondern ein grenzenloses, maßloses Streben, das auf einer Verkehrung des Zweck-Mittel-Verhältnisses beruht. Aristoteles kritisierte die sich nach der Formel G – W – G' vollziehende Warenzirkulation, weil er darin eine Gefahr für den Bestand der Polis und ihrer moralischen Werte erkannte. Natürlich ist auch in der Renaissance – wie schon in der Antike und in der Feudalgesellschaft – der Wucher Gegenstand moralischer Kritik. Im ganzen aber harmoniert die Lebens- und Denkweise der Renaissanceideologen mit der Wirkungsweise des Handelskapitals: Grenzen überschreitend, Maße verändernd, ins Unendliche hinausschießend. Wenn von der antiaristotelischen Wende in der Renaissance die Rede ist, wird man bedenken müssen, daß diese Wende nicht nur ein innertheoretischer Vorgang ist.

Sicherlich kein Zufall, daß das philosophische Denken der Renaissance zu dem Zeitpunkt in methodische Zucht genommen wird (Francis Bacon, René Descartes, aber auch Galilei und Campanella), als das heraufziehende Industriekapital sein Regiment übernimmt. Das Methodenproblem wird ein zentrales Thema der Philosophie, und in Rücksicht darauf vollzieht sich der weitere Fortschritt, ein Fortschritt allerdings, der die im Renaissancedenken liegenden Möglichkeiten keinesfalls durchgängig realisierte.

In der Tatsache, daß die Männer, die die bürgerliche Gesellschaft begründeten, alles andere als bürgerlich beschränkt waren, liegt sicherlich eine der Ursachen dafür, daß spätere bürgerliche Philosophiegeschichtsschreibung, namentlich die deutsche, die um die Wende vom 19. zum 20. Jahrhundert Weltgeltung erlangte, Renaissancephilosophie stiefmütterlich behandelte. Der verdienstvolle Jacob

Burckhardt bleibt die Ausnahme.[9] Und selbst er kommt von der Kultur- und Kunstgeschichtsschreibung her, die in diesem Falle mit der Philosophiegeschichtsschreibung merklich kontrastiert.

Für die marxistische Philosophiegeschichtsschreibung ist die philosophische Reflexion eines Epochenumbruches von großem Interesse. Erfreulich daher, daß sich auch Philosophiehistoriker der DDR in zunehmender Weise diesem Gegenstand zuwenden.

---

9 Siehe Jacob Burckhardt: Die Kultur der Renaissance in Italien. In: Gesammelte Werke, Bd. III, Berlin o. J.

VIERUNDZWANZIGSTE VORLESUNG
Giordano Bruno – Höhepunkt der Renaissancephilosophie

Zweitausend Jahre nach Sokrates' Tod durch den Schierlingsbecher brannte auf dem Campo di Fiore in Rom ein Scheiterhaufen. Die ihn errichteten und entzündeten, sind längst vergessen. Die ihn aufzuschichten befahlen, sollten nicht vorschnell vergessen werden. Immer im Gedächtnis der dem Humanismus Verpflichteten aber bleibt der Name des Mannes, der am 17. Februar 1600 verbrannt wurde: *Giordano Bruno.*

So unterschiedlich das Denken von Sokrates und Bruno auch war, beide stehen unter den »Heiligen im philosophischen Kalender« an vorderster Stelle, beide wurden zum Symbol für Überzeugungstreue, beide gingen in den Tod, damit ihre Ideen am Leben blieben.

Die Liste der Inquisitionsopfer ist unerträglich lang; in dieser Hinsicht ist Bruno einer unter vielen. Was ihn heraushebt, ist seine tiefgründige Philosophie, die er leidenschaftlich und mit poetischem Schwung vorträgt. In seiner Lehre kulminieren viele Denkrichtungen der Renaissance. Er sei deshalb hier, wo der philosophische Ertrag der Arbeit des Renaissancegeistes, der in der vorangegangenen Vorlesung in allgemeinen Zügen zu charakterisieren versucht wurde, beleuchtet werden soll, in den Mittelpunkt gestellt.

Von Bruno aus wollen wir den Blick auf seine Vorgänger, namentlich auf die italienischen Naturphilosophen und auf den genialen Nikolaus von Kues richten. Dagegen bleiben Renaissancedenker wie Thomas More und Francis Bacon, wie Michel de Montaigne und Jakob Böhme in dieser Vorlesung außerhalb der Betrachtung; sie werden später im Zusammenhang mit der Philosophieentwicklung in England, Frankreich und Deutschland[1] vorgestellt. Was aber Giovanni Campanella und Galileo Galilei betrifft, die oft zu den Renaissancephilosophen gezählt werden, so gehören diese in sachlicher Hinsicht weit mehr dem Geist des 17. Jahrhunderts an, der die überschäumende Fülle der Renaissance in methodische Zucht nimmt und auf neue Weise den ordo-Gedanken wiedererstarken läßt.

Das Leben des *Giordano Bruno,* der 1548 oder 1550 im neapolitanischen Nola geboren wurde, ist alles andere als ein »ruhig-beschauliches Philosophen-Dasein«. Schon in früher Jugend, im Jahre 1563 oder 1565, kommt er zu den Dominikanern, die durch die reformatorischen Bewegungen aufgescheucht waren, zur Gegenreformation rüsteten und ihre ohnehin strengen Regeln anzogen. Für den Feuerkopf Giordano, der auch später sein überschäumendes Temperament nur schwer zu zügeln wußte, der Renaissancegeist schon aufgesogen hatte und also sich zum Dichter berufen fühlte, muß schon der Aufenthalt im Kloster San Domenico in Neapel ein Martyrium gewesen sein.

---

1 Was Renaissancephilosophie in Deutschland betrifft, so ist es mir eine Freude, auf die jüngst erschienene umfangreiche Untersuchung von Siegfried Wollgast hinzuweisen: Philosophie in Deutschland zwischen Reformation und Aufklärung. 1550–1650, Berlin 1988.

Bald nach Empfang der Weihen kam es zu ersten Konflikten mit der Klosterleitung. Deren Vorwürfe lauteten: Lesen verbotener Bücher, Entfernung von Heiligen-Bildern aus seiner Zelle, Zweifel an der Trinität, Äußerung arianischer Gedanken. Daß der so Gezeichnete immerhin zehn Jahre die Klosteratmosphäre, die er in seiner Komödie »Il Candelajo« (Der Kerzenmacher) geißeln sollte, ertragen hat, liegt wohl darin begründet, daß er trotz aller Widerwärtigkeiten studieren konnte. Und er hat das – wie alles, was er tat – mit großer Leidenschaft getan. Seine späteren Werke zeigen nicht nur Geisteskraft, sondern auch Gedächtnisstärke, die schon von seinen Zeitgenossen gerühmt wurde. Auf die Dauer jedoch waren die Gegensätze nicht auszuhalten. Im Jahre 1576 floh Bruno aus dem Kloster, wandte sich nach Rom, wo er erfuhr, daß seine Brüder 130 Anklagepunkte zusammengetragen hatten, die ihn der Ketzerei überführen sollten. Faktisch und symbolisch verwarf der Nolaner die Kutte, die ihm eh nicht gepaßt hatte.

Damit aber begann für Giordano Bruno ein fluchtartiges Wanderleben, das ihn durch Norditalien, in die Schweiz, nach Frankreich und England, nach Böhmen und auch in die deutschen Lande führte.[2] Trübe und glückliche Stunden wechselten in rascher Folge. In Genf verfolgten ihn die Calvinisten, in Paris scholastische Aristoteliker. Im französischen Gesandten am englischen Hof fand er einen Gönner und Beschützer. Daß deutsche Universitäten – so Marburg, Helmstedt, Frankfurt am Main – Bruno gegenüber humanistische Toleranz praktizierten, gehört zu den Glanzseiten ihrer Geschichte.

Charakteristisch für den Nolaner war, daß er seine Geg-

---

[2] Jürgen Teller hat die Stationen dieses Wanderlebens in dem schönen Essay »Brunos ewiger Augenblick« nachgezeichnet. In: Giordano Bruno: Von der Ursache, dem Prinzip und dem Einen. Akten des Prozesses der Inquisition gegen Giordano Bruno. Aus dem Italienischen und Lateinischen. Unter Mitarbeit von Ernst Günther Schmidt herausgegeben von Jürgen Teller. Übersetzt von Paul Seliger und Ludwig Kuhlenbeck. Überarbeitung der Übersetzungen von Ernst Günther Schmidt, Leipzig 1984.

ner mit den kräftigsten Ausdrücken belegte, die Renaissance parat hatte; denen aber, die ihm Wirkungsbedingungen ermöglichten, überschwenglichen Dank zollte. Zur Ehre unserer heutigen Martin-Luther-Universität sei angeführt, was Bruno über die Wittenberger zu sagen hatte: »Ich kam zu euch – ein Mann ohne Namen, ohne Ruf und ohne Ansehen, mit knapper Not den Kriegswehen Frankreichs entronnen. Keine fürstliche Protektion empfahl mich, und ich war mit keiner äußeren Auszeichnung versehen. Ihr aber habt mich nicht einmal gefragt und geprüft in den Lehren eurer Religion. Ihr aber habt mir keinerlei Feindseligkeit gezeigt, sondern mir und meinem philosophischen Berufe eure friedliche Menschenfreundschaft entgegengebracht. Nur weil ich ein Schüler im Tempel der Musen war, habt ihr mich des liebenswürdigsten Empfanges für wert befunden, habt meinen Namen in das Album der Universität aufgenommen und habt mir einen Platz eingeräumt in einer Gemeinschaft von Männern von solchem Anstand und solcher Gelehrtheit, daß ich in eurer Anstalt nicht eine private Schule oder einen exklusiven Zirkel, sondern das Deutsche Athen, eine wahre Akademie, erblicken durfte. Selbst wie ich, aus zu großer Vorliebe für meine Meinungen dahingerissen, manchmal solche Sätze in meinen Vorlesungen vortrug, welche nicht nur eure Ansichten, sondern die seit Jahrhunderten herrschende Schulphilosophie angriffen, habt ihr nicht die Nase gerümpft, nicht Hohngelächter angeschlagen, nicht die Backen aufgebläht, nicht auf die Lehrpulte geschlagen – kurz, keine scholastische Wut erhob sich bei euch gegen mich, sondern ihr habt eurer Humanität und Gelehrsamkeit gemäß die Sache also behandelt, daß ihr für euch, für andere, für mich und für alle und anstatt aller als Weise erschienen seid.«[3]

Und doch war auch Wittenberg nur Durchgangsstation. Festen Platz fand er nirgends. Es lag dies nicht nur an den Nachstellungen der römischen Kirche, sondern ebenso an der Neuartigkeit seiner philosophischen Lehre und an der Vehemenz, mit der er sie vertrat. Mit viel Recht ist Brunos

3 Zit. in: Ebenda, S. 230/231.

Leben mit den Sturmfahrten des Doctor Faustus verglichen worden. Bruno hat zwar auch Verzweiflung gekannt, aber Zweifel an der Wahrheit seiner Lehre ließ er nicht aufkommen. Gleich am Beginn seines in Dialog-Form verfaßten Hauptwerkes finden wir Zeugnis seines Sendungsbewußtseins:

»*Elitropio:* Gefangenen gleich, die, an die Dunkelheit gewöhnt, aus ihrer Kerkerhaft in den Tiefen eines finstern Turmes befreit, an das Licht des Tages hervorkommen, werden viele, die sich mit der landläufigen Philosophie abgegeben haben, und auch manche andere erschrecken, stutzen und, weil sie nicht imstande sind, die neue Sonne deiner klaren Gedanken zu ertragen, sich über sie entrüsten.

Philotheo: Die Schuld liegt nicht am Lichte, sondern an ihren Augen. Je schöner und herrlicher die Sonne an sich ist, um so verhaßter und widerwärtiger wird sie den Augen der Nachteulen.«[4]

Die Analogie zu Platons Höhlengleichnis ist unübersehbar und der Anspruch ebenso groß: Nicht nur ein neues Licht soll aufgesteckt werden, im Lichte einer neuen Sonne soll die Welt erscheinen. Ein solch hoher und durchgehaltener Anspruch findet immer Neider. Wo aber Neid im Spiel, ist Verrat nicht weit. Verrat führte im Jahre 1592 zur Verhaftung Brunos in Venedig. Sechs Jahre verbrachte er dort in Kerkerhaft, dann wurde er nach Rom überstellt. Das Ketzergericht exkommunizierte ihn und übergab ihn der weltlichen Macht. Die Formel für den Feuertod hieß: »Daß er so gelind wie möglich und ohne Blutvergießen bestraft werde.«

Im ständigen Unterwegs formte und entwickelte sich seine Lehre, entstanden seine Werke[5], die in kräftiger

---

4 Ebenda, S. 18/19.
5 In der Zeit zwischen 1584 und 1586 entstanden in England Brunos bedeutsamste Werke. Neben »Von der Ursache ...« das »Aschermittwochsmahl«, »Über das Unendliche, das Universum und die Welten«, »Die Austreibung der triumphierenden Bestie«, »Die Kabbala des Rosses Pegasus nebst der des Kyllenischen Esels« und »Die heroischen Leidenschaften«.

Sprache geschrieben und auf Lebendigkeit und Schönheit gerichtet sind. Voller Leidenschaft sind sie, sowohl bei der Darlegung der eigenen Philosophie wie auch bei der kompromißlosen Auseinandersetzung mit seinen Gegnern, zu deren Charakterisierung ein gut Teil des Tierreiches aufgeboten wird. Von Nachteulen und Schlangen, von Eseln und Kamelen, von Füchsen und Affen wimmelt es nur so. Lebendigkeit wird durch den Dialog erreicht, Schönheit durch hymnische Gedichte, die oft den Dialogen vorangestellt werden. In der Form der Darlegung seiner Philosophie steht Bruno Platon näher als Aristoteles; im Hinblick auf den Inhalt ist es umgekehrt.

Der Reichtum der philosophiehistorischen Quellen, die Bruno in seinen Werken verarbeitet, weist ihn als einen der gelehrtesten Männer seiner Zeit aus. Da ist zunächst die Brunosche Renaissance der antiken Philosophie. Das Eins und Alles des Parmenides, der Satz des Anaximander, das Werden Heraklits sind in Brunos Philosophie ebenso lebendig wie die pythagoreische Harmonie der Sphären. Die Vernunft des Anaxagoras faßt er als immanentes Prinzip, das die Welt regiert, nicht als transzendentes. Demokrit und Epikur folgt er ihres Leere-Prinzips wegen nicht, behandelt sie aber mit ausgesprochener Sympathie. »Demokrit also und die Epikureer, welche behaupten, was nicht Körper ist, sei überhaupt nichts, nehmen demgemäß an, daß die Materie allein die Substanz der Dinge sei und ebenso die Natur der Gottheit ausmache. ... ich bin lange Zeit der gleichen Meinung mit ihnen gewesen nur aus dem Grunde, weil sie mehr mit der Natur übereinstimmende Grundlagen hat als die Ansicht des Aristoteles.«[6] Trotzdem kommt er, wie zu zeigen sein wird, von der aristotelischen Form-Stoff-Problematik nicht los. Platons Weltseele interpretiert er im hylozoistischen Sinne der Ionier, die neuplatonische Emanation als unendliche Schöpferkraft der göttlichen Natur. Von den mittelalterlichen Philosophen inspirieren Averroës und Avicebron, Vertreter der Linksbewegung im Aristotelismus, die in Bruno ja

6 Giordano Bruno: Von der Ursache, dem Prinzip und dem Einen, S. 67.

selber ihren Höhe- und Abschlußpunkt fand. Die Lullische Kunst erregte sein Interesse.

Brunos Brille, durch die er philosophiehistorische Quellen sondierte und rezipierte, war vom Renaissancegeist geschliffen. Auf philosophische Weise aber hatten diesen die italienischen Naturphilosophen und der Cusaner zum Ausdruck gebracht.

Die italienische Naturphilosophie, die die geistige Situation mitbestimmte, in der sich die Entwicklung der philosophischen Lehre von Giordano Bruno vollzog, ist schwer in einer Formel zu fassen oder in ein Schema zu pressen. Zu unterschiedlich sind die Charaktere ihrer Vertreter, zu mannigfaltig die philosophiehistorischen Quellen, aus denen sie schöpfte, zu differenziert auch die Beziehungen zur immer noch herrschenden religiösen Ideologie.

Was die italienischen Renaissancedenker eint, ist ihre antischolastische Grundhaltung, die nach Lage der Dinge eine kritische Auseinandersetzung mit Aristoteles einschloß. Die vielzitierte, im naturwissenschaftlichen Bereich voll durchschlagende »antiaristotelische Wende« ist im philosophischen Bereich weit differenzierter. Keineswegs urteilen über den Stagiriten alle so schroff wie der französische Reformator der Logik *Petrus Ramus* (Pierre de la Ramée, 1515 bis 1572), der entschieden erklärte, daß alles, was Aristoteles gelehrt hat, falsch sei. Schon die Hauptgestalt der florentinischen Akademie, Marsilio Ficino, hatte im Geiste des originären Neuplatonismus eine Aussöhnung von Platon und Aristoteles und beider mit dem Christentum versucht.

Entschiedene Kritik an der aristotelisch-scholastischen Physik finden wir dagegen bei *Bernardino Telesio* (1508 bis 1588), von dem Francis Bacon sagte, daß er der erste war, der den modernen Geist auf philosophische Weise zum Ausdruck brachte. Sein Programm hat Telesio im Titel seiner Hauptschrift zum Ausdruck gebracht: »De natura rerum iuxta propria principia« (Die Natur der Dinge gemäß den ihnen eigenen Prinzipien). Die Natur ist aus ihren eigenen Prinzipien zu erklären, nicht aber aus transzendenten. Ganz dem Deismus verpflichtet ist seine Erklärung, daß Gott wohl die Natur und ihre Gesetzmäßigkeit geschaffen habe, nun aber müssen wir sie so nehmen, wie sie ist. Die theistische Annahme, daß Gott sich ständig in das Weltgeschehen einmische, widerspricht nicht nur der Erfahrung, sie macht dem Schöpfer wenig Ehre. In der Naturphilosophie haben Gott und der Schöpfungsakt keinen Platz. Hier geht es um die natürlichen Dinge, die uns in den Sinnen gegeben und vor allem durch eigene Erfahrung zu erkennen sind. Vom Standpunkt des Empirismus aus sieht Telesio den methodischen Mangel der aristotelisch-scholastischen Physik darin, daß in ihr die Erfahrung unter dem Kommando des Syllogismus steht. Inhaltlich richtet sich seine Kritik gegen die aristotelische Lehre von den vier Elementen, gegen die Trennung des sublunearen Raumes vom Himmlischen und gegen die »Angst vor der Leere« sowie gegen die atomistische Lehre von der Leere. Dem stellt er nun seine Auffassungen von der Materie und vom Raum gegenüber. Die Materie ist ihm ewig existierende; ihr »körperlicher Stoff« ist seiner Quantität nach immer der gleiche. Der Raum aber ist von Materie erfüllt und wie diese in all seinen Teilen immer identisch. Das Werden und Vergehen der natürlichen Dinge führt Telesio auf das Wirken zweier gegensätzlicher Kräfte zurück: Wärme, deren Verkörperung die Sonne ist; Kälte, verkörpert in der Erde. Wie zwei Bräutigame sich um eine Braut bewerben, so die beiden gegensätzlichen Kräfte um die Materie.

Insofern der Mensch Naturwesen, unterliegt auch er ihren Gesetzen. Wenn von der *forma superaddita* abgesehen wird – die Telesio wohl nur einführt, um nicht in den Streit über die Unsterblichkeit der Seele hineingezogen zu werden –, reduziert sich seine Psychologie auf mechanistische Physiologie. Auch in dieser gilt das Prinzip: Je mehr Wärme, um so mehr Bewegung. Der Geist, der das natürliche Wesen Mensch auszeichnet, ist selber materiell, seiner Natur nach dem Feuer und der Luft verwandt. Seine Aktivitäten und Fähigkeiten hängen ab von der im Gehirn konzentrierten Wärme. Entweicht diese, stirbt der Mensch.

Eine Besonderheit der »geistigen Materie« besteht darin,

daß sie die sich in ihr vollziehenden Bewegungen festzuhalten vermag. Dieses Festhalten macht das Gedächtnis aus, auf dem alle weiteren intellektuellen Tätigkeiten gegründet sind.

Die Selbsterhaltung, die allen Naturdingen eigen, macht Telesio zum Prinzip seiner stoischen Einfluß verratenden Ethik. Geliebt wird, was unsere Selbsterhaltung fördert; gehaßt, was ihr entgegenwirkt. Da die Menschen von Natur aus gleich sind, muß jeder das Selbsterhaltungsprinzip des anderen respektieren. In dieser Weise erscheint bei Telesio als höchste soziale Tugend die Humanität. Die römische Kurie verfolgte Telesio. Sein Werk kam auf den Index librorum prohibitorum – den »Friedhof der Kultur«, auf dem allerdings die Begrabenen »auferstehen« und lebendiger sind als vorher, und die von ihm gegründete Akademie freier Naturforschung wurde geschlossen.

Für die Herausbildung der Brunoschen Philosophie waren jene Denker nicht ohne Bedeutung, die den von Thomas von Aquino dogmatisierten Aristoteles dadurch zu überwinden suchten, daß sie den »lebendigen Aristoteles« aufs Schild hoben; das heißt, sie standen in der Tradition der Aristotelesinterpretation des Alexander von Aphrodisias und des Averroës. Der Streit, der zwischen den *Alexandristen* und den *Averroisten* in der Renaissancezeit ausbrach, hatte seinen Grund darin, daß sie die Frage nach der Unsterblichkeit der Seele auf verschiedene Weise beantworteten. Natürlich verteidigten die Anhänger des Griechen die Unsterblichkeit der *individuellen* Seele ebensowenig wie die Anhänger des Arabers. Während aber die pantheistisch gestimmten Averroisten – getreu den Auffassungen des »großen Kommentators« – die Vernunft als frei von Stoff und deshalb als unsterblich faßten, stellten die radikaleren, naturalistisch gestimmten Alexandristen auch dies in Frage.

Führender Kopf der Alexandristen war *Pietro Pomponazzi* (1462 bis 1524), der die durchgängige Einheit von Stoff und Form verteidigte und jede wie auch immer geartete Trennung der Kritik unterwarf. Nachzuweisen, daß die Aristotelische Seelenlehre mit dem Dogma der persönlichen Unsterblichkeit unvereinbar sei, war eines seiner Hauptanliegen. Ausgehend von der Formel des Stagiriten, wonach die Seele die Form des lebenden Körpers ist, faßte er diese Form als in ihrer Ganzheit an den Körper gebunden; ebenso, wie letztlich alle Erkenntnis an die sinnliche Wahrnehmung gebunden ist. Der Mensch erscheint daher als einheitliches Wesen der Natur, ganz und gar in ihr gesetzmäßiges Wirken eingegliedert.

Auch wenn Pomponazzi Zugeständnisse an die averroistische Doktrin von den zwei Wahrheiten machte, so ging doch sein stark zum Materialismus tendierender Naturalismus selbst den Averroisten zu weit. Ficino aber kam wohl der historischen Wahrheit nahe, als er schon zu seiner Zeit die Bemerkung machte, daß die Peripatetiker – ungeachtet ihres Streites untereinander – das Christentum zu Schanden bringen.

Die philosophische Atmosphäre, in der sich Brunos Lehre herausbildete, war nicht nur von Italienern bestimmt. Der Nolaner selber äußerte hohe Wertschätzung gegenüber *Nikolaus von Kues* (Cusanus, 1401 bis 1464). In der Tat ist der Cusaner – neben Meister Eckhart – nicht nur der bedeutendste deutsche Philosoph vor Leibniz, sondern eine der Quellen, aus denen die europäische Renaissancephilosophie schöpfte. Höchst erfreulich und für die Entwicklung unseres Geschichtsbewußtseins bedeutungsvoll, daß sich die Cusanus-Forschung auch in unserer Republik kräftiger zu regen beginnt.[7]

7 Neben den anläßlich der 500. Wiederkehr des Todestages von Nikolaus von Kues unternommenen Aktivitäten (Nikolaus von Kues. Wissenschaftliche Konferenz der Deutschen Akademie der Wissenschaften zu Berlin anläßlich der 500. Wiederkehr seines Todesjahres. Referate und Diskussionsbemerkungen. [Deutsche Akademie der Wissenschaften. Vorträge und Schriften, 97], Berlin 1965) und Gerhard Bartsch/Manfred Buhr »Nicolaus Cusanus – Zur 500. Wiederkehr seines Todestages« (Deutsche Zeitschrift für Philosophie, 1964, Heft 10), neben Gerhard Bartsch »Zum Umbruch im weltanschaulichen Denken der bürgerlichen Neuzeit – Nicolaus Cusanus und Giordano Bruno« (in: Nicolaus Copernicus. 1473–1973, Berlin 1973), neben Hermann Leys Darstellung in seiner »Geschichte der Aufklärung und des Atheismus«, Band 2/2,

Coincidentia oppositorum – das Zusammenfallen der Gegensätze – ist das Schlagwort, das für seine Lehre steht, aber auch Beziehung zu seinem Leben hat. Die Widersprüchlichkeiten des Epocheumbruchs spiegeln sich im Denken und Handeln des Cusaners. Obwohl in Denk- und Lebensweise von Nikolaus und Bruno verwandte Züge aufweisbar sind, verläuft das Leben des Cusaners im 15. Jahrhundert doch ganz anders als das des Nolaners im 16. In ernsthafte Konflikte mit der Kirche ist Nikolaus nie gekommen – auch nicht in der kurzen Zeit, in der er für die Ziele der Konzilpartei eintrat. Im Gegenteil! Der an der Mosel geborene Winzersohn machte nach seiner Ausbildung bei den »Brüdern des gemeinsamen Lebens«, nach seinem Jurastudium an den Universitäten Heidelberg und Padua, nach kurzer und erfolgloser Anwaltpraxis, schließlich nach seiner Priesterweihe glänzende Karriere. Er wurde Bischof und letztlich Generalvikar in Rom, nahm also die nach dem Papst höchste Stellung innerhalb der katholischen Kirche ein. Auch seine Wahl zum Papst stand für kurze Zeit zur Debatte.

Ein treuer und eifriger Anhänger des Papsttums also? Ja, aber ein kluger, von der Notwendigkeit einer Kirchenreform als Kern einer Gesellschaftsreform überzeugter dazu. Sein Reformprogramm stellte weder die Einheit der Kirche noch die Grundlagen der Feudalordnung in Frage. Um aber diese zu bewahren, mußte reformiert werden. Den Gegensätzen, die Kirche und Gesellschaft aufzusprengen drohten, die Schärfe zu nehmen, darauf zielte es ... in der Theorie, auch in seiner umfangreichen diplomatischen Tätigkeit. In seiner unmittelbaren Praxis als kirchlicher Wür-

Berlin 1971, verweise ich auf folgende Dissertationen: P. Marnitz: Nikolaus von Kues. Zum Verhältnis von Philosophie, Physik und Mathematik, Humboldt-Universität zu Berlin 1976. – U. Haedtke: Coincidentia oppositorum oder die weltliche Unendlichkeit. Dialektik und Systemdenken bei Nikolaus von Kues. In: Dialektik und Systemdenken, Berlin 1977. – N. Winkler: Die Entwicklung der Grundidee von der coincidentia oppositorum in der Philosophie des Nikolaus von Kues, Humboldt-Universität zu Berlin 1987.

denträger ist davon allerdings wenig zu spüren. Die Reform des kirchlichen Lebens und besonders der Klöster in Deutschland, womit er vom Papst beauftragt wurde, führt er in sehr rigoroser Weise durch. Die Mißstände in den Klöstern waren wohl auch danach: Trinkgelage, Konkubinate, Verbrüderungen von Männer- und Frauenklöstern. Ihm zu Ehren aufgestellte Festtafeln warf er um, und einen armen Kleriker, der sich der Amtsanmaßung schuldig gemacht hatte, ließ er im Rhein ertränken. In weltliche Händel wird er sowohl als Bischof von Brixen, wozu ihn der Papst gegen den vom Kapitel Erwählten beruft, als auch als Generalvikar verstrickt. Mit dem Herzog von Tirol lag er in Fehde, die ihn fast das Leben kostete. Einen Bauernhaufen, der einer streitbaren Äbtissin, die einem adligen Frauenstift vorstand und sich seinen Reformplänen widersetzte, zu Hilfe eilte, ließ er erbarmungslos niedermetzeln. In die ständigen Konflikte der italienischen Kleinstaaten ist er einbezogen.

Wenn man Selbstzeugnissen trauen darf, dann ist Nikolaus von Kues das zentrale Problem seines philosophischen Denkens auf einer seiner zahllosen Reisen, genauer: auf seiner Rückreise von Konstantinopel aufgegangen. Im Auftrage des Papstes hatte er dort über eine Annäherung der Ostkirchen an Rom verhandelt. Angesichts des gestirnten Himmels über ihm und der Weite des Meeres vor ihm sei er von dem Problem *Unendlichkeit* zutiefst betroffen worden. Man wird hier unwillkürlich an die Bemerkung Feuerbachs erinnert, wonach die Philosophie mit der Betrachtung des Himmels beginnt. Zumindest meint der Cusaner, daß seine Philosophie damit begonnen habe. Seine Folgerung, daß das unendlich Eine allen Endlichen, Einzelnen, Vielen, Zerrissenen und Gegensätzlichen vorangehe, ist dagegen sicher nicht nur das Produkt bloßer Kontemplation.

Von der Reise zurückgekehrt, schreibt er sein philosophisches Hauptwerk »De docta ignorantia« (1440). Was es mit diesem paradoxen Titel »Belehrte Unwissenheit« oder auch »Über die wissende Unwissenheit« auf sich hat, wird deutlich, wenn wir das ständige Ringen des Cusaners mit dem Begriff Unendlichkeit näher betrachten.

Wird – wie bei Nikolaus – die Unendlichkeit mit Gott identifiziert, scheint *Pantheismus* schon vorprogrammiert; zumal wenn bedacht wird, daß der Cusaner in neuplatonischer, nichtaristotelischer Tradition steht, für die hier nur die Namen Johannes Scotus Eriugena und Meister Eckhart stehen sollen. Es ließen sich nun Sätze zusammenstellen, die auf konsequenten Pantheismus hindeuten. So wenn er schreibt: »Gott ist durch Alles in Allem und Alles ist durch Alles in Gott.«[8] Oder auch, wenn er das Weltganze als *explicatio Dei*, als Entfaltung Gottes, faßt. Dagegen steht nun die Doktrin der negativen Theologie, wonach Gott unbegreiflich und daher nicht aussagbar ist. Zwischen diesen beiden Polen sind die nie endgültigen Antworten angesiedelt, die Nikolaus auf die ständig wiederkehrende Frage gibt: Was ist Gott, und wie kann er begrifflich gefaßt werden?

Gott, so der Cusaner, ist die »absolute Unendlichkeit«. Wird die Unendlichkeit absolut gefaßt, dann kann neben ihr kein Bereich des Endlichen bestehen, da dieser – wie auch Hegel später in seiner Metaphysikkritik sagen wird – die Unendlichkeit begrenzen und damit verendlichen würde. Unendlichkeit in ihrer reinen Gegensatzlosigkeit zu denken, ist für endliches Denken also unmöglich. Der gleiche Widerspruch ergibt sich, wenn Gott als »absolute Einheit« gedacht wird, hier nur im Hinblick auf Einheit und Vielheit.

Die Crux jeder Metaphysik des Unendlichen ist immer das nicht zu bezweifelnde Dasein des Einzelnen, Endlichen, Unterschiedenen und Gegensätzlichen. Die Fassung Gottes als absolut Unendliches und absolute Einheit vermag die Vermittlung von Endlichkeit und Unendlichkeit nicht zu vollziehen. Vielleicht aber, so sinniert der Cusaner, ist das Unendliche dann zu erfassen, wenn es als das Zusammenfallen der Gegensätze gefaßt wird. Zeugt doch

---

8 Des Cardinals und Bischofs Nicolaus von Cusa wichtigste Schriften in der deutschen Übersetzung von Scharpff, Freiburg im Br. 1862, S. 45/46.

auch die von ihm hochgeschätzte Mathematik davon, daß im Unendlichen die Unterschiede und Gegensätze zusammenfallen. Verlängere ich den Radius eines Kreises ins Unendliche, dann bewegt sich die Krümmung der Peripherie gegen Null. Im Unendlichen fallen also Kreis und Gerade zusammen. Ebenso fällt ja der größte stumpfe wie der kleinste spitze Winkel in der einfachen Linie zusammen. So sind auch Möglichkeit und Wirklichkeit verschiedene Bestimmungen, die aber – nach den von Bruno aufgenommenen Überlegungen des Cusaners – im Unendlichen dasselbe sind.

Aber auch mit der dialektischen Fassung des Unendlichen als *coincidentia oppositorum* ist der Theologe unzufrieden, weshalb er auch Gott noch über das Zusammenfallen der Gegensätze stellt.

In einem erneuten Anlauf, das Unendliche zu erfassen, bezeichnet der Cusaner Gott als das Nicht-Andere; dies im Unterschied zu jenen negativen Theologen, die Gott als das Ganz-Andere, uns völlig Unzugängliche fassen. Jedes endlich Seiende hat immer ein Anderes sich gegenüber und ist deshalb von dessen Sicht her selber ein Anderes. Gott ist das Nicht-Andere, weil er kein Anderes gegen sich hat. Hätte er dies, wäre er selber begrenzt. Aber auch diese Fassung erscheint ihm wieder problematisch, weil Gott hier als von der Welt getrennt erscheint, die doch gerade unter dem Aspekt Gottes zu betrachten ist.

Das ständige Mühen um den Unendlichkeitsbegriff, das zu keinem endgültigen Resultat führt, läßt nun die Frage aufkommen, ob unser endliches Bewußtsein überhaupt imstande ist, das Unendliche zu umfassen, das Nichtzuumfassende zu erfassen. Bei dem Versuch einer Antwort auf diese Frage führt der Cusaner eine für spätere Philosophieentwicklung folgenreiche Unterscheidung von *Verstand* und *Vernunft* ein. Der Verstand fixiert, bestimmt, trennt, bewegt sich auf der Ebene der Unterschiede und Gegensätze. Gott, das Unendliche aber ist das Zusammenfallen der Gegensätze und so der Verstandestätigkeit völlig verschlossen. Vernunft muß über den Verstand hinaus, die Gegensätze *in ihrer Einheit* fassen. Aber auch die positiv gefaßte Vernunft erblickt Gott immer nur unter dem menschlichen Aspekt, sieht nicht, wie er an sich selbst ist. Alles was ich weiß, ist nicht Gott, konstatiert der Cusaner. Und nun die merkwürdige dialektische Wendung: Wenn Gott nicht im Wissen ergriffen werden kann, dann vielleicht im *Nichtwissen*. Das Nichtwissen einer negativ gefaßten Vernunft hat beim Cusaner nichts mit einer Ignorierung von Wissenschaft zu tun: es ist gewußtes, »belehrtes«, über die Grenzen des Wissens hinausgehendes. Anklänge solcher Gedanken fanden sich schon bei Plotin. Nikolaus hält diesen Gedanken für so wichtig, daß er ihn als Titel seines Werkes wählte.

Das »Wissen des Nichtwissens« führt den Theologen konsequenterweise in die negative Theologie, die nur zu sagen vermag, was Gott, das Unendliche nicht ist. Da Gott nur negative Prädikate beigelegt werden können, wird er schließlich selber Nichts. Hier muß nun der Kirchenmann den philosophischen Weg zu Gott verlassen und sich der »Sehnsucht nach dem Einen«, der »mystischen Schau«, schließlich der Offenbarung der Gnade Gottes zuwenden.

Der Philosoph Nikolaus von Kues zieht jedoch aus dem der menschlichen Vernunft zukommenden Wissen vom Nichtwissen noch andere Konsequenzen. Es ist ja ein den Erkenntnisprozeß treibender Widerspruch, daß mit dem Wissen das Wissen vom Nichtwissen wächst.

Ein Wissender weiß mehr von dem, was er nicht weiß, als ein Unwissender. Ohne Wissen vom Nichtwissen gibt es kein Problembewußtsein, ist Erkenntnisfortschritt undenkbar. Hier wurzelt ja auch die Auffassung von objektiver Wahrheit als Einheit von relativer und absoluter. Der Cusaner reflektiert über dieses Problem nun so: Unser Intellekt erfaßt die Wahrheit nie so präzise, daß nicht noch eine präzisere Fassung möglich wäre. Die Wahrheit als absolute Notwendigkeit, die Wahrheit der Dinge in ihrer Reinheit ist, wie sie ist; wir haben nur die Möglichkeit, uns dem Absoluten anzunähern. »Alle Philosophen haben es gesucht, aber keiner, wie es an sich ist, gefunden. Je gründlicher aber unsere Überzeugung von diesem Nichtwissen ist, desto mehr werden wir uns der Wahrheit selbst annähern.«[9]

Im Ringen um den Gottesbegriff, im »Dünger der Widersprüche«, die bei der Fassung von »Unendlichkeit« auftauchen, gewinnt der Cusaner Einsichten, die in der Tat wissenschaftliche Wahrheit befördern.

Wird die Unendlichkeit als *coincidentia oppositorum* unter dem Gesichtspunkt von Raum und Zeit gefaßt, dann erscheint sie in der Form des Universums. Nikolaus' Gedanken über die Unendlichkeit des Universums sprengen schon vor Copernicus das mittelalterliche geozentrische Weltbild aristotelisch-ptolemäischer Prägung. Giordanos Begeisterung für den Cusaner wird verständlich, wenn man folgende kühne These liest: »*Die Welt hat ... keine Peripherie;* hätte sie Zentrum und Peripherie, so hätte sie ihren Anfang und Ende in sich selbst, die Welt wäre in bezug auf ein Anderes begrenzt ... *Es kann somit auch die Erde, die das Zentrum nicht sein kann, nicht ohne alle Bewegung sein* ... Wie die Erde nicht das Zentrum der Welt ist, so ist es auch nicht die Sphäre der Fixsterne oder ein anderer Umkreis derselben ... *am Himmel sind keine unbeweglichen und fixen Pole* ... Allein *es muß sich jeder Teil des Himmels bewegen* ...«[10] Die Erde in ihrer Kugelgestalt ist Stern unter Sternen.

Diese Thesen förderten neuzeitliche Kosmologie, gingen schon vor Copernicus über Copernicus hinaus, wenn freilich in spekulativer Weise; denn in der mathematischen Strenge blieben sie hinter der Theorie des polnischen Astronomen zurück. Trotzdem haben des Cusaners Überlegungen zum Unendlichen auch Mathematik gefördert. Nikolaus ist nicht der Begründer der Infinitesimalrechnung, aber das Feld hierfür hat er bereitet. Gottfried Wilhelm Leibniz und noch der Begründer der Mengenlehre, Georg Cantor, sind von ihm angeregt worden.

Überhaupt läßt sich eine Tendenz zur quantifizierenden Erkenntnismethode der Natur feststellen, die beim Cusaner stärker ausgeprägt zu sein scheint als beim mehr ästhe-

---
9 Ebenda, S. 7.
10 Ebenda, S. 62/63.

tisierenden Nolaner. Davon zeugt auch seine Schrift
»Idiota de sapientia, de mente, de staticis experimentis«
(Der Laie über die Weisheit, den Geist, die Versuche mit
der Waage). Die Dinge müssen gezählt, gemessen und gewogen werden, wenn sie erkannt werden sollen. Auf dem
Markt geschieht das; weshalb die Kaufleute mehr Weisheit
bekunden als manche Folianten.

Vom beim Cusaner aufgehenden Renaissancegeist zeugen weiter, daß er Individualität und Unendlichkeit nicht
als einen abstrakten Gegensatz faßte und daß er in seiner
Schrift »De pace seu concordantia fidei« (Vom Frieden und
der Eintracht des Glaubens) den in Geschichte und Gegenwart so wichtigen Toleranz-Gedanken vorarbeitete.

Wie sagte doch der Nolaner über Nikolaus: »... wo findet sich ein Mann vergleichbar jenem Cusaner, der je größer, um so wenigeren zugänglich ist? Hätte nicht das
Priesterkleid sein Genie da und dort verhüllt, ich würde
zugestehen, daß er dem Pythagoras nicht gleich, sondern
bei weitem größer als dieser ist.«[11]

Giordano Bruno hatte seine Mönchskutte – wie gesagt –
ausgezogen; sein Genie wurde durch sie nicht mehr verhüllt.

Folgen wir dem Beispiel Brunos und leiten die Betrachtung seiner Philosophie mit einer seiner Hymnen an die
Natur ein:

»An die Ursache, das Prinzip und das Eine

Ursach' und Grund und ewig eines Wesen,
von dem das Sein, das Leben, die Bewegung
abhängig sind, das in die Länge, Breite
und Tiefe sich erstreckt, umfassend alles,
was Himmel, Erd' und Hölle in sich bergen –
mit Sinn, Vernunft, Verstand erkenne ich,
was keine Tat, nicht Maß, nicht Rechnung faßt,

---

11 Die Abschiedsrede, welche Giordano Bruno vor den Professoren und Hörern auf der Akademie zu Wittenberg im Jahre 1588 am 8. März gehalten hat. In: Giordano Bruno: Gesammelte Werke, Bd. 6, Jena 1909, S. 86.

die Kraft, die Zahl, die Masse, die beherrscht das Untere, die Mitte und das Obre.«[12]

Grundthemen seiner Philosophie sind hier angeschlagen: Das unendliche Eine; dynamische, produktive Natur, in deren Wesen auch das des Menschen west.

Unendlichkeitstrunken wie Bruno war auch der Cusaner. In zwei Punkten jedoch differieren sie erheblich. Nikolaus wirkte vor Copernicus, war also in den Streit, der sich um das kopernikanische Weltbild erhob, nicht einbezogen. Bruno dagegen stand mitten im Kampf, verteidigte die Lehre des Toruner Astronomen – besonders im Dialog »Über das Unendliche, das Universum und die Welten« – und ging – Cusanische Gedanken weiterführend – in philosophischer Weise über diesen hinaus. Der Mathematiker und Astronom hatte zwar die Sonne in den Mittelpunkt gestellt, ließ die Erde und die anderen Planeten um sie drehen, verblieb aber innerhalb unseres Sonnensystems, sprengte also die geschlossenen Himmelssphären nicht endgültig. Genau aber das tat Bruno. Unser Sonnensystem ist nur eins unter vielen; es steht auch nicht im festen Zentrum, weil Zentren im Unendlichen überall und nirgends sind.

Der zweite wesentliche Differenzpunkt liegt in der Fassung des Gottesbegriffes. Es wurde zu zeigen versucht, wie der negative Theologe vor einer konsequenten Identifizierung von Unendlichkeit, Gott und Natur immer wieder zurückschreckte. Bruno löst sich aus den Fesseln der Theologie, auch wenn vereinzelt An-, oder besser Ausklänge negativer Theologie bemerkbar sind. Sein pantheistisch-naturalistisches Credo lautet: *Natura est deus in rebus!*

Die lebendige unendliche Natur ist Gottes Sein und Wirken. Gott schafft keineswegs *ex nihilo;* er ist auch kein Baumeister, der von außen an seinen Stoff herantritt. Als Göttliches erscheint vielmehr die der Natur immanente Gestaltungskraft, die Bruno auch als Weltseele, als Vernunft, als »inneren Künstler« bezeichnet. »Von uns wird sie der innere Künstler genannt, weil sie die Materie und

---

[12] Giordano Bruno: Von der Ursache, dem Prinzip und dem Einen, S. 18.

Form von innen bildet, wie sie aus dem Inneren des Samens die Wurzel hervortreibt und den Stamm entwickelt, aus dem Inneren des Stammes die mannigfach gestalteten Zweige treibt, aus dem Inneren dieser die Knospen hervorsprießen läßt, von innen heraus wie aus Nervenfasern die Blätter, die Blüten, die Früchte formt, gestaltet, zusammenwebt und von innen zu gewissen Zeiten die Säfte aus den Blättern und Früchten wieder in die Zweige, von den Zweigen in die Äste, von den Ästen in den Stamm, von dem Stamm in die Wurzel zurückleitet. Auf ähnliche Weise entfaltet sie bei den Tieren ihr Werk zuerst von den Samen und dem Zentrum des Herzens aus bis in die äußeren Gliedmaßen hinein, und indem sie die entfalteten Kräfte schließlich wieder aus diesen nach dem Herzen zu leitet, wirkt sie, als wäre sie bereits dahin gelangt, die aufgespannten Fäden wieder aufzuwickeln. Wenn wir nun glauben, daß das gleichsam tote Gebilde nicht ohne Überlegung und Vernunft hervorgebracht worden ist, welches wir in bestimmter Anordnung und Nachahmung auf der Oberfläche der Materie hervorzubringen imstande sind, indem wir, ein Stück Holz schälend und schnitzend, das Bild eines Pferdes erscheinen lassen, wieviel größer müssen wir uns die künstlerische Vernunft vorstellen, die aus dem Inneren der Samenmaterie die harten Knochen bildet, die Knorpel spannt, die Adern aushöhlt, die Poren mit Luft füllt, die Fasern webt, die Nerven verzweigt und das Ganze mit so bewundernswerter Meisterschaft ordnet! Ein wieviel größerer Künstler, sage ich, ist der, der nicht an einen einzelnen Teil der Materie gebunden ist, sondern fortwährend alles in allem wirkt?«[13]

Brunos Unendlichkeitsbegriff umfaßt keineswegs nur die räumliche Ausdehnung. Das unendliche und ewige Eine ist erfüllt von unendlich vielen Produktionen und Produkten. Die Atomistik wird nicht nur wegen der Annahme der Leere abgelehnt, sondern auch deshalb, weil sie über der *natura naturata* (geschaffene Natur) die *natura naturans* (schaffende Natur) vergißt. Mit der Auffassung vom unendlichen Schaffensprozeß der Natur harmo-

13 Ebenda, S. 47/48.

niert Brunos Fortsetzung des antiken Hylozoismus. Wie das Ganze als Lebendiges, Beseeltes erscheint, so auch jedes Einzelne – wenn auch in unterschiedlichen Graden.

»*Theophilo:* ... Ich behaupte also, daß der Tisch als Tisch, das Kleid als Kleid, das Leder als Leder, das Glas als Glas allerdings nicht belebt seien, daß sie aber als natürliche und zusammengesetzte Dinge in sich Materie und Form haben. Das Ding sei nun so klein und winzig, wie es wolle, es hat einen Teil von geistiger Substanz in sich, der, wenn er ein geeignetes Substrat findet, dahin strebt, eine Pflanze, ein Tier zu werden, und die Glieder irgendeines beliebigen Körpers annimmt, der in der Regel beseelt genannt wird. Denn Geist findet sich in allen Dingen, und es gibt auch nicht das kleinste Körperchen, das nicht einen solchen Anteil davon in sich schlösse, daß es sich nicht beleben könnte. ...

Dicsono: Ihr zeigt mir, auf welche Weise man mit Wahrscheinlichkeit die Meinung des Anaxagoras aufrechterhalten kann, welcher behauptete, daß jegliches in jeglichem sei, denn da der Geist oder die Seele oder die universale Form in allen Dingen vorhanden sei, so könne sich alles aus allem erzeugen.

Theophilo: Ich bezeichne dies nicht als wahrscheinlich, sondern als vollkommen wahr.«[14]

Das All-Eine, Unendliche, Gott oder die Natur, ist für Bruno lebendiger, ständig Neues produzierender und deshalb sich reproduzierender Organismus. Natur ist ihm keineswegs ein mechanisches Aggregat, auch keine »Jauchengrube unendlicher Stoffe«, sondern nach Schönheit und Vollkommenheit strebendes Wirken. »Der Zweck und die Endursache, die sich die wirkende Ursache setzt, ist die Vollkommenheit des Universums, und diese besteht darin, daß in den verschiedenen Teilen der Materie alle Formen aktuelle Existenz haben. An diesem Zwecke erfreut und ergötzt sich die Vernunft derart, daß sie nie müde wird, alle Formen der Materie hervorzurufen, wie dies auch Empedokles gelehrt zu haben scheint.«[15]

14 Ebenda, S. 54.
15 Ebenda, S. 49.

Auf Bruno trifft meines Erachtens in noch stärkerem Maße das zu, was Marx über Francis Bacon sagte: »Die Materie lacht in poetisch-sinnlichem Glanze den ganzen Menschen an.«[16]

Mit der Akzentuierung der *natura naturans* steht nun Brunos Ringen um eine adäquate Fassung des Materie-Form-Problems im engsten Zusammenhang. Das Verhältnis des Nolaners zum Stagiriten steht also hier zur Verhandlung. Es ist, wie mir scheinen will, widersprüchlich, durch Nähe und Distanz charakterisiert. Die Distanz ergibt sich aus Brunos Unendlichkeitsauffassung. Wenn in der Unendlichkeit Möglichkeit und Wirklichkeit zusammenfallen, dann kann die unendliche und ewige Materie nicht nur als das In-Möglichkeit-Seiende aufgefaßt werden. Die Nähe aber zeigt sich vor allem darin, daß Bruno wie Aristoteles den Naturprozeß in Analogie zum Arbeits- bzw. künstlerischen Prozeß faßt. »Alle diejenigen«, sagt Bruno ausdrücklich, »die die Materie abtrennen und an sich ohne die Form betrachten wollen, ziehen die Kunst zum Vergleiche heran.« Wie alle Handwerke und Künste einen Stoff brauchen, den sie bilden, so muß auch »die Natur, der die Kunst ähnlich ist, zu ihrer Tätigkeit eine Materie haben. Denn es ist nicht möglich, daß es etwas Wirkendes gebe, welches, wenn es etwas hervorbringen will, nichts hätte, woraus es dies machen könnte, oder wenn es wirken will, nichts hätte, woran es wirken könnte.«[17] Der Unterschied besteht darin, daß die Künste schon geformte Substrate vorfinden, während die Materie der Natur ungeformt ist. Daher ist letztere auch nicht auf sinnliche, sondern nur auf vernünftige Weise erkennbar.

Obwohl also der Nolaner das Aristotelische Materie-Form-Verhältnis in sein noch nicht scharf systematisiertes Gedankengebäude aufnimmt, spielt es in ihm doch eine andere Rolle als beim Stagiriten. Am deutlichsten scheint mir dies durch jenes Gleichnis zu werden, das Bruno zur

16 Friedrich Engels/Karl Marx: Die heilige Familie. In: MEW, Bd. 2, S. 135.
17 Giordano Bruno: Von der Ursache, dem Prinzip und dem Einen, S. 69.

Erläuterung seiner Auffassung vom Verhältnis von Seele und Körper heranzieht: Die Seele befindet sich im Körper wie der Steuermann auf dem Schiffe. »Insofern sich dieser Steuermann zugleich mit dem Schiffe bewegt, ist er ein Teil desselben; bedenkt man aber, daß er es lenkt und bewegt, so wird er nicht als Teil des Schiffes, sondern als eine von diesem verschiedene Kraft aufgefaßt. So ist auch die Weltseele, insofern sie beseelt und gestaltet, ein innerer und formaler Teil des Weltalls; insofern sie jedoch leitet und regiert, ist sie nicht ein Teil des Universums und verhält sich zu diesem nicht wie ein Prinzip, sondern wie eine Ursache.«[18]

Denkt man sich in diesen Gedankengang hinein, dann dürfte zunächst Brunos Differenzierung von Ursache und Prinzip, die ja neben dem Einen den Titel seines philosophisch bedeutsamsten Dialogs ausmachen, deutlicher werden. Über die Differenz von Ursache und Prinzip denkt Bruno so:

»*Theophilo:* Wenn auch mitunter der eine Ausdruck für den anderen gebraucht wird, so ist doch, genaugenommen, nicht jedes Ding, das Prinzip ist, auch Ursache. Denn der Punkt ist zwar Prinzip der Linie, aber nicht ihre Ursache; ... Daher ist Prinzip ein allgemeiner Ausdruck als Ursache.

Dicsono: Indem Ihr diese beiden Ausdrücke nach der Gewohnheit derer, die dem modernen Sprachgebrauch huldigen, auf bestimmte und eigentliche Bedeutung beschränkt, so wollt Ihr meiner Ansicht nach damit sagen, daß das Prinzip sei, was innerlich zur Erzeugung des Dinges beiträgt und in dem Produkte verbleibt, wie zum Beispiel Materie und Form, die in dem aus ihnen Zusammengesetzten verbleiben, oder auch die Elemente, aus denen sich das Ding zusammensetzt und in die es sich wieder auflöst. Ursache dagegen nennt Ihr das, was äußerlich zur Hervorhebung des Dinges beiträgt und dabei sein Wesen außerhalb der Zusammensetzung hat wie die bewirkende Ursache und der Zweck, nach dem das Hervorgebrachte geschaffen ist.

18 Ebenda, S. 49/50.

Theophilo: Ganz richtig.«[19]

Die Seele als »Steuermann« ist also in Hinsicht auf das Eine und Ganze Prinzip, im Hinblick auf seine lenkende Kraft Ursache. Dies trifft nun auch auf Gott zu: »Wenn wir Gott das erste Prinzip und die erste Ursache nennen, so verstehen wir darunter ein und dasselbe Ding, aber in verschiedenen Beziehungen; sprechen wir von Prinzipien und Ursachen in der Natur, so meinen wir verschiedene Dinge in verschiedenen Beziehungen. Wir nennen Gott erstes Prinzip, insofern alle Dinge nach bestimmter Reihenfolge des Früher oder Später, nach der Natur, der Dauer oder der Würdigkeit hinter ihm zurückstehen. Wir nennen Gott erste Ursache, insofern alle Dinge von ihm verschieden sind wie die Wirkung von dem Bewirkenden, das Hervorgebrachte vom Hervorbringenden.«[20]

Wenn ich Bruno richtig verstehe, dann versucht er auch mit dieser Differenzierung, das Materie-Form-Verhältnis in das All-Eine hineinzunehmen, gewissermaßen ionische Naturauffassung mit Aristotelismus zu synthetisieren. Davon zeugt meines Erachtens auch die folgende Passage:

»*Theophilo:* Dieser Nolaner nimmt an, es sei *eine* Vernunft, die jedem Dinge sein Wesen gibt ..., *eine* Seele und *ein* formales Prinzip, welche jegliches Ding bildet und gestaltet ..., *eine* Materie, aus der jegliches Ding gemacht und gebildet wird ...

Dicsono: Diese Lehre sagt mir sehr zu, weil sie einen lückenlosen Zusammenhang aufzuweisen scheint. Und wir müssen in der Tat, da wir ein konstantes und ewiges materielles Prinzip setzen können, auch ein ebensolches formales Prinzip setzen. Wir sehen, daß alle Formen in der Natur aus der Materie entweichen und wieder in sie zurückkehren; daher scheint in Wirklichkeit nichts konstant, dauernd, ewig und der Bezeichnung als Prinzip würdig zu sein als einzig und allein die Materie. Außerdem besitzen die Formen kein Sein ohne die Materie, in der sie entstehen und vergehen, aus deren Schoße sie entspringen und in deren Schoß sie wieder aufgenommen werden. Deshalb

---
19 Ebenda, S. 45/46.
20 Ebenda, S. 45.

muß die Materie, die sich immer gleich – und immer fruchtbar bleibt, das wichtige Vorrecht besitzen, als einziges substantielles Prinzip und als das, was ist und immer bleibt, anerkannt zu werden; alle Formen zusammen dagegen sind nur als verschiedene Bestimmungen der Materie aufzufassen, welche gehen und kommen, verschwinden und sich erneuern; daher haben sie auch alle nicht die Geltung eines Prinzips.«[21]

Gegen diese, im Anschluß an Avicebron vorgenommene Interpretation, wonach die Formen nur Akzidenzien der Materie sind, erhebt aber der Sprecher des Nolaners Einspruch. »In diesen Irrtum sind sie dadurch verfallen, daß sie keine andere Form anerkannten als die akzidentielle, und jener Maure hatte zwar aus der peripatetischen Lehre, in der er aufgewachsen war, die substantielle Form herübergenommen; da er sie jedoch als etwas Vergängliches, nicht allein in bezug auf die Materie Veränderliches und als etwas betrachtete, was erzeugt wird und nicht erzeugt, begründet wird und nicht begründet, verworfen wird und nicht verwirft, so legte er ihr geringen Wert bei und hielt sie für etwas Nichtiges im Verhältnis zur beständigen, ewigen, erzeugenden, mütterlichen Materie.«[22]

Um das Erzeugende und Begründende in der Natur faßbar zu machen, »rettet« Bruno die substantielle Form.

Hier ist nun der Ort zu einer Bemerkung über das Materialismus-Problem bei Bruno. Daß der jegliche Transzendenz ausschließende Unendlichkeitsbegriff und die dynamische Fassung der Natur materialistisches Denken beförderte, ist ebenso einsichtig wie der Umstand, daß damit in philosophischer Weise auch das Feld für wissenschaftliche Naturforschung der Neuzeit vorbereitet wurde. Gar keine Frage, daß Brunos Philosophie einen hervorragenden Platz in der Geschichte des materialistischen Denkens einnimmt. Das gilt auch trotz der Tatsache, daß von der philosophischen Position des Nolaners aus die Grundfrage der Philosophie weder gestellt noch beantwortet werden kann. Die pantheistische Metaphysik des Unend-

21 Ebenda, S. 75.
22 Ebenda, S. 76.

lichen, die einerseits alles Übernatürliche ausschließt, schließt andererseits auch die Frage danach aus, ob dem Materiellen oder dem Ideellen das Primat zukomme. Wenn im Unendlichen Möglichkeit und Wirklichkeit zusammenfallen, dann ist das Ideelle genauso ewiges Prinzip wie die Materie. Letztlich läuft Brunos Lehre auf eine Identitätsphilosophie hinaus, die dem Spinozismus ähnlich, aber eben nur ähnlich ist. Ich würde die Philosophie Brunos wie auch Spinozas als materialistische Metaphysik bezeichnen. Daß diese nicht mit metaphysischem Materialismus identisch ist, habe ich ausführlich an anderer Stelle erörtert.[23]

Was der Philosophie des Nolaners einen besonderen Reiz gibt, ist die Entsprechung von Natur- und Menschenbild. Für Bruno ist der Mensch kein außerhalb der Natur hockendes Wesen; er verliert sich auch keineswegs in der Unendlichkeit. Als Naturwesen teilt er die unendlichen schöpferischen Möglichkeiten der Natur. Wie die ganze Natur, so strebt auch der Mensch nach Realisierung aller seiner Möglichkeiten, nach Vollkommenheit und Schönheit.

Metaphysisch wird dies dadurch abgesichert, daß der Nolaner die Gedanken des Cusaners über Maximum und Minimum aufnimmt und weiterführt. Nikolaus hatte den bedeutsamen Satz ausgesprochen, *daß das Ganze sich in allen seinen Teilen widerspiegelt*. Für Bruno existiert die Natur in ihrer Totalität nur dadurch, daß sie in unendlicher Weise unendlich Vieles, Einzelnes hervorbringt. Kein Maximum ohne Minima; keine Minima ohne Maximum. Das Minimum aber erscheint bei Bruno in dreifacher Gestalt: mathematisch als Punkt, physikalisch als Atom, metaphysisch als Monade.

Als beseelte, den Trieb in sich habende Monade ist der Mensch das, was er sein kann; aber er ist nicht alles, was

---

23 Siehe Helmut Seidel: Über das Verhältnis des Marxismus zur Philosophie Spinozas. In: Marxismus und Spinozismus. Wissenschaftliche Beiträge der Karl-Marx-Universität Leipzig, 1981, S. 12–20.

er sein kann.[24] Wenn er in tätiger Weise seine Möglichkeiten realisiert, befindet er sich in Übereinstimmung mit der Natur, der ganzen und seiner eigenen. Harmonie mit dem Wirken der Natur ist Ziel und Zweck menschlichen Lebens. Philosophie aber hat dies zum Bewußtsein zu bringen. Damit muß sie aber über *sinnliche Erkenntnis* hinaus, da diese immer im Einzelnen verbleibt. Sie muß auch die *ratio* überschreiten, die Wahrnehmungen und Vorstellungen bearbeitet, Gemeinsamkeiten und Unterschiede und Gegensätze aufdeckt, Produkte beschreibt, aber das Produzierende nicht erfaßt. Der *intellectus* ist es, der die Einheit der Natur, die Einheit von *natura naturans* und *natura naturata*, die Einheit von Einheit und Vielfalt, der die Stellung des Menschen in der Natur zu erfassen vermag.

Es ist richtig gesagt worden: Brunos Philosophie ist Fazit und Anfang zugleich. Wie über den Anfang hinaus gegangen wird, werden die folgenden Vorlesungen zu zeigen versuchen.

---

24 Siehe Giordano Bruno: Von der Ursache, dem Prinzip und dem Einen, S. 81.

ZEITTAFEL

Sozialökonomische und politische Entwicklung	Kulturelle, besonders philosophische Entwicklung
Im letzten Viertel des 4. Jh. setzt in Europa mit der Völkerwanderungszeit die in mehreren Etappen verlaufende und sich über Jahrhunderte hinziehende Epoche des Übergangs von der antiken zur feudalen Produktionsweise ein. Die Zeit der Völkerwanderung (um 370 bis Ende 5. Jh.) stellt die erste Etappe dieser Umwandlung dar. Das römische Kaisertum wurde entscheidend geschwächt, das weströmische Reich vernichtet. Hier entstanden Zwischenstrukturen, die durch eine Verflechtung antiker und gentiler Gesellschaftselemente charakterisiert waren. Es wurde unmöglich, antike oder gentile Strukturen wiederherzustellen. Römische Bürger und Angehörige der verschiedenen Stämme lebten neben-, mit- und gegeneinander. In diesen sich herausbildenden Staatswesen (Stammesstaaten) herrschte der jeweilige Stammesadel, gestützt auf die Macht der Stammeskrieger, aber	Im kulturellen Bereich findet der allgemeine gesellschaftliche Übergang in spezieller Form statt. Im Gebiet des oströmischen Reiches zeigt sich das in einem allgemeinen Wandel ohne sichtbaren Bruch. Die arabische Kultur entsteht aus der Vermischung verschiedener, auf der arabischen Halbinsel existierender Elemente. Eine wesentliche Rolle spielen hier die Lehren des Religionsgründers (Mohammed), später, im Gefolge der Eroberungen, wird persische und griechische Kultur übernommen. Im Gebiet des weströmischen Reiches kommt es zum Zusammenstoß antiker und gentiler Kultur, zu ihrer Verflechtung und Vermischung. Trotz großer Verluste, resultierend aus dem allgemeinen Verfall, bleibt vieles von der antiken Literatur und Kunst erhalten, wird aber in einem neuen Zusammenhang

auch abhängig von der Mitarbeit eines Teils der ehemaligen römischen Verwaltungsbeamten. In der zweiten Phase des Übergangs zum Feudalismus (Ausgang des 5. bis zur Wende vom 7. zum 8. Jh.) bildeten sich Grundstrukturen der Feudalgesellschaft heraus. In den kriegerischen Auseinandersetzungen stabilisierten sich die Staatswesen und entstanden feudale Abhängigkeitsverhältnisse. Im 8. und zu Beginn des 9. Jh. setzten sich diese Strukturen im Frankenreich als herrschende durch. Dieses wurde so ein Zentrum der feudalen Entwicklung in West- und Mitteleuropa. Der Prozeß der Herausbildung des Feudalismus vollzog sich in dieser Zeit ebenfalls – wenn auch mit erheblichen Unterschieden – auf dem Gebiet des oströmischen Reiches und im sich konstituierenden arabischen Kalifat.

Die christliche Kirche war nach längeren Auseinandersetzungen im römischen Reich eine bedeutende politische Institution geworden. Sie durchlief den Wandel von der antiken zur feudalen Institution und spielte eine entscheidende Rolle im Prozeß der Entwicklung und Verbreitung feudaler Ideologie.

reproduziert. Eine wichtige Rolle spielt der christliche Klerus, der als einzige Schicht die Schriftkultur bewahrt. Philosophisches Gedankengut wird in diesem allgemeinen Rahmen tradiert (neuplatonisch-christliche Lehren). Die hochentwickelte spätantike Kultur dominiert gegenüber der gentilgesellschaftlichen Kultur der eindringenden Stämme. Letztere wird in Sagen und Geschichten bewahrt. In den Stammesstaaten auf dem Gebiet des ehemaligen weströmischen Reiches spielt zunächst die Verbreitung der christlichen Religion (Mission) eine große Rolle. In Byzanz werden auf mehreren Konzilien wesentliche Entscheidungen zu Grunddogmen des christlichen Glaubens getroffen. In den folgenden Jahrhunderten bilden sich zwei verschiedene feudal-christliche Kulturen.

Gregor von Nyssa (um 335–nach 394), griechischer Kirchenvater

Basilius der Große (um 330–379), Kirchenvater der griechischen Kirche, Mönchsregel

Ambrosius (um 339–397), Bischof von Mailand

Johannes Chrysostomos (um 350–407)

313	Toleranzedikt von Mailand, Verkündung der Glaubensfreiheit und der Gleichberechtigung des Christentums
	Aurelius Augustinus (354–430), Bischof von Hippo Regius, Kirchenvater, leistete einen entscheidenden Beitrag zur Konsolidierung der Kirche und ihrer Lehre, prägte das geistige Klima im Mittelalter mit.
	Ulfilas (Wulfila, 310–383), Missionar der Goten, übersetzt um 369 die Bibel ins Gotische
um 370	Hunnen fallen in das ostgotische Stammesreich ein und lösen dadurch kontinentweite Bewegungen und Wanderungen von Stämmen aus (Völkerwanderungszeit)
381	Theodosios I., römischer Kaiser (379–395), erklärt das Christentum zur Staatsreligion.
395	Teilung des römischen Imperiums in Ost- und Westreich. Aus dieser administrativen Teilung resultieren in der Folgezeit divergierende Entwicklungswege. Es bilden sich zwei verschiedene Formen des Feudalismus heraus.
	Hieronymus (um 340–420), beginnt 383 im Auftrag des Papstes Damasus I. eine Neuübersetzung der Bibel, die als Vulgata bezeichnet wird (allgemein Gebrauchte). Das Mittelalter kennt darüber hinaus verschiedene altlateinische Übersetzungen der Bibel.
	Die ursprünglich einheitliche christliche Kirche teilt sich in Ost- und Westkirche (Papstkirche) mit je spe-
	Calcidius (um 400), übersetzte ein Platonfrag-

ziellem Kult und eigener Organisation. Der gemeinsame Ursprung ermöglicht wechselseitige Beziehungen, läßt aber zugleich auf beiden Seiten den Anspruch entstehen, für die Christen der Welt zu sprechen. Der Versuch, diesen Anspruch zu realisieren, vertiefte die Widersprüche.

ment, »Timaios«, das in Westeuropa bis ins 12. Jh. das einzige originale Platonfragment blieb.

5. Jh. Im Zuge der Völkerwanderung dringen verschiedene Völkerstämme in das weströmische Reich vor, die auf der Basis des Stammeskönigtums organisiert sind. In Kriegszeiten war der Stammeskönig Führer der Krieger. Er befehligte 15 000 bis 20 000 Krieger, mit Angehörigen etwa 100 000 Personen. Die Leitungsstruktur verfestigte sich und erweiterte ihre Funktion im Rahmen der Übernahme der römischen Organisation.

Proklos (412–485), neuplatonischer Philosoph
Martianus Capella verfaßt um 430 »De nuptiis Philologiae et Mercurii«. Seine Einteilung des antiken Wissens in Einzeldisziplinen ist eine Grundlage für die durch Cassiodor und Boëthius überlieferte, vom Mittelalter übernommene Einteilung der Sieben Freien Künste.

449 Beginnende Eroberung Britanniens durch die Angelsachsen

453 Tod Attillas, Zerfall des Hunnenreiches

476 Der letzte weströmische Kaiser wird formal abgesetzt. Die römische Staatsordnung war schon zuvor in zahlreichen Provinzen zusammengebrochen. In den ehemaligen Gebieten entstanden neue Stammesstaaten. So eroberten die Vandalen ab 429 Ostafrika und gründeten ein Reich, das bis 533/534 besteht. In Südfrank-

Boëthius (480–524), übersetzt logische Schriften

	reich und Spanien besteht zwischen 418 und 507 ein Westgotenreich, in Italien das Ostgotenreich von 493 bis 553. Burgunden errichten um Worms, später um Lyon ein Reich (413 bis 543), Langobarden in Norditalien (zwischen 568 und 774). Zwischen Unterrhein und Somme, Kanalküste und unterem Main bilden sich in der 2. Hälfte des 5. Jh. die Anfänge der fränkischen Stammesreiche. Als mächtigstes Königsgeschlecht setzen sich die Merowinger durch.	des Aristoteles. Sein »Trost der Philosophie« wird im Mittelalter viel gelesen. Cassiodor (um 490–um 583), »Gotengeschichte«, vermittelt antikes Wissen an das Mittelalter.
482 bis 511	Chlodwig I., König des Stammes der salischen Franken. Bis zu seinem Tode beherrschen die Franken fast ganz Gallien.	
496/497	Übertritt Chlodwigs zum Christentum	Dionysios Areopagites (Ende des 5. Jh.), seine Schriften waren Quellen neuplatonischer und mystischer Ideen im Mittelalter.
		»Lex Salica«, schriftliche Aufzeichnung des Stammesrechtes der salischen Franken (507–511)
6./7. Jh.	Im Merowingerreich wird mit der vollständigen Herausbildung des Allods der Boden Privateigentum. Der freie fränkische Bauer kann ihn verkaufen und vererben. Die Gefolgschaft des Königs wandelt sich zur feudalen Oberschicht, die ihre Besitztümer durch abhängige Bauern bewirtschaften läßt (Grundherrschaft). Analog dieser Entwicklung verläuft die Herausbildung eines frühfeudalen Staatswesens und ei-	Um 520–560 Herausbildung der irischen Mönchskirche, die bis in das 8. Jh. entscheidend bei der Christianisierung Westeuropas mitwirkt. Dionysius Exiguus (um 500–550), von ihm

nes Abgabensystems. Durch Eroberung neuer Gebiete ist ein Zuwachs an Land und abhängigen Bauern sowie an Macht möglich (frühfeudale Expansion).

Zwischen dem 6. und 8. Jh. büßen die europäischen Städte ihr antikes Gepräge ein. Die Zahl der Bewohner sinkt um das Zwanzig- bis Dreißigfache. Vorwiegend werden es Niederlassungen der Landbevölkerung mit Aufgaben administrativer Zentren.

527 bis 565 Justinian I., oströmischer Kaiser. Sein Versuch, das römische Weltreich zu erneuern, überfordert das Reich und fördert den Feudalisierungsprozeß. Die erste Periode des Feudalisierungsprozesses im Reich zwischen der zweiten Hälfte des 6. Jh. und dem Ende des 7. Jh. ist durch eine schwere innere und äußere Krise gekennzeichnet. Das ermöglicht die Herausbildung freier Dorfgemeinden. Unter Kaiser Herakleios wird die Themenordnung eingeführt. Die in den Themen (Militärbezirken) angesiedelten Bauern sind zum Militärdienst verpflichtet (Stratioten). Konstantinopel behält seine Stellung als politisches Zentrum.

stammt die seit 525 geltende christliche Zeitrechnung.

Benedikt von Nursia (um 480–um 550), gründet 529 das Kloster Monte Cassino und verfaßt eine Mönchsregel (Benediktinerorden). Die Klöster entwickeln sich in den folgenden Jahrhunderten zu kulturellen Zentren (Christianisierung, partielle Bewahrung antiker Kultur, Landwirtschaft).

Schließung der Akademie in Athen auf Anordnung Justinians (529)

Bau der Hagia Sophia (532–537)

Herausgabe der Digesten (533), Auszüge aus Schriften römischer Juristen, das eigentliche umfassende Gesetzbuch Justinians

Codex Justinianeus (534), Sammlung von Erlassen der römischen Kaiser von Hadrian bis Justinian

Prokopios von Caesarea (um 500–nach 565), Historiker der Zeit Justinians

Columban (um 500/540–615), irischer Mönch, be-

Ende 6. Jh.	Die arabische Halbinsel bot ein buntes Bild verschiedener Stämme und Sippenverbände, die häufig zerstritten waren. Ökonomische Grundlage des Lebens der Bewohner war im Süden der Ackerbau und in Zentralarabien die Kamelzucht. Große Teile der Bevölkerung lebten als Nomaden. Bedeutsam war der Fernhandel.	treibt eine intensive Mission und Klostergründungen in Westeuropa
	Um 570 wurde in Mekka, einem Kreuzungspunkt verschiedener Handelsstraßen, Mohammed geboren.	
575	Edikt Chilperichs I. erweitert die Verfügungsgewalt des Besitzers über sein Land (beschleunigte Herausbildung von Grundeigentum).	Gregor, Bischof von Tours (538–594), »Zehn Bücher fränkischer Geschichte«
614	Pariser Edikt, markiert den Abschluß der Konstituierung der herrschenden Klasse des Feudaladels im Kerngebiet des Merowingerreiches.	Isidor von Sevilla (um 570–636), Verfasser des »Originum sine Etymologiarum«, das das gesamte bekannte Wissen enthält
		Griechisch wird im 7. Jh. im byzantinischen Kaiserreich Umgangssprache und löst das Latein als Amtssprache ab.
622	Hedschra, heimliche Übersiedlung Mohammeds und seiner Anhänger nach Medina, Beginn der arabischen Zeitrechnung.	Im 7. Jh. verschmelzen iranisches, ägyptisches und antik-byzantinisches Kulturgut zur arabisch-islamischen Kultur.
630	Einnahme Mekkas durch Anhänger Mohammeds. Mohammed »reinigt« die Kaaba und erhebt sie zum	Mohammed beginnt, seine Lehre zu verbreiten, die ersten Suren des Korans entstehen (610).

Haupttheiligtum. Schaffung der ideologischen Voraussetzungen für die Einigung der arabischen Stämme. Bei seinem Tod (632) hinterläßt Mohammed einen einheitlichen arabischen Staat.

632 bis 692   Frühes Kalifat und erste Phase der Expansion; 632 bis 661 Zeit der »rechtgeleiteten Kalifen« Abu Bakr, Omar, Osman und Ali.

634 bis 642   Arabische Eroberungen bewirken eine Verkleinerung des byzantinischen Reichsgebietes.

656 bis 661   Bürgerkrieg zwischen Ali und Muawija, der die Dynastie der Omaijaden (bis 750) begründet, Durchsetzung dynastischer Prinzipien im Kalifat.

674 bis 678   Belagerung Konstantinopels durch eine arabische Flotte, die durch den Einsatz des griechischen Feuers abgewehrt werden kann.

Edictus Rothari (643), erste bekannte langobardische Rechtsaufzeichnung in lateinischer Sprache
Entstehung des Beowulf-Epos (2. Hälfte 7. Jh.)
Endredaktion des Korans unter dem Kalifen Osman (650 bis 656)

Beginnende Spaltung in Sunniten und Schiiten (ab 680)
Felsendom von Jerusalem vollendet (691)

692 bis 945	Hochkalifat, zentralistisches Gesamtreich	
Ende 7. Jh.	In Byzanz beginnt die Zeit der frühfeudalen Gesellschaft, die bis Mitte des 9. Jh. dauert.	
8. Jh.	In Byzanz wächst die Rolle der Dorfgemeinden und der in ihr vereinten freien Bauern. Sie gewinnen als Steuerzahler für den Staat entscheidende Bedeutung. Zugleich festigt sich die Adelsschicht, die Leitungsaufgaben übernimmt.	Im Nomos georgikos, Agrargesetz, wird das Gewohnheitsrecht, das mit der Herausbildung der freien Dorfgemeinden entsteht, aufgezeichnet
	Der Feudalisierungsprozeß im lateinischen Europa schreitet mit der Herausbildung des Lehnswesens voran. Grundherren werden mit weiterem Boden ausgestattet, dafür gehen sie die Verpflichtung ein, berittenen Kriegsdienst zu leisten. Das übergebene Land wird als beneficium (ab 9. Jh. feudum) bezeichnet.	Johannes Damascenus (um 650 – vor 754), Zusammenfassung verschiedener Strömungen der Patristik, Quelle des Platonismus im Mittelalter Bonifatius (um 672/673–754), Missionar Beda Venerabilis (673/674–735), Vermittler antiken Wissens, Verfasser einer Enzyklopädie des kirchlichen und weltlichen Wissens
711	Beginn der Eroberung Spaniens durch die Araber	
712	Eroberung Bucharas und Samarkands durch die Araber und beginnender Vorstoß nach Indien	
720	Arabische Stämme dringen über die Pyrenäen nach Gallien vor	
732	Hausmeier Karl Martell besiegt ein arabisches Heer bei Tours und Poitiers. Das arabische Herrschaftsgebiet bleibt so auf die Pyrenäenhalbinsel beschränkt	Beginn des sogenannten Bilderstreits in Byzanz zwischen Anhängern und Gegnern der Verehrung von Abbildungen Gottes und der Heiligen (726)

	und dehnt sich nicht weiter nach Norden aus.	
751	Schlacht bei Talas (nordöstlich von Samarkand) zwischen den Heeren der Araber und des Tang-Imperiums. Damit endete die Ausbreitung des Kalifats in Richtung China.	
751	Pippin der Jüngere stürzt den letzten merowingischen König Childerich III., Beginn der Herrschaft der Karolinger	Paulus Diaconus (um 720–um 799), »Geschichte der Langobarden«
756	Gründung des Kirchenstaates	
nach 750	Entstehung der »Konstantinischen Schenkung«, einer gefälschten Urkunde, wonach Kaiser Konstantin dem Papst die Herrschaft über das weströmische Reich überträgt.	
763	Erhebung Bagdads zur Hauptstadt, Ausbau eines zentralistischen Staates. Bereits im 7., stärker noch in der 1. Hälfte des 8. Jh. setzen sich im Kalifat Feudalverhältnisse durch. In der Landwirtschaft bleiben die Produktionsmittel wesentlich dieselben. Der Staat ist verantwortlich für große Bewässerungsprojekte. Die Städte als politische Zentren bieten Handel und Handwerk günstige Bedingungen. Kalifat der Abbasiden (750–1258).	Seit Mitte des 8. Jh. kommt es im arabischen Kalifat zu einem Aufschwung des Bildungswesens. Syrische Gelehrte übertragen im Dienste der abbasidischen Kalifen griechische Werke in die arabische Sprache. In der zweiten Hälfte des 8. Jh. wird die persische Erzählung »Tausend Nächte« in die arabische Sprache übersetzt. Es beginnt die Sammlung »Tausendundeine Nacht« zu entstehen.

768 bis 814	Karl der Große, König und Kaiser (800) der Franken Karl der Große baut während seiner Herrschaft die Kirchenorganisation aus, wobei er eine Erhöhung des Bildungsniveaus der Kleriker anstrebt. Die Klosterschulen werden gefördert, und von wichtigen Werken werden fehlerfreie Abschriften angefertigt. Eine bedeutende Rolle spielt die Klosterschule in Aachen. Das Klosterschulwesen wird in der Folgezeit weiter ausgebaut. Mit Entstehung und Entwicklung der Stadt wird die Stadtschule zum Bildungszentrum; später übernimmt die Universität diese Rolle. Alkuin (um 730–804), baute das System der Septem artes liberales aus, erstellte einen korrigierten Bibeltext (um 800), baute die Schule des Klosters Saint-Martin in Tours zur bedeutendsten des Reiches aus. Einhard (um 770–840), Lehrer an Karls Hofschule, Biograph Karls des Großen
772 bis 804	Sachsenkriege. Es gelingt Karl, die Sachsen zu unterwerfen, zu christianisieren und feudale Verhältnisse durchzusetzen. Widukind, einer der Führer des Widerstandes der Sachsen, wird 785 getauft.
8. Jh.	Beginn der Wikinger- und Normannenzüge, von Völkerschaften aus dem Norden Europas Ausbildung der Scharia, des islamischen Rechts

al-Chwarizmi (vor 800–nach 847), persischer Mathematiker, seinem Hauptwerk verdankt die Algebra ihren Namen

Hrabanus Maurus (780–856), bedeutender fränkischer Gelehrter, machte die Klosterschule der Abtei Fulda zu einem Zentrum der Bildung und Schriftkultur

»Lex Saxonum«, Sachsen erhält unter Berücksichtigung des sächsischen Volksrechts nach fränkischem Vorbild ein schriftlich fixiertes Volksrecht (802)

Entstehung des Heliand (um 830), altsächsische Evangeliendichtung, mit der die unterworfenen Sachsen für das Christentum gewonnen werden sollten.

813–840 Ludwig der Fromme, Frankenkaiser

827 Beginn des Kampfes um Sizilien. Palermo (831) und Syrakus (875) werden von den Arabern erobert. Sie entwickeln sich zu Zentren westislamischer Kultur.

Straßburger Eide (842) zwischen Ludwig dem Deutschen und Karl dem Kahlen, ältestes bekanntes Dokument, das neben Latein auch Althochdeutsch und Altfranzösisch als Vertragssprache verwendet.

843 Vertrag von Verdun, Teilung des Frankenreiches in drei Teilreiche

Johannes Scotus Eriugena (um 810 – nach 877)

al-Kindi (um 801 – um 866)

	In Byzanz wird die Bilderverehrung offiziell wieder eingeführt (843)
	Notker der Stammler (um 840–912), Mönch aus St. Gallen, beschrieb die »Taten Karls des Großen«.
2. Hälfte Periode des vollentfalteten Feudalismus in Byzanz	Kyrillos und Methodios begeben sich 863 als Missionare in das Großmährische Reich
9. Jh. bis Anfang 13. Jh.	Photios erhebt 867 Anklage gegen Rom, dort werde die Lehre vertreten, wonach der heilige Geist nicht vom Vater allein, sondern auch vom Sohn ausgehe. Der wesentliche theologische Streitpunkt mit den Lateinern wird sichtbar.
	al-Farabi (um 870–950)
	Isaak Israeli (Mitte 9. Jh. – Mitte 10. Jh.), jüdischer Philosoph
	ar-Razi (865–925), seine medizinischen Handbücher genossen in lateinischen Übersetzungen an europäischen Universitäten bis ins 17. Jh. hohes Ansehen.
9. Jh.	Samara wird erbaut und ist zeitweise Hauptstadt des Kalifats. Es erhält Bauwerke, die architektonische Höchstleistungen der Zeit darstellen. Es wird aber bald wieder verlassen und verfällt.
10. Jh.	Verstärkter Kampf zwischen Feudaladel und freien Bauern um das Land in Byzanz. Die Zahl der freien Bauern nimmt ab, die der Paroiken zu. Die Zentralgewalt erläßt Gesetze zugunsten der freien Bauern und

ermöglicht einen Aufschub des Konzentrationsprozesses. 922 wird der Landbesitz der Bauern durch Gesetz bestätigt, 934 folgt ein Gesetz über die Rückgabe beschlagnahmten Bodens an die Bauern.

910	Gründung der westburgundischen Abtei Cluny, die Ausgangspunkt für die Klosterreformen im 10. und 11. Jh. ist
936–973	Otto I., deutscher König und Kaiser (962)
940	Abschluß der Unterwerfung der Elbslawen bis zur Oder durch die Markgrafen Hermann Billung und Gero
955	Sieg Ottos I. auf dem Lechfeld, Beseitigung der Bedrohung durch die Ungarn
945 bis 1258	Auflösung der politischen Einheit des Kalifats. Es entstehen verschiedene Staaten. Der Kalif von Bagdad erhält die Rolle eines religiösen Oberhauptes.

Gerbert von Aurillac (940/950–1003)

al-Biruni (973–1048)
Ibn Sina (980–1037)
Die päpstliche Kurie nimmt die christliche Zeitrechnung als obligatorisch an (963).
Fulbert von Chartres (975–1029)
Thietmar von Merseburg (975–1018), Geschichtsschreiber

11. Jh.	In West- und Mitteleuropa erfolgt der Übergang vom Früh- zum Hochfeudalismus. Die Ausdehnung der landwirtschaftlichen Nutzfläche verbunden mit ver-

Einführung des Christentums in Island (1000)
Seit Beginn des 11. Jh. breitet sich das Gedankengut der Katharer aus

besserten Technologien der Bodenbearbeitung (Räderpflug, Egge, Pferd bei Ackerarbeiten) bewirken eine Steigerung der landwirtschaftlichen Produktion. Die weitere Arbeitsteilung führt zur Entwicklung des Handwerks, das sich in den Städten konzentriert und die Städte zu progressiven Zentren der Feudalgesellschaft werden läßt (Handel, die Stadtschule wird zum Bildungszentrum). Mit der Durchsetzung von Banngrundherrschaften wird eine Herrschaftsintensivierung erreicht.

In Byzanz wächst der Großgrundbesitz (Pronoia).

	Symeon der Neue Theologe (um 949–1022)
	Konstantinos Psellos (1018–1079)
	Johannes Italos (um 1024–1083)
	Hermann von Reichenau (1013–1054), Geschichtsschreiber
	Otloh von St. Emmeram (um 1010–1070)
	Petrus Damiani (1007–1072)
	Manegold von Lautenbach (gest. 1103)
	al-Gazzali (1059–1111)
	Salomo ibn Gabirol (um 1020–1098)
1046	Synode von Sutri. Das Papsttum beginnt, sich mit Hilfe des deutschen Kaisers (Heinrich III.) vom Einfluß des römischen Stadtadels zu befreien. Mitte des 11. Jh. entsteht das Kardinalskollegium.
	Mitte des 11. Jh. entsteht die erste Sammlung kanonischen Rechts
1054	Bannung des griechischen Patriarchen von Konstantinopel durch Papst Leo IX., endgültiger Bruch zwischen West- und Ostkirche
	Anselm von Besate (Mitte 11. Jh.)
1056	Heinrich IV., deutscher König und Kaiser (1084)
	Berengar von Tours (um 1000–1088)
1056 bis 1106	Türkische Seldschuken brechen in das byzantinische Reich ein
	Anselm von Canterbury (1033/1034–1109), »Vater der Scholastik«
1061	Normannen erobern Sizilien
	Constantinus Africanus übersetzt um 1070 in

Jahr	Ereignis	Personen
1071	Normannen erobern Bari, die wichtigste Niederlassung der Byzantiner in Unteritalien	Süditalien medizinische Schriften der Griechen und Araber in die lateinische Sprache
1073 bis 1085	Papst Gregor VII., einer der Verfechter der nach ihm benannten gregorianischen Reformen, in deren Folge das Papsttum eine selbständigere Stellung gegenüber dem Kaiser einnimmt und die Kirchenorganisation, mit Rom als Zentrum, vervollkommnet wird.	Roscelin (1050–um 1125) Michael Ephesios (um 1050–1129), Aristoteleskommentator in Byzanz
Januar 1077	Canossagang Heinrichs IV.	
1082	Die Venezianer erhalten einen Freibrief, der ihnen den Handel im gesamten byzantinischen Reich gestattet.	Lanfrank von Bec (um 1010–1089) Gaunilo (gest. 1083) Constantinus Africanus (gest. 1087)
1086	Wilhelm der Eroberer läßt für England ein Grundbesitzbuch (Domesday Book) aufstellen, das etwa 5 000 Wassermühlen bezeugt.	
1095	Papst Urban II. ruft zum ersten Kreuzzug zur Befreiung des heiligen Grabes auf. In der Folgezeit dienen diese der Durchsetzung verschiedener Expansionsziele. Sie schufen eine ideologische Begründung für die Raubzüge europäischer Ritter und ermöglichten die Bekämpfung von Meinungsverschiedenheiten bzw. von andersdenkenden Gruppierungen.	Abraham ibn Esra (1089–1164) Ibn Baddscha (um 1106–1138) Adelard von Bath (um 1070–nach 1146)

1096	Im Gefolge der Kreuzzüge kommt es in einer Reihe von Städten zu Judenpogromen, die mehrere blühende Judengemeinden in Worms, Köln, Mainz, Regensburg und Prag vernichten.	Hugo von St. Victor (1079–1141) Pierre Abélard (1079–1142) Bernhard von Clairvaux (um 1090–1153) Hildegard von Bingen (1098–1179) Wilhelm von Champeaux (um 1070–1121) Bernhard von Chartres (gest. um 1125)
1099	Eroberung Jerusalems durch die Kreuzfahrer	
1106 bis 1125	Heinrich V., deutscher König und Kaiser (1111)	Um 1100 Eindringen der Katharer in Italien und Frankreich. Diese religiöse Bewegung wird direkt von den Bogumilen beeinflußt und indirekt durch Manichäismus und Gnosis. Aus dieser Bewegung leiten sich die Albigenser ab.
1122	Wormser Konkordat	»La Chanson de Roland« (Rolandslied, um 1100)
12. Jh.	Die Städte entwickeln sich zu einem Machtfaktor, nachdem sich in ihnen eine Leitungsstruktur herausgebildet hat. In Bündnissen versuchen sie erfolgreich, anderen Machtgewalten Widerstand zu leisten.	»El cantar de Mio Cid«, spanisches Nationalepos (um 1140) Petrus Venerabilis läßt 1141 den Koran in die lateinische Sprache übersetzen. Thierry von Chartres (gest. um 1150) stützt sich in seiner Schöpfungsgeschichte u. a. auf Platons »Timaios«. In der Mitte des 12. Jh. werden Platons »Phaidon« und »Menon« ins Lateinische übersetzt. Petrus Lombardus (um 1095–um 1160) Johannes von Salisbury (1115/1120–1180)

		Otto von Freising (um 1114–1158)
		Joachim von Fiore (um 1135–1202)
		Chor der Abteikirche zu Saint-Denis, erstes gotisches Bauwerk (1140–1143)
		Abraham ibn Daud (um 1110–1180)
		Ibn Tofail (gest. 1185)
		Ibn Ruschd (1126–1198)
		Maimonides (1135–1204), jüdischer Philosoph
		Prinzessin Anna Komnene, »Alexias« (1148), schildert die Zeit von 1069 bis 1118
		Marie de France (2. Hälfte 12. Jh.), Dichterin
1152 bis 1190	Friedrich I. Barbarossa	In Frankreich entstehen im 12. und 13. Jh. die Geschichten zum »Roman de Renart«, in Deutschland später als Reinecke-Fuchs-Erzählungen bekannt.
1162	Eroberung und Zerstörung Mailands durch Friedrich I.	
1167	Lombardischer Städtebund, Bund oberitalienischer Städte gegen die Machtpolitik Kaiser Friedrichs I.	
1176	Schlacht bei Legnano, Sieg des Lombardischen Städtebundes über Friedrich	
1181	Englisches Kloster in Lincolnshire läßt eine Windmühle errichten; erstes Zeugnis für eine Windmühle in Europa.	

Friedrich I. erteilt 1158 für die Universität in Bologna die Authentica Habita. Universitäten bilden sich als Vereinigungen der Lehrer (Magister) und Studenten (Scholaren), die ihnen in der fremden Stadt rechtlichen Schutz und wirtschaftliche Sicherheit gewähren sollen. Auch in Paris

		und Oxford bilden sich Universitäten heraus.
		Chrétien de Troyes, Artusromane (1168–1183)
		Der Kaufmann Petrus Waldus gründet 1175 eine Armen- und Brudergenossenschaft, aus der sich später die Waldenser entwickeln.
		Wolfram von Eschenbach (1175/1180–nach 1220)
		Walther von der Vogelweide (um 1170–um 1230)
13. Jh.	In Frankreich und England werden die Grundlagen für die späteren Nationalstaaten gelegt. Durch Bemühungen um staatliche Zentralisation beginnt ein Aufstieg zum Nationalkönigtum.	Das 13. Jh. wird allgemein als das Jh. bezeichnet, in dem Aristoteles in das christliche Weltbild integriert wurde.
		David von Dinant (gest. um 1204)
1204	Eroberung Konstantinopels durch die Kreuzfahrer. Graf Balduin von Flandern wird lateinischer Kaiser in Konstantinopel.	Albertus Magnus (um 1200–1280)
		Wilhelm von Moerbeke (um 1215–1286)
1210	Der Papst billigt die Existenz der Mönchsgemeinschaft um Franz von Assisi.	1210 verurteilt das Konzil der Kirchenprovinz Sens in Paris Amalrich von Bène und David von Dinant. Es verbietet, die Bücher des Aristoteles über die Natur zu kommentieren.
1212–1250	Friedrich II., deutscher König und Kaiser (1220)	
1215	In England Unterzeichnung der Magna Charta Libertatum. Sie bewirkt weitgehende Rechte des hohen Adels, kann aber die zentrale staatliche Organisation nicht mehr beseitigen.	

1215	Dominikus bildet in Toulouse einen Predigerorden, der 1216 als besondere Gemeinschaft anerkannt wird. Mit den Dominikanern und den Franziskanern entstehen Bettelorden, die einmal direkt dem Papst unterstellt sind und zweitens sich in ihrer Arbeit vorwiegend auf die Städte konzentrieren.	Alexander von Hales (um 1185–1245) Eike von Repgow verfaßt den Sachsenspiegel (1220) Gründung des Studium generale von Neapel auf Anweisung Friedrichs II. (1224) Guillaume de Lorris, Rosenroman, 1. Teil (vor 1234)
1234	Kreuzzug gegen die Stedinger Bauern	
1241	Einbruch der Mongolen in Mitteleuropa, Zerstörung Krakaus. In der Schlacht bei Liegnitz wird das Ritterheer geschlagen. Wegen innerer Streitigkeiten ziehen sich aber die Mongolen zurück und rücken nicht nach Westeuropa vor.	Roger Bacon (1214–nach 1292) Beginn des Baus des Kölner Doms (1248) Raimundus Lullus (1232/1233–1315/1316)
1258	Eroberung Bagdads durch die Mongolen, Ende des Kalifats. Es beginnt die kulturelle Trennung der islamischen Welt in eine westliche und eine östliche Sphäre. In der ersteren übernehmen die Mameluken-Sultane die Macht und verhindern 1260 ein weiteres Vordringen der Mongolen.	Thomas von Aquino (1225–1274)
1261	Michael VIII. Palaiologos beseitigt das lateinische Kaiserreich in Konstantinopel	Georgios Pachymeres (1242–um 1310), Abriß der Aristotelischen Philosophie

		Maximos Planudes (1255–1305), Übertragung lateinischer Schriften ins Griechische
		Jacobus de Voragine, »Legenda Aurea« (zwischen 1263 und 1273)
1274	Konzil von Lyon vollzieht Kircheneinheit. Da das Volk und Teile der Kirchenorganisation von Konstantinopel dagegen sind, setzt sich diese Einheit nicht durch.	Siger von Brabant (um 1240–nach 1281)
		Boëthius von Dacien (gest. vor 1284)
		Reise Marco Polos nach China (1271–1295)
		Bonaventura (1217 oder 1221–1274)
		Jean de Meung, Rosenroman, 2. Teil (1275)
		Johannes Duns Scotus (um 1265–1308)
		Bischof Etienne Tempier verbietet 219 Sätze, die Aussagen des Siger von Brabant, Boëthius von Dacien, Thomas von Aquino u. a. betreffen; das Verbot richtet sich v. a. gegen den radikalen Aristotelismus (1277).
1282	Sizilianische Vesper, Vertreibung der Franzosen aus Palermo und Sizilien	Das Generalkapitel der Franziskaner in Straßburg verbietet 1282, die Werke des Thomas von Aquino zu lesen.
1291	Die drei Kantone Uri, Schwyz und Unterwalden verbinden sich zum »Ewigen Bund«, Anfänge der Schweizer Eidgenossenschaft.	Die Gewölbe der Kathedrale von Beauvais stürzen 1284 ein. Damit sind die Grenzwerte gotischer Baukunst erreicht.
14. Jh.	Die osmanische Armee dringt weiter vor, es verringert sich der Einfluß Konstantinopels. In West- und	Erstes Jubeljahr (1300), großer Ablaß durch Wallfahrten nach Rom

Mitteleuropa (Südosteuropa wird von den Türken besetzt) treten mit Beginn des Jh. Krisensymptome zutage (Ende der expansiven Erweiterungen, kaum noch Neugründungen von Städten, keine neuen Rodungen, Wüstungen). Die Pest verursacht Bevölkerungsverluste. Zugleich treten Erscheinungen auf, die Strukturwandlungen ankündigen (Spezialisierung des Handwerks, Differenzierung der Stadtbevölkerung, verstärkter Geldumlauf).

Meister Eckhart (gest. um 1328)
Wilhelm von Ockham (gest. 1347)
Marsilius von Padua (um 1275–um 1343)
Erste sichere Erwähnung einer mechanischen Räderuhr (Turmuhr) in Erfurt (1304)
Dante Alighieri (1265–1321)

1315 Schlacht bei Morgarten, Sieg der Schweizer Fußsoldaten über die Habsburger.

Das Papsttum gerät zu Beginn des Jh. in die Abhängigkeit von Frankreich. Die Zentralisierung innerhalb der Kirche nimmt zu. Die wachsende Rolle des Geldes, der Ämterschacher und der allgemeine moralische Verfall an der Spitze der Kurie führen zu Spannungen.

Die italienischen Städte werden mehr und mehr von einzelnen Familien (Signorie) beherrscht. Das führt zur Entstehung von Stadtstaaten mit frühbürgerlichen Kulturen. Sie bilden die Grundlage der Renaissance.

Theodoros Metochites (1260–1332), Verfasser von Paraphrasen zu Schriften des Aristoteles
Francesco Petrarca (1304–1374)
Giovanni Boccaccio (1313–1375)

1319 Der seit 1187 bestehende Große Rat in Venedig wird endgültig erblich

Heiligsprechung des Thomas von Aquino (1323).

1331	Erstes Zeugnis für die Verwendung kleinkalibriger Geschütze in Norditalien	Damit wird seine Aristotelesrezeption offiziell akzeptiert und sanktioniert.
		Älteste erhaltene Handschrift der »Gesta Romanorum« (1342)
1346–1378	Karl IV., König in Deutschland und Böhmen, 1355 Kaiser	Ibn Chaldun (1332–1406)
		Byzanz übernimmt im 14. Jh. in größerem Umfang lateinische Literatur
		Demetrius Kydones (um 1324–1397/1398), Übersetzer lateinischer Werke, u. a. von Schriften des Thomas von Aquino ins Griechische
		Georgios Gemistos Plethon (um 1355–1452)
		Universitätsgründungen: Prag 1348, Heidelberg 1385, Erfurt 1392
		Juan Ruiz (Arcipreste de Hita), »Libro de buen Amor«, um 1330
		Geoffrey Chaucer, Die Canterbury Erzählungen, 1387–1400
15. Jh.	Dem byzantinischen Kaiserhof gelingt es nicht, von den europäischen Mächten eine wirksame Unterstützung im Kampf gegen die Türken zu erhalten.	Gründung der Universität Leipzig (1409)

1415	Die Verbrennung von Jan Hus löst in Böhmen starken Haß auf die katholische Kirche aus; die antirömischen Bewegungen gewinnen an Kraft.	
1420	Entstehung eines Zentrums der Hussitenbewegung durch die Gründung von Tabor. Im März des Jahres Verkündung eines Kreuzzuges gegen die Hussiten. In der folgenden Zeit vernichten die Hussiten mehrere Kreuzfahrerheere.	Die Prager Artikel (1420) formulieren Grundforderungen der Hussiten (freie Predigt, Laienkelch, Armut der Geistlichkeit, Verbot der Simonie).
1428	Beginn der Hussitenzüge in die Nachbarländer, Verbreitung von Hussitenmanifesten in ganz Europa	
1429	Jeanne d'Arc trägt entscheidend zur Befreiung des von Engländern belagerten Orleans bei (Jungfrau von Orleans).	
1434	Schlacht bei Lipany zwischen gemäßigtem und radikalem Flügel der Hussitenbewegung. Die Bewegung gerät unter die Führung des gemäßigten utraquistischen Adels.	Lionardo Bruni (1368–1440)
1439	In den Florentiner Beschlüssen wird eine Union zwischen West- und Ostkirche festgelegt. Die griechische Bevölkerung ist dafür nicht zu gewinnen. Der russische Großfürst Wassili widersetzt sich den Beschlüssen. Die russische Kirche erklärt sich für autonom.	Cosimo de Medici veranlaßt in Florenz die Gründung einer Platonischen Akademie (1440) Lorenzo Valla (um 1406–1457) entlarvt die Konstantinische Schenkung als Fälschung (1440) Nikolaus von Kues (1401–1464)

1453	In Frankreich setzt sich nach dem Ende des Hundertjährigen Krieges die endgültige politische Zentralisation durch	Um 1445: Der Mainzer Goldschmied Johannes Gutenberg erfindet Gießgerät zur Herstellung wechselbarer Lettern und den Druck mit diesen.
Mitte 15. Jh.	In Deutschland gibt es immer wieder Bauernunruhen, die sich gegen die Feudalordnung richten.	François Villon (1431/1432–nach 1463) Leonardo da Vinci (1452–1519) Niccolò Machiavelli (1469–1527) Raffael (1483–1520)
1455	Richard von York schlägt die sich gegen ihn erhebenden Gruppen des Hochadels; Beginn der Rosenkriege (1455–1485), in denen sich der hohe Adel gegenseitig aufreibt.	
April 1453	Das türkische Heer bezieht Stellung vor den Mauern Konstantinopels. Am 20. Mai treten die Türken zum letzten Sturm an. Kaiser Konstantin XI. fällt im Kampf. Konstantinopel wird umbenannt in Istanbul.	
1456	Die Osmanen erobern Athen.	
1461	Fall des Kaiserreiches Trapezunt, des letzten selbständigen griechischen Staates.	In Florenz entsteht 1462, angeregt durch Cosimo de Medici, eine Vereinigung gebildeter Männer, ihr Vorbild ist die Platonische Akademie. Marsilio Ficino (1433–1499), Zentralgestalt der Akademie, übersetzt Werke Platons Pietro Pomponazzi (1462–1524) Giovanni Pico della Mirandola (1463–1494)

		Albrecht Dürer (1471–1531)
		Tizian (1477–1576)
1485	Landung Heinrich Tudors (Heinrich VII.) in England, es entwickeln sich Ansätze absolutistischer Regierungsweisen.	Michelangelo (1475–1564)
		Thomas Morus (1478–1535)
		Nicolaus Copernicus (1473–1543)
1492	Einzug der katholischen Könige in Granada, Abschluß der Reconquista.	Erste Reise des Kolumbus führt zur Entdeckung Amerikas (1492–1493)
1494	Die republikanische Partei vertreibt unter Führung des Dominikaners Savonarola die Medici aus Florenz.	Vasco da Gama entdeckt den Seeweg nach Indien (1497–1499)
1498	Savonarola wird als Ketzer verbrannt.	
1509 bis 1547	Heinrich VIII. setzt in England die Grundlinien der Politik seines Vaters fort und führt die Reformation ein (1534 endgültiger Bruch mit Rom).	Paracelsus (1493–1541)
		Agricola (1490/1494–1555)
		Johannes Reuchlin (1455–1522)
1512	Wiedereinsetzung der Medici in Florenz	
1513 bis 1521	Papst Leo X. von Medici	Thomas Müntzer (vor 1490–1525)
1517	Thesenanschlag Luthers zu Wittenberg	Martin Luther (1483–1546)
1517	Die erfolgreiche Ausbreitung der Osmanen führt zur Eroberung Ägyptens.	Erste Erdumseglung des Fernão de Magalhães (1519–1521)
1521	Bannbulle gegen Luther; das Wormser Edikt verhängt Reichsacht über Luther.	Huldrych Zwingli (1484–1531)
		Johann Calvin (1509–1564)

1524/ 1525	Großer Deutscher Bauernkrieg	Gründung der protestantischen Universität Marburg (1527). Beginn einer erneuten Gründungswelle von Universitäten, Reform der Lehrpläne, Ausrichtung auf Landesuniversitäten. Melanchthon (1497–1560) Ulrich von Hutten (1488–1523) Franz von Sickingen (1481–1523)
1529	Sieg der Reformation in Braunschweig, Göttingen und Hamburg	Erasmus von Rotterdam (1466–1536)
1532	Der Nürnberger Religionsfrieden gewährt den Protestanten angesichts der Türkengefahr Duldung bis zum nächsten Konzil.	
1534	Sieg der Reformation in Anhalt, Württemberg, Augsburg und Pommern	
1540	Reformation in Brandenburg und im albertinischen Sachsen	
1545 bis 1563	Das Konzil von Trient schließt den durch die Reformation erzwungenen Umwandlungsprozeß der katholischen Kirche ab. Es setzt die Gegenreformation ein. Zur Rekatholizierung der protestantischen Gebiete werden neue Orden gegründet (Jesuiten).	Das Konzil von Trient erklärt die Vulgata 1546 für authentisch und zuverlässig.
1546 bis 1547	Schmalkaldischer Krieg zwischen dem Kaiser und den Fürsten	
1555.	Reichstag zu Augsburg. Der Augsburger Religions-	Tycho de Brahe (1546–1601) Giordano Bruno (1548–1600)

frieden gewährt den Anhängern der Augsburgischen Konfession einen immerwährenden Frieden und den weltlichen Reichsständen das Recht, die Konfession der Untertanen zu bestimmen.

1609 Vertreibung der letzten Araber aus Spanien

Galileo Galilei (1564–1642)
Johannes Kepler (1571–1630)
William Harvey (1578–1657)
Jakob Böhme (1575–1624)

LITERATURVERZEICHNIS

(Auswahl)

I. Quellenausgaben

1. Pierre Abailard: Die Leidensgeschichte und der Briefwechsel mit Heloisa. Übertragen und herausgegeben von Eberhard Brost, Berlin 1963.
2. Peter Abaelard: Philosophische Schriften. Zum 1. Male herausgegeben von Bernhard Geyer (Beiträge zur Geschichte der Philosophie und Theologie des Mittelalters, Bd. 21, Heft 4), München 1973.
3. Albertus Magnus: Ausgewählte Texte. Lateinisch-Deutsch. Herausgegeben und übersetzt von Albert Fries, Darmstadt 1981.
4. Der Musterstaat von Alfarabi. Aus dem Arabischen übertragen von Dr. Friedrich Dieterici, Leiden 1900.
5. Die Staatsleitung von Alfarabi. Eine metaphysische und ethisch-politische Studie eines arabischen Philosophen. Aus dem

Nachlasse des geh. Regierungsrats Dr. Friedrich Dieterici herausgegeben mit einem Gedenkblatt von Dr. Paul Brönnle, Leiden 1904.
6. Anselm von Canterbury: Leben, Lehre, Werke. Übersetzt, eingeleitet und erläutert von Rudolf Allers, Wien 1936.
7. Anselm von Canterbury: Proslogion. Lateinisch-deutsche Ausgabe. Untersuchungen von Franciscus Salesius Schmitt, Stuttgart-Bad Cannstatt 1962.
8. Anselm vom Canterbury: Monologion. Lateinisch-deutsche Ausgabe von Franciscus Salesius Schmitt, Stuttgart-Bad Cannstatt 1964.
9. Die Hauptlehren des Averroes nach seiner Schrift Die Widerlegung des Gazali, aus dem arabischen Originale übersetzt und erläutert von Max Horten, Bonn 1913.
10. Avicenna: Das Buch der Genesung der Seele. Eine philosophische Enzyklopädie Avicennas. II. Serie. Die Philosophie; III. Gruppe, XIII. Teil: Die Metaphysik, Theologie, Kosmologie und Ethik, übersetzt und erläutert von Max Horten, Halle a. S. und New York 1907.
11. Giordano Bruno: Gesammelte Werke. Herausgegeben von Ludwig Kuhlenbeck, Leipzig 1904 ff.
12. Giordano Bruno: Von der Ursache, dem Prinzip und dem Einen. Akten des Prozesses der Inquisition gegen Giordano Bruno. Aus dem Italienischen und Lateinischen von Paul Seliger und Ludwig Kuhlenbeck. Unter Mitarbeit von Ernst Günther Schmidt herausgegeben von Jürgen Teller, Leipzig 1984.
13. Erasmus von Rotterdam: Ausgewählte Schriften. Lateinisch und Deutsch. Herausgegeben von Werner Welzig, Darmstadt 1967 ff.
14. Erasmus von Rotterdam: Das Lob der Torheit. Nach der Übersetzung von Heinrich Hersch neu herausgegeben von Curt Woyte, Leipzig 1962.
15. Johannes Scotus Erigena über die Eintheilung der Natur. Uebersetzt und mit einer Schluss-Abhandlung ... versehen von Ludwig Noack, Berlin 1870–1874. Nachdruck Hamburg 1984.
16. Niccolo Machiavelli: Gesammelte Schriften. Unter Zugrundelegung der Übersetzungen von J. Ziegler und F. N. Baur herausgeben von Hanns Floerke. In 5 Bänden, München 1925.
17. Meister Eckhart: Die deutschen und lateinischen Werke. Her-

ausgegeben im Auftrag der Deutschen Forschungsgemeinschaft, Stuttgart 1948 ff.

18. Mose ben Maimon: Führer der Unschlüssigen. Ins Deutsche übertragen und mit erklärenden Anmerkungen versehen von A. Weiß, Leipzig 1923/1924.

19. Nikolaus von Kues: Schriften in deutscher Übersetzung. Herausgegeben von Ernst Hoffmann, Leipzig 1936 ff.

20. Schriften des Nikolaus von Kues. In deutscher Übersetzung. Im Auftrag der Heidelberger Akademie der Wissenschaften herausgegeben von Ernst Hoffmann, Paul Wilpert und Karl Bormann, Hamburg 1964 ff.

21. Thomas von Aquin: Die deutsche Thomas-Ausgabe. Vollständige, ungekürzte deutsch-lateinische Ausgabe der Summa theologica, 36 Bde., 2 Zusatzbde., Salzburg 1933 ff.

22. Thomas von Aquin: Die Summe wider die Heiden in vier Büchern, nach der lateinischen Urschrift deutsch von H. Nachod und P. Stern, Vorwort von A. Dampf, Erläuterungen von A. Brunner, Leipzig 1935 ff.

23. Thomas von Aquin: Über das Sein und das Wesen. Deutschlateinische Ausgabe. Übersetzt und erläutert von Rudolf Allers, Darmstadt 1961.

24. Wilhelm von Ockham: Kurze Zusammenfassung zu Aristoteles Büchern über Naturphilosophie. Aus dem Lateinischen. Herausgegeben und übersetzt von Hans-Ulrich Wöhler, Leipzig 1983.

25. Geschichte der Philosophie in Text und Darstellung. Herausgegeben von Rüdiger Bubner. Bd. 2 Mittelalter. Herausgegeben von Kurt Flasch, Stuttgart 1982; Bd. 3 Renaissance und Neuzeit. Herausgegeben von Stephan Otto, Stuttgart 1984.

26. Philosophenlesebuch, Bd. 1, Berlin 1988.

II. Nachschlagewerke

27. Philosophenlexikon. Von einem Autorenkollektiv herausgegeben von Erhard Lange und Dietrich Alexander, Berlin 1982.

28. Lexikon des Mittelalters, München/Zürich 1980 ff.

29. Kindlers Kulturgeschichte des Abendlandes, Bd. 11, Renaissance, München 1977.

30. Der deutsche Renaissance-Humanismus. Abriß und Auswahl von Winfried Trillitzsch, Leipzig 1981.

III. Historische Gesamtdarstellungen

31. Allgemeine Geschichte des Mittelalters. Von einem Autorenkollektiv unter Leitung von Bernhard Töpfer, Berlin 1985.
32. Deutsche Geschichte in zwölf Bänden. Herausgegeben vom Zentralinstitut für Geschichte der Akademie der Wissenschaften der DDR, Bd. 1–3, Berlin 1982/1983.
33. Allgemeine Geschichte der Neuzeit. 1500–1917. Von einem Autorenkollektiv unter Leitung von Manfred Kossok, Berlin 1986.
34. Geschichte der Araber. Von den Anfängen bis zur Gegenwart. Verfaßt von einem Autorenkollektiv unter Leitung von Lothar Rathmann, Bd. 1, Berlin 1971.
35. Jacob Burckhardt: Die Kultur der Renaissance in Italien, Berlin 1928.

IV. Gesamtdarstellungen der Philosophiegeschichte des Mittelalters und der Renaissance

36. Kurt Flasch: Das philosophische Denken im Mittelalter. Von Augustin zu Machiavelli, Stuttgart 1986.
37. Martin Grabmann: Die Geschichte der scholastischen Methode, Berlin 1988.
38. Georg Wilhelm Friedrich Hegel: Vorlesungen über die Geschichte der Philosophie. Dritter Band, Leipzig 1982.
39. Hermann Ley: Geschichte der Aufklärung und des Atheismus, Bd. 2/2, Berlin 1970; Bd. 2/3, Berlin 1971; Bd. 3/1, Berlin 1978.
40. Josef Pieper: Scholastik. Gestalten und Probleme der mittelalterlichen Philosophie, Leipzig 1985.
41. В. В. Соколов: Средневековая философия, Москва 1979.
42. Wilhelm Totok: Handbuch der Geschichte der Philosophie, Bd. 2, Mittelalter, Frankfurt a. M. 1973; Bd. 3, Renaissance, Frankfurt a. M. 1980.
43. Hans-Ulrich Wöhler: Geschichte der mittelalterlichen Philosophie, Berlin 1990.

V. Sammel- und Einzeldarstellungen

44. Leonid Batkin: Die historische Gesamtheit der italienischen Renaissance. Versuch einer Charakterisierung eines Kulturtyps, Dresden 1979.
45. Burchard Brentjes/Sonja Brentjes: Ibn Sina (Avicenna). Der fürstliche Meister aus Buchara, Leipzig 1979.
46. Walter Dietze: Raum, Zeit und Klasseninhalt der Renaissance, Berlin 1974.
47. Rigobert Günther: Vom Untergang Westroms zum Reich der Merowinger. Zur Entstehung des Feudalismus in Europa, Berlin 1987.
48. Aaron J. Gurjewitsch: Das Weltbild des mittelalterlichen Menschen, Dresden 1978.
49. Aaron J. Gurjewitsch: Mittelalterliche Volkskultur, Dresden 1986.
50. Ideologie und Gesellschaft im hohen und späten Mittelalter. Herausgegeben von Klaus-Peter Matschke und Ernst Werner, Berlin 1988.
51. Josef Pieper: Thomas von Aquin. Leben und Werk, Leipzig 1984.
52. Heinrich und Marie Simon: Geschichte der jüdischen Philosophie, Berlin 1984.
53. Gotthard Strohmaier: Denker im Reich der Kalifen, Leipzig/Jena/Berlin 1979.
54. Ernst Werner: Stadt und Geistesleben im Hochmittelalter, Weimar 1980.
55. Ernst Werner/Martin Erbstößer: Ketzer und Heilige. Das religiöse Leben im Hochmittelalter, Berlin 1986.

PERSONENREGISTER

Abélard, Pierre 12 13 23 43 68 76–83 85 87 89 138 149 156 171 265
Abraham ibn Daud 127 266
Abraham ibn Esra 126 264
Abubacer → Ibn Tofail
Abu Bakr 256
Adelard von Bath 88 264
Agricola, Georgius (eigtl. Georg Bauer) 218/219 274
Agrippa von Nettesheim 180
Albertus Magnus 7 21 38 88 135 146–151 152 156 160 161 169 173 188 267
Alexander von Aphrodisias 66 104 231
Alexander von Hales 137/138 173 268
Ali ibn Abi Talib 256
Alkuin 41 44 259
Allers, Rudolf 9
Amalrich von Bène 54 85 267
Ambrosius 152 250
Anaxagoras von Klazomenai 147 228 242
Anaximander von Milet 228
Anna Komnene 266
Anselm von Besate 61 263
Anselm von Canterbury 13 34 37 45 65 68 70–76 80 138 149 155 156 158 160 171 263
Aristoteles aus Stageira 7 14 19 22 23 36 51 59 64 66 67 74 82

85 87 88 89 95 96 101 102 103
105 106 109 111 114 116 118
119 120 121 126 128 131 135
136 137 138 139 140 141 142
143 144 146 147 149 150 152
153 154 155 158 159 161 162
163 164 165 166 168 169 171
172 173 175 179 183 184 185
186 187 193 210 211 214 220
221 228 229 231 232 243 253
267 270
Ascoli 180
Attila 252
Augustinus, Aurelius 13 20 21
23 26 27 35 38/39 53 62 70 73
139 151–154 165 169 170 176
177 251
Averroës → Ibn Ruschd
Avicebron → Salomo ibn Gabirol
Avicenna → Ibn Sina

Bacon, Francis 8 33 119 173 174
202 206 219 220 221 224 229
243
Bacon, Roger → Roger Bacon
Balduin von Flandern 267
Bartsch, Gerhard 232
Basilius (Basileios) der Große
250
Beda Venerabilis 41 257
Benedikt von Nursia 254
Berengar von Tours 54 61 62
64 65 263
Bernhard von Chartres 87 265
Bernhard von Clairvaux 12 23
83 84 87 156 160 211 265
al-Biruni 262
Bloch, Ernst 103
Boccaccio, Giovanni 211 270
Böhme, Jakob 85 224 276
Boëthius, Anicius Manlius Torquatus Severinus 23 34 36
40 43 59 61 64 67 87 147 154
252
Boëthius von Dâcien 141/142
269
Bonaventura (Johannes Fidanza) 137–140 169 269
Bonifatius 257
Brecht, Bertolt 20
Bruni, Lionardo 211 272
Bruno, Giordano 104 119 125
180 203 204 208 223–229
231 232 233 236 238 239–248
275
Buhr, Manfred 232
Burckhardt, Jacob 222

Calcidius 251
Calvin, Johann 207 274
Campanella, Giovanni 207 221
224
Cantor, Georg 238
Cardano (Cardanus), Girolamo
202 213
Cassiodorus, Flavius Magnus
Aurelius 40 41 252 253
Chaucer, Geoffrey 271
Childerich III. 258
Chilperich I. 255
Chlodwig I. 253
Chrétien de Troyes 267
Christus → Jesus Christus
al-Chwarizmi 260
Cicero, Marcus Tullius 59 61
147 209 211
Clemens IV. 179
Columban 254/255
Condillac, Étienne Bonnot de
186
Constantinus Africanus 88 263
264
Copernicus, Nicolaus 203 204
206 207 238 240 274

Damasus I. 251
Dante Alighieri 111 146 180 202 210/211 270
David von Dinant 85 136 267
Demokrit (Demokritos) von Abdera 16 17 155 228
Descartes, René 33 107 155 221
Diderot, Denis 186
Dilthey, Wilhelm 216
Dinorschojew, M. 118
Diogenes Laertius 209
Dionysios Areopagites (Pseudo-Dionysios) 46 47 154 191 253
Dionysius Exiguus 253/254
Dominicus 131 268
Dürer, Albrecht 199 219 274
Duns Scotus → Johannes Duns Scotus

Eckhart (Meister Eckhart) 85 135 168 187–196 232 235 270
Eike von Repgow 268
Einhard 259
Empedokles aus Akragas 147 213 242
Engels, Friedrich 25 97 118 199/200
Epikur 228
Erasmus von Rotterdam 208 215 216 275
Euklid 23 59

al-Farabi 104–111 127 261
Feuerbach, Ludwig 234
Fichte, Johann Gottlieb 153 207
Ficino, Marsilio 213 229 232 273
Fracastoro, Girolamo 213
Franz von Assisi 131
Friedrich I. 266
Friedrich II. 131 267 268
Fulbert von Chartres 60 87 262

Gabirol → Salomo ibn Gabirol
Galen aus Pergamon 88
Galilei, Galileo 62 170 204 221 224 276
Gama, Vasco da 205 274
Gaunilo 75/76 158 264
al-Gazzali 118/119 121 263
Gerbert von Aurillac (Silvester II.) 59–61 87 88 262
Gericke, Horst 22 58
Geyer, Bernhard 61 76
Gilbert de la Porrée (Gilbertus Porretanus) 87 88
Goethe, Johann Wolfgang 197 215
Goltz, Hermann 47
Grabmann, Martin 34 37 42/43 81
Gregor von Nyssa 47 250
Gregor von Tours 255
Gregor der Große 41
Gregor VII. 264
Grosseteste → Robert Grosseteste
Grotius, Hugo 207
Guillaume de Lorris 268
Gutenberg, Johannes 219 273

Hadrianus, Publius Aelius 254
Harvey, William 276
Hedtke, U. 233
Hegel, Georg Wilhelm Friedrich 11 31 36 47 48 101 121 181/182 192 202 207 235
Heinrich III. 263
Heinrich IV. 263 264
Heinrich V. 265
Heinrich VII. Tudor 274
Heinrich VIII. 274
Heloïse 78
Herakleides 53
Herakleios 254

Heraklit aus Ephesos 7 228
Hermann von Reichenau 263
Herodot 212
Hieronymus 251
Hildegard von Bingen 265
Hobbes, Thomas 17 115 207
Honorius III. 55
Hrabanus Maurus 41 260
Hugo von St.-Victor 265
Hus, Jan 207 272
Hutten, Ulrich von 200 212 215 218 275

Ibn Baddscha 264
Ibn Chaldun 271
Ibn Ruschd (Averroës) 104 105 119–124 125 126 140 143 156 164 180 228 231 266
Ibn Sina (Avicenna) 96 101 104 105 111–118 119 125 150 161 262
Ibn Tofail (Abubacer) 119 266
Innocenz III. 129/130
Isidor von Sevilla 41 255
Israeli, Isaak 261

Jacobus de Voragine 269
Jean de Meung 269
Jeanne d'Arc 272
Jesus Christus 11 61 62 79 83 86 97 99 193 216
Joachim von Fiore 86/87 174 266
Johannes Chrysostomos 250
Johannes Damascenus 94 257
Johannes Duns Scotus 16 135 169–173 182 188 269
Johannes Italos 94 95 263
Johannes Petrizi 94
Johannes von Salisbury 265
Johannes Scotus Eriugena 20 23 45–55 57 60 62 67 84 85 167 191 192 235 260

Johannes XXII. 187
John Ball 190
Justinian I. 95 254
Jusuf 119

Kant, Immanuel 74 155 159 170 172
Karl Martell 257
Karl I., der Große 44 259 261
Karl II., der Kahle 46 260
Karl IV. 271
Kepler, Johannes 276
al-Kindi 100–105 119 260
Kleine, Lothar 28
Kolumbus, Christoph 205 274
Konstantin I., der Große 212 258
Konstantin XI. Palaiologos 273
Kydones, Demetrios 271
Kyrillos 261

Lanfrank von Bec 54 63 64 65 70 264
Leibniz, Gottfried Wilhelm 180 238
Leo IX. 263
Leo X. 274
Leonardo da Vinci 199 213 273
Lessing, Gotthold Ephraim 99
Ley, Hermann 111 142 191/192 232
Litt, Theodor 9
Locke, John 186
Ludwig der Bayer 187
Ludwig I., der Fromme 46 260
Ludwig II., der Deutsche 260
Lukian 218
Lukrez 17
Lullus, Raimundus (Ramón Lull) 180–182 268
Luther, Martin 199 207 214 216 274

Machiavelli, Niccolò 199 206 207 213 273
Magalhães, Fernão de 205 274
Maimonides → Moses ben Maimon
Manegold von Lautenbach 65 263
Marco Polo 130 269
Marie de France 266
Marnitz, P. 233
Marsilius von Padua 145 187 270
Martianus Capella 40 252
Marx, Karl 24 28 29 32 121 202 206/207 243
Maximus Confessor 47
Medici, Cosimo de 213 272 273
Meister Eckhart → Eckhart
Melanchthon, Philipp 214 275
Methodios 261
Michael Ephesios 264
Michael II. 46
Michael VIII. Palaiologos 268
Michelangelo Buonarroti 200 274
Mohammed 97–100 107 108 118 120 249 255 256
Mohr, Hubert 94
Montaigne, Michel de 219 224
Montalembert, Marc-René, marquise de 199
More (Morus), Thomas 206 208 217/218 224 274
Moses ben Maimon (Maimonides) 126–128 148 156 266
Mottek, Hans 30
Muawija Ibn Abi Sufjan 256
Müntzer, Thomas 87 207 218 274
Mutianus Rufus, Conradus (eigtl. Konrad Muth) 215

Nestorios 105
Nikolaus von Kues 88 203 224 232–239 240 247 272
Notker Balbulus (der Stammler) 261
Notker Labeo 40

Omar Ibn al-Chattab 256
Origenes 47
Osman ibn Affan 256
Otloh von St. Emmeram 63 64 263
Otto von Freising 266
Otto I. 262
Otto II. 59

Pachymeres, Georgios 268
Panzchawi, I. D. 94
Paracelsus (eigtl. Theophrastus Bombastus von Hohenheim) 218 274
Parmenides 228
Paulus Diaconus 258
Petrarca, Francesco 211 270
Petrus Damiani 13 23 63–65 80 94 156 263
Petrus Lombardus 139 146 154 265
Petrus Venerabilis 265
Photios 261
Pico della Mirandola, Giovanni 201 213 215 273
Pippin III., der Jüngere 258
Planudes, Maximos 269
Platon 16 48 51 52 64 66 82 87 88 109 110 116 127 138 147 163 175 176 178 186 209 210 211 213 227 228 229 251 252 265 273
Plethon, Georgios Gemistos 271
Plotin 66 67 84 101 109 114 213 237

Pomponazzi, Pietro (Petrus Pomponatius) 231/232 273
Porphyrios 23 67 213
Proklos 114 154 252
Prokopios von Caesarea 254
Psellos, Konstantinos 94 95 263
Pseudo-Dionysios → Dionysios Areopagites
Pythagoras 239

Rabelais, François 219
Raffael (Raffaello Santi) 210 273
Ramus, Petrus (eigtl. Pierre de la Ramée) 229
ar-Razi 261
Reuchlin, Johannes 214/215 274
Richard von York 273
Robert Grosseteste 169/170 173
Roger Bacon 7 13 20 21 23 88 135 136 137 156 170 173–180 181 182 220 268
Roscelin von Compiègne 45 68–73 77 82 264
Rousseau, Jean-Jacques 207
Rubeanus, Crotus (eigtl. Johannes Jäger) 215
Ruiz, Juan (gen. Arcipreste de Hita) 271

Salomo ibn Gabirol (Avicebron) 104 125/126 172 228 246 263
Salutati, Coluccio (eigtl. Lino Colucci di Piero) 211
Savonarola, Girolamo 274
Seneca, Lucius Annaeus 211
Sextus Empiricus 209
Shakespeare, William 173
Sickingen, Franz von 275
Siger von Brabant 23 135 141–146 269

Silvester I. 212
Silvester II. → Gerbert von Aurillac
Simon, Heinrich 125 128
Simon, Marie 125 128
Sokolow, Wassili Wassiljewitsch 84 104 106
Sokrates 11 12 79 82 147 155 216 223
Speusippos 147
Spinoza, Baruch 17 126 192 194 207 247
Stern, Leo 22 58
Straton aus Lampsakos 103
Suárez, Francisco 154 168
Symeon der Neue Theologe 263

Telesio, Bernardino 229–231
Teller, Jürgen 225
Tempier, Stephan (Étienne) 141/142 143 269
Tertullianus, Quintus Septimus Florens 13 63 156
Tewsadse, Guram 94
Thales von Milet 33
Theoderich der Große 40
Theodorus Metochites 270
Theodosios I. 251
Thierry von Chartres 88/89 265
Thietmar von Merseburg 262
Thomas von Aquino 13 14–16 20 23 37 38 108 127 128 135 137 139 141 143 146 148 151–166 168 169 171 172 173 176 182 188 191 210 211 231 268 269 270 271
Thukydides 212
Tizian 274
Töpfer, Bernhard 10
Tschinggis-Chan 130
Tycho de Brahe 275

Urban II. 264
Urban IV. 152

Valla, Lorenzo 47 212 272
Vergil 211
Villon, François 219 273
Vives, Juan Luis 219
Voltaire (eigtl. François-Marie Arouet) 216

Waade, Waldemar 94
Waldus, Petrus 267
Walther von der Vogelweide 267
Wassili II. Wassiljewitsch 272
Werner, Ernst 6 29 47 58 70 79 94
Widukind 259

Wilhelm von Champeaux 77 78 81 265
Wilhelm von Moerbeke 154 211 267
Wilhelm von Ockham 13 23 88 168 182–189 270
Wilhelm I., der Eroberer 264
Windelband, Wilhelm 27
Winkler, N. 233
Wöhler, Hans-Ulrich 6 66 79 82 106 107 182/183
Wolfram von Eschenbach 267
Wulfila (Ulfilas) 250
Wußing, Hans 59

Zenon von Elea 147
Zenon von Kition 147
Zwingli, Huldrych 207 274

SACHREGISTER

Abendmahl → Eucharistie
Aberglaube 174
Absolutes 237
Abstraktion 51
Agrikultur 29 30
Ahistorismus 9 11 144
Akademie, Florentinische 209 213 215 229 231
Akademie, Platonische 96 105 132 134
Akzidenzien 62 115 245/246
Albigenser 131 132
Alchimie 144 174 179 215
Alexandristen 231
All-Eines 242 245
Alles 228
Allgemeines 51 52 53 66 67 68 72 92 99 116 138 163 181 184 185
Angst 31
Anthropologie 163
Anthropomorphismus 25 122 144
Anthropozentrismus 79
Antiaverroismus 150 187 192
Antidialektiker 18 65 66
Antike 8 10 11 21 22 23 24 25 26 32 33 34 36 40 61 78 82 84 88 92 93 95 100 101 135 147 176 198 201 203 207 209 210–212 216 221
Antikreationismus 144
Antiplatonismus 184
Antithese 81 138

Apostolische Brüder 190
Apriorismus 177
Arbeit 29 30 110 121 132 243
Arbeitsteilung 110
Architektur 91 96 130 199 213
Aristotelesrezeption 19 21 22
  36 85 89 103 104 119 121 122
  128 131 134–138 146–150
  168 169 171–173 211 231
Aristoteliker 122 124 225
Aristotelismus 16 95 101 113
  119 122 124 125 127 137 139
  140 148 151 156 161 178 210
  214 228 245
Arithmetik 40
Ars generalis 180/181
Art 52
Artes liberales 39/40 59 64 89
  134 152
Askese 63 83 131 132 202
Astrologie 126 144 145 174 215
Astronomie 40 44 53 88 96 100
  111 126 148 174 179 203 204
  213
Atom 247
Atomisten/Atomistik 88 230
  241
Aufklärung 8 9 11 93 198
  218
Augustinismus 20 137 148
  150–153 169 171 172 178
Aussage 74
Außerzeitliches 74
Autorität 12 20–22 48 49 62 65
  80 81 137 138 169 205
Averroisten/Averroismus 88
  137 140–146 148 152 164 171
  231 232

Bedürfnis 110
Begharden 190
Beginen 190
Begriff 8 18 19 67 68 84 108 114
  120 158 161 180 185 186 198
  212
Begriffsrealismus 52 60 66 73
  75
Benediktiner 27 44 151
Besonderes 52 91 99 185
Bewegung 19 51 53 103 122
  128 140 159 160 162 163 186
  131
Beweis 62 114 137
Bewußtsein 25 32 150
Bibel 20 37 39 64 81 126 127
  138 155
– Altes Testament 216 127
– Neues Testament 86 216
Bildung 31 32 35 38–41 44 45
  95 102 105 119 126 147 153
  154 209 210 216–219
Biologie 148 205
bios theoretikos 174
Brüder vom freien Geist 190
Buchdruck 219

Calvinisten 225
causa materialis 117
Chemie 96 175 218 220
Christentum 10 17 20 23–27 37
  38 46 69 80 94 97 99 100 137
  145 151–153 171 175 176 193
  194 207 216 217 229 232
Christianisierung 27 35

Dasein 51 108 235
Deduktion 89
Deismus 118 229
Demut, christliche 17 87 200
Denkweise
– apodiktische 120 122 123 140
– rhetorische 120 122 123 140
Determinismus 145 150 172
Dialektik 46 58–65 71 72 81 87
  121
Dialektiker 48

Dialog 48 134 227 228
Dinge 7 8 18 19 47 50–53 67–69 72 73 83 108 116 117 123 125 139 140 148 150 161 169 171–173 179 183–186 193 194 212 230 231 238
Dogma/Dogmatik 11 16 17 22 36 65 68 72 73 83 118 126
Dogmatiker 170
Dominikaner 131 132 139 146–148 152 154 169 170 178 188 189 191 215 224

Eigentum 86
Eines 101 162 163 228 234 239 241 244
Einheit 68 126 143 194 202 235 236 248
Einzelnes 19 52 67 68 72 108 116 138 181 184 185 234 235 241 247
Eklektiker/Eklektizismus 147 148
Ekstase 83 153
Eleaten 147
Emanationslehre 47 101 108 118 193 228
Emanzipation 199 208
Empirismus 7 8 19 116 174 177–179 230
Endliches 138 235
Entelechie 163
Entstehen 123 124
Enzyklopädie 41 96 113
Enzyklopädisten 96
Epikureer/Epikureismus 201 212
Episkopat 27
Erbe 23 24 94 135 161
Erbsünde 68 83 160
Erfahrung 7 8 138 161 174 177–179 183 186 211 219 230
Erkennbarkeit der Welt 118

Erkennen 12 83 84 161 184 186
Erkenntnis 9 11 40 53 73 84 108 109 116 134 138 139 148 150 155 171–173 183–186 237 247
Erkenntnistheorie → Gnoseologie
Erleuchtung 140 177
Erlöser 138
Erlösung 26 31
Eschatologie 21 47 137
Essenz 51 55 85 132
Ethik 14 17 18 79–83 87 109 115 118 143 150 165 189 231
Ethnologie 205
Eucharistie 54 62 65 68
Eurozentrismus 10 92 93
Ewiges 138
Ewigkeit 9 19 116–118 139 159
Existenz 66 68 73 74 83 108 116 152 155 158 162 172 184
Experiment 7 116 175

Fakultät
– artistische 128 134 141
– juristische 134
– medizinische 134
– theologische 134
Falsafa 118
Fanatismus 129 217
Feudalordnung 8–10 18 20 21 27–32 34 58 152 165 166 219 221 233
Form 103 104 116 117 125 140 155 162–164 179 184 186 228 231 232 242–246
Franziskaner 131 137–140 154 169–172 175 178 179 182 190
Freiheit 11 28 209
Frieden 47 92 110 145 176
Frömmigkeit 63

Ganzes 241 244

Gattung 52 143 163
Gebot 12 14 120 164 207
Gegenreformation 154 217 224
Gegensätzliches 234 235
Gegensatz → Widerspruch
Gegensatzloses 51
Gegenstand (des Denkens) 14 157 158
Gemeinsames 68 217
Gentilordnung 27
Geographie 96 204 205
Geologie 111 148 205 219 220
Geometrie 40 170 174
Gerechtigkeit 112 164
Geschichtsbewußtsein 22 24
Geschichtswissenschaft 9 22 41 96
Gesetzmäßigkeit 25 64 80 99 170 230 232
Gewissen 80 81
Gewißheit 173 177
Glaube 12–14 16 18 21 24 35–38 42 46 63 65 67 68 71 72 80 87 99 127 139–141 146 148 149 151 153 155–157 160 161 164 165 170–172 176 177 180 182 183 204 208
Gleichheit 67 93
Glosse 21
Glück 208
Glückseligkeit 109 164 165 200 212
Gnade 86 150 160 165
Gnoseologie 69 139 161
Gott 11 14 17–19 21 47 49–54 62 69 74 75 79 80 85 87 99 100 108 122 138 139 142 144 149 150 158 162 171 172 177 178 183 185 189 190 193 203 216 217 230 234–237 242 245
– Allwissenheit 212
– Allmacht 63 64 118 212
– Dasein 14 51–53 61 74 117 118 150 155 157 160
– Dreieinigkeit → Trinität
– Selbstoffenbarung 51
Gottesbeweis 71 74 75 108 138 150 155 158 159
Gottesschau 83–85 87
Gottesstaat 165 176
Gräzistik 211
Grammatik 39–42 79 105 106 112 126
Grundfrage der Philosophie 20 246

Häresie 17 23 35 70 130 131 156 187 189 190 225
Handeln 80 82 142 143 145 164 194 208
Harmonie 148 150 157 228 247
Heilslehre → Eschatologie
Hellenismus 66
Hierarchie 21 32
Höhlengleichnis 227
Hoffnung 31 164
homo faber 201
Humanismus 179 207–209 211 213 214 217 223 231
Humanisten 81 216 217
Hylozoismus 228 241

Ideal 176
Idealismus 16 19 46
Idee 52 82 138
– Eingeborensein 178
Ideenlehre, Platonische 66 116 138 163 186
Identität 143 144 162
Identitätsphilosophie 246
Ideologie 25–28 91 93 97
Illuminationslehre 177 178
Immanenz 85 192 204 228
Imperium Romanum 26 38 151 212

Individualität 124 187 210 238
Individuation 125 163 164
Individuelles 52 66 68 138
Individuum 25 81 107 109
Induktion 89 174
Inkarnation 149 160
In-Möglichkeit-Seiendes 116 123 163 243
Inquisition 132 142 227
Intellekt 140 143 144 149 150 169 171 248
Intellektualismus 171 172
Investiturstreit 71 100
Ionier 228 245
Irrationalismus 156
Irrtum 179
Islam 97–100 180

Judenpogrome 86 98
Judentum 126
Jüngstes Gericht 160
Jurisprudenz 44 119 133

Kabbala 215
Kalifat 95–128
Kanon des Verstandes 36
Karolingerreich 37 41 43–45 56
Karolingische Renaissance 44
Kategorien → Begriff
Kategorienlehre, Aristotelische 66 67 88 102 103 150 186
Katharsis 132
Katholizismus 10 24–29 32 45 191 204
Kausalität 118 122 148 161
Ketzer 36 70 105 131 132 187
Ketzerbewegung → Häresie
Kirche, oströmische 35 95 96 234
Kirche, römisch-katholische 12 17 22–27 30 31 34–37 41 45 47 62 63 70 85–87 94 129–132 137–139 142 145 146 151 152 154 165 187 189–191 194 195 204 208 212 214–216 226 233
Kirchenlehre 23 27 36 37 42 54
Kirchenreform 56 63 187 231 233
Kirchenväter 20 21 35 37 38 60 70 77 81 100 138
Klassifikation 35 114 115
Kloster 27 30 38–40 42 59 87 189 224 225 233
Kolonisation 205 206
Kommunismus, utopischer 218
Kompaß 220
Konservatismus 140 146 154
Kontemplation 234
Kontingenz 108
Konzil 152 187 233
Konziliarismus 187 188
Kopernikanische Wende 203
Koran 96 98 99 101 102 103 120
Kosmos 150 169
Kreationisten/Kreationismus 52 123 161 162
Kreatur 52–55 85 200
Krieg 31 38 110 147 176 205 220
Kritizismus 21
Kult 83 86 190
Kultur 22–24 32 44 56 63 65 77 79 87 91–93 96 98 105 113 129 135 198 207 209 210 214–217
Kulturgeschichte 22 92 93 222
Kunst 40 63 94 95 130 198 201 203 208 209 213 222 243
– Malerei 199 203
– Plastik 200

Lebensweise 25 26 32 65 69 164
Leere 49 228 230 241
Lehre von den zwei Reichen 70 100

Leidenschaft 124
Lichtmetaphysik 140 170
Liebe 86 164 194
Literatur 40 44 96 199 209 211 218 228
Liturgie 142
Logik 14 18 19 36 39 42 46 57–61 64 67 68 77–80 82 88 89 102 105–107 112–114 121 135 136 147 154 164 181 183 186 187 212 229
Logiker 94 100 108 180
Logos 52 53 80
Lollarden 190
Lullische Kunst 181 182 229
Luthertum 214
Luxus 276
Lykeion 105 132 234

Magie 213 215
Materialismus 9 16 17 19 20 103 118 122 136 161 232 246 247
Materialismus-Idealismus-Problem 19 246
Materie 85 103 104 116 117 123–126 163 164 172 183 184 202 230 242–246
Mathematik 8 23 44 58 59 88 95 96 97 100 101 102 112 113 115 119 126 169 170 173 174 178 179 204 213 220 238 247
– Infinitesimalrechnung 238
– Mengenlehre 238
Mechanik 174 220
Meditation 83
Medizin 88 96 98 100 111–113 119 126 133 135 174 207 213 218 219
Meinung 110
Mensch 17 18 26 62 79 80 83 85 109 142 174 189 193 200–204 207–209 230–232 239 247 248
Menschenverstand, gesunder 64
Metaphysik 19 102 106 113 115 136 137 140 147 154 157 170 181 235 246 247
Möglichkeit 66 103 104 116 117 123 162 173 235 243 246 247
Monade 247
Moral 17 79 80 83 98 118 143 164 172 175 187 189 206 207
Musik 23 40 105 111 174 199
Mystiker/Mystik 8 18 83–87 139 148 156 178 192 218
Mystizismus 118 138
Mythologie 27 77 216

Natur 49–54 60 88 89 102 103 118 120 148 160 172 183 202–204 218 228–232 238–248
Naturalismus 13
Naturalwirtschaft 221
natura naturans 124 241 242 248
natura naturata 241 248
Naturphilosophie 13 19 88 89 119 136 137 169 170 179 186 187 213 224 229 230
Naturrecht 65
Naturwissenschaft 41 44 88 102 115 119 126 135 147 155 169 173 179 187 217 229
Nestorianer 105
Neuplatoniker/Neuplatonismus 20 48 51–53 66 67 69 82 101 108 113 122 124–126 140 148 153 155 170 186 191 193 213 228 234
Neuscholastik 168
Neuzeit 8 10 11 20 24 33 174 246

Nichts 49–51 103 118 146 237
Nicht-Sein 75
Nichtwissen 174 236 237
Nominalismus 18 19 66 69 71 73 77 79 82 107 116 182 185–187
Nominalisten 18 19 68 69 187
Notwendigkeit 28 116 145 237
Nous 149

Ökonomie 221
Offenbarung 11 14 16 52 65 127 128 149 177 178 189 193 237
Ontologie 36 126
Optik 174 175 179
Orden 131 132 188
ordo geometrico 192 224
Organismus 242
Orthodoxie 12 95 128 136 142 216

Pädagogik 219
Panlogismus 52
Pantheismus 45 46 49 52 54 85–87 103 124 125 136 139 172 192 203 218 234 240 246
Paraphrasen 147
Patristik 21 37 38
Peripatetiker 62 232
Pflicht 32 212
Pharmazie 96
Philologie 209
Philosophie, arabische 89 92–128 129 138 139 146 147 148 154 155 170
Philosophie, byzantinische 93–95
Philosophie, hellenistische 20
Philosophie, jüdische 135 138 147 150 215
Philosophie, klassische deutsche 81

Philosophiegeschichtsschreibung 9 10 22 24 38 45 61 79 91–93 138 154 191 221 222
Physik 88 106 115 154 170 174 229 230 247
Platonismus 16 60 74 95 116 210
Poesie 111 153
Polis 109 165 176 221
Politik 24 97 100 112 147 153 175 187 206 207
Prädestinationslehre 46 142
Prädikat 60 82 212
Praxis 120–122 163 175
Primäres 54
Prinzip 244
Protestantismus 207
Psychologie 147 150 230
Puritanismus 209
Pythagoreismus 116

Quadrivium 40 59
Quaestiones 141 154
Qualität 140
Quietismus 189

Ratio 182 238
Rationalismus 8 18 19 39 54 62 101 105 107 108 111 127 128 153 160 174 178 192
Raum 73 103 230 237
Realismus 19 69 70 72 74 77 79 81 138 155
Realisten 18 69 185
Recht 32 112 155 207
Reformation 86 154 179 207 208 212 215–218
Reichtum 17 131 175 189
Religion 26 32 35 83 97 100 118 120 121 127 128 140 157
– christliche 11 12 16 18 20 25 26 31 32 46 49 124
– islamische 96 97 120 124

- jüdische 26 124–128 138
- monotheistische 100
- Staatsreligion 26 151
- Stammesreligion 97
- Weltreligion 97
→ Christentum, Gott, Islam
Religionsgeschichte 84 99
Renaissance 8 20 22 33 47 104 119 145 173 179 197–248
Rhetorik 8 14 38–40 44 61 105 120 121 153 209 212
Ritus 62 194
Ruhe 53

Satire 216
Schönheit 242 248
Schöpfer 51 85 123 139 177
Schöpfung 50 51 54 86 103 104 122 126 138–140 144 149 163 164 202 230
Scholastiker 8 9 43 79 80 128 146
Schule von Chartres 87–89 137 142 156 157 167
Scotismus 172
Seele 18 32 124 132 139–145 149 155 162–164 172 190 193 232 243 244
- Sterblichkeit 143
- Unsterblichkeit 118 124 140 143 149 150 160 164 193 230 231
- Weltseele 228 240
Seelenlehre 144 145 231
Seiendes 47 84 126 149 162 172 236
Sein 36 50 51 103 115 150 162 186 194 240
Sekte 105 121
Selbstbewußtsein 31 79 131 200
Seligkeit 31 164 165 192
Sensualismus 19 69
Sentenz 21 35 139 146 154

Sinn 80 81 120 121
Skeptiker/Skeptizismus 116 118 219
Sklavenhalterordnung 9 27 97
Societas amicorum 86
Sokratiker 82
Sophisten 121 212
Sozialkritik 218 219
Spätantike 11 26 28 37
Spinozismus 246
Spiritualismus 26 189
Sprache → Rhetorik
Staat 26 109–111 151 165 176 198 206
Stoff 103 104 116 117 123 143 155 162–164 172 228 231
Stoiker/Stoizismus 30 147 164 209 212 231
Studium Generale 146 188
Subjektivität 82
Substanz 18 19 52 66 107
Substrat 123
Sünde/Sündhaftigkeit 31 82 83 86 150 153
Sufismus 108
Summen (theologische) 35 137 138 168
Syllogismus 11 61 230
System 14 34 35 45 46 54 102 115 118 156 180

Tätigkeit 32 52 60 74 200 202 218
Tautologie 60
Technikutopie 174
Theologie 11 13–16 20 24 39–42 61 63 67 68 79 80 89 98 100 119 136 141 142 144–146 149 150 154–157 161 165 169 171 172 178–183 204 206 208 235–237
- islamische 99–101 119
- negative 51 100 139 235–236

These 81 138
Thomisten/Thomismus 151–154 161 188
Toleranz 99 217 225 239
Totalität 247
Traktat 38 86 105 141 154
Transzendenz 12 85 192 203 204 228 246
Trinität 68–73 86 99 139 149 160 225
Trinitätsstreit 70 71 101
Trivium 40 46 59
Trost 26 31
Tugend 87 131 150 164 165 200 231

Übereinstimmungsrelation 74 161
Unendliches 138 159 234–238 240 246
Unendlichkeit 160 203 204 235–241 243 246
Ungläubige 70 71 98 99
Universalien 19 66–68 81 82 88 105–107 116 150 161 184 185
Universalienstreit 18 23 66–68 71 77 136
Universität 128 131–136 142 152 154 214–216 233
→ Fakultät
Universum 237–240
Unmögliches 62 64
Unwahres 62
Urchristentum 132 204
Ursache 74 115 116 121 123 144 145 149 150 157–162 186 244
Utopie 86 87 111 174 176 177 206 218
Verantwortung 80 83
Vergehen 103 123 124 143 230
Vernunft 12 14 16 18 35 37 46 48–51 58 60 62–65 68 71 72 79–81 84 87 110 111 123 124 128 141 143 148 149 156–158 164 172 182 183 193 211 228–230 232 236
– Weltvernunft 108 109
Verschiedenes 218
Verstand 14 18 19 22 64 108 109 161 185 200 236
Vieles 234 247
Vielheit 116 126 143 163 235 248
Vielwisserei 147
Volkskultur 32
Vollkommenheit/Vervollkommnung 160–162 242 248
Vorstellung 124 161 248

Wahres 74 162
Wahrheit 8–13 36 37 51 61 64 101 102 121 139–141 149 150 155 160 177–179 227 232 237
– zwei Wahrheiten 13 109 121 141 232
Wahrnehmung 18 66 89 108 139 143 161 173 174 232 247
Waldenser 131 190
Weisheit 53 102 104 164 217 238
Welt 19 49 51 53 79 80 85 104 108 110 117 118 122 123 126 128 138–142 144 159 172 183 193 228 235 236
– Endlichkeit 159 235
– Ewigkeit 128 141 143 144 149
Weltanschauung 11 18 37 202
Weltbild 35 136 137 177 204
– geozentrisches 203 205 238 240
– heliozentrisches 203
Weltprozeß 123
Werden 103 117 124 228 230
Wert 69 82 164 208 221
Wesen 108 123 150 155 161 162
Wesenheiten 72 185 186

Widerspiegelung 161
Widerspruch 61–64 80 81 102 137 157 186 201 202 233 235 236 248
Wille 31 109 122 144 150 151 169–172 183 187 194 212
Wirkendes/Wirkung 60 74 123 163 232 240 242
Wirklichkeit 75 76 123 161 162 172 185 209 235 243 246
Wissen 8 12–16 18 42 63 65 71 80 82 84 87 96 102 104 110 116 130 138–141 146 148 149 155 156 157 160 161 165 169–174 177 183 208 236 237
Wissenschaft 7 8 12–16 19 36 38–40 42 44 59 62 79 87–89 95 96 98–102 105 107 110–116 120 121 126–128 132 134 146 148–150 153 163 170–174 176 177 179 181–183 205 207–209 214 236
Wort 8 68 80–82 106 173 175 178
Wunder 64 118 149

Zeit 73 103 117 122 138 144 237
Ziel 164 247
Zirkelschluß 160
Zisterzienser 87
zoon politikon 109 165
Zufall 116
Zweck 102 160 208 247

INHALT

VORBEMERKUNGEN
5

SIEBZEHNTE VORLESUNG
Zwischen Heiligkeit und Narretei – Besonderheiten
des Philosophierens im Mittelalter
7

ACHTZEHNTE VORLESUNG
Von den Anfängen der Scholastik
33

NEUNZEHNTE VORLESUNG
Gegensätzliche Tendenzen in der Scholastik
des 11. und 12. Jahrhunderts
57

ZWANZIGSTE VORLESUNG
Philosophie im arabischen Kalifat
91

EINUNDZWANZIGSTE VORLESUNG
Scholastik im Zenit. Keime einer neuen Denkweise
129

ZWEIUNDZWANZIGSTE VORLESUNG
Spätscholastik – Niedergang oder Übergang?
167

DREIUNDZWANZIGSTE VORLESUNG
Ein neuer Aufbruch – Renaissance
197

VIERUNDZWANZIGSTE VORLESUNG
Giordano Bruno –
Höhepunkt der Renaissancephilosophie
223

ZEITTAFEL
249

LITERATURVERZEICHNIS
277

PERSONENREGISTER
282

SACHREGISTER
289

Helmut Seidel, ordentlicher Professor für Geschichte der Philosophie, unterrichtet seit drei Jahrzehnten dieses Fach an der Leipziger Universität. Er hat zu vielen Einzelfragen der Philosophiegeschichte Stellung bezogen. Veröffentlichungen wie »Marx' ökonomisch-philosophische Grundlegung des sozialistischen Humanismus« (1967) und – gemeinsam mit Lothar Kleine verfaßt – »Schelling und seine Stellung innerhalb der klassischen deutschen Philosophie« (1970) sowie eine Vielzahl von Aufsätzen haben stets ein lebhaftes Echo gefunden. Sein besonderes Interesse gilt seit je Baruch Spinoza. Neben zahlreichen Beiträgen zur Spinoza-Forschung verdanken wir Helmut Seidel die Einführungen in Spinozas »Ethik« und den »Theologisch-politischen Traktat«, die er für Reclams Universalbibliothek in Leipzig neu herausgegeben hat.
Seine nunmehr als Buch vorliegenden Vorlesungen – »Von Thales bis Platon« (1. Auflage 1980), »Aristoteles und der Ausgang der antiken Philosophie« (1984, 1988) und jetzt »Scholastik, Mystik und Renaissancephilosophie« – rücken Fragestellungen im Gang der Philosophiegeschichte in den Vordergrund, die noch heute von Bedeutung sind und als Teil humanistischen Erbes unsere Beachtung verdienen.
Helmut Seidel wurde 1929 geboren, absolvierte die Arbeiter-und-Bauern-Fakultät und studierte von 1951 bis 1956 Philosophie in Leipzig und Moskau. In seiner Promotions- und in seiner Habilitationsschrift beschäftigte er sich mit Fragen der Begründung und der Wirkungsgeschichte der Marxschen Philosophie.

Helmut Seidel

Aristoteles und der Ausgang der antiken Philosophie

Vorlesungen zur Geschichte der Philosophie

An seine Vorlesungen „Von Thales bis Platon" anknüpfend, behandelt der Autor rund tausend Jahre einer wechselvollen Geschichte. Er stellt den Epikureismus, den Stoizismus und den Skeptizismus in Griechenland und Rom in den Grundlinien vor, erläutert die Entwicklung von Neupythagoreismus und Neuplatonismus und setzt sich mit den Beziehungen zwischen antiker Philosophie und aufkommendem Christentum auseinander. Dem Denken und Wirken des großen Enzyklopädisten Aristoteles – Höhepunkt der antiken Philosophie – ist der Hauptteil der Arbeit gewidmet.

2., ergänzte Auflage 1988, 237 Seiten,
17 Abbildungen, Broschur, 12,80 DM
ISBN 3-320-01167-7
lieferbar

Dietz Verlag Berlin GmbH

Wallstraße 76–79 · Berlin · 1020

Helmut Seidel

Von Thales bis Platon

Vorlesungen zur Geschichte der Philosophie

Warum lebte Diogenes in der Tonne? Sind die Sophisten besser als ihr Ruf? Waren die Kyniker die Gammler des Altertums? Wie ist Zenons Trugschluß „Achilles wird die Schildkröte nicht einholen" zu widerlegen? Was ist von der Verkündung des Orakels von Delphi zu halten, Sokrates sei der Weiseste, weil er von sich selbst sage, er wisse nichts?
Der Autor, Professor an der Leipziger Karl-Marx-Universität, beantwortete in vielbesuchten Vorlesungen zur Geschichte der antiken griechischen Philosophie solche Fragen. Diese Vorlesungen, für den Druck überarbeitet, liegen hier vor.

5. Auflage 1989,
291 Seiten,
17 Abbildungen, Broschur, 12,80 DM
ISBN 3-320-00772-6
lieferbar

Dietz Verlag Berlin GmbH
Wallstraße 76–79 · Berlin · 1020